영어회화와 영작을 한꺼번에 잡는

All New
초스피드
실용영문법

MENTORS

영어회화와 영작을 한꺼번에 잡는
초스피드 실용영문법

2025년 02월 03일 인쇄
2025년 02월 10일 발행

지 은 이 Chris Suh
발 행 인 Chris Suh
발 행 처 **MENTORS**
경기도 성남시 분당구 황새울로 335번길 10 598
TEL 031-604-0025 FAX 031-696-5221
mentors.co.kr
blog.naver.com/mentorsbook
＊Play 스토어 및 App 스토어에서 '멘토스북' 검색해 어플다운받기!
등록일자 2005년 7월 27일
등록번호 제 2009-000027호
I S B N 979-11-94467-47-2
가   격 25,000원

문법은 문장을 만들어가는 공식

문법이란 한마디로 문장을 만들어가는 공식이다. 마치 7음계로 아름다운 곡을 만드는 음악처럼, 우리는 철자, 단어들을 이용해 무수히 다양한 문장을 만들어내는 것이다. 영어의 궁극적인 목표인 영어말하기에 따라서 절대적으로 필요한 부분이지만 너무 문법에 사로 잡혀 완벽한 문장을 만들려다 보면 영어말하기에 걸림돌이 되기도 한다. 왜냐하면 문법은 모든 문장을 만드는 규칙들을 종합해놓은 것으로 쉬운 단어로 쉽게 쉽게 영어를 말하는 네이티브처럼 영어를 하는데 방해가 되기도 한다는 말이다.

문법을 몰라서도 안되고 그렇다고 너무 빠져서도 안되고...

이책 〈후다닥 하루만에 끝내는 초스피드 실용영문법〉은 바로 그러한 의도에서 구성되고 기획되었다. 문법을 몰라서는 안되고 그렇다고 너무 문법에 빠져서도 안되고 하는 딜레마를 해결하기 위해서 만들어졌다. 문장을 만드는데, 영어회화를 하는데 꼭 필요한 문법을 중심으로 조금 살을 붙여 어느 정도 영문법에 지식을 갖게 한다. 문법을 설명하고 바로 옆페이지에 영작문이 있는 것은 바로 영어말하는데 문법이 어떻게 활용되는지를 보여주기 위함이다. 즉, 영문법을 단순히 영문법 지식으로 머리 속에 저장만해두지 말고 이게 어떻게 영어회화에 도움이 되는지 바로 느끼고 이를 몸에 익숙하도록 하자는 것이다.

사역동사가 회화에서 많이 쓰여

또한 반대로 영어회화를 하면서 문법을 무시하는 경우도 있다. 물론 어머니 뱃속에서부터 리스닝을 한 네이티브라면 문법을 몰라도 영어말하는데 전혀 문제가 없다. 하지만 우리는 반대다. 모국어가 아니기 때문에 스피킹, 리스닝을 모르는 상태에서 문법이란 통로를 통해 처음 영어를 접하게 된다. 앞서 문법은 문장을 만드는 공식이라고 했듯이 외국어로 배우는 우리 입장에서는 문법에서 영어회화를 하는데 도움이 되는 부분을 악착같이 붙잡고 자기 것으로 만들어야 한다. 문법에서나 있을 법한 사역동사를 사용한 I had my hair cut(나 머리깎았어), 혹은 부정구문 not~ until, enjoy는 목적어로 명사나 동명사가 온다는 등등은 문법에서 꼭 건져야 하는 것들로 문법의 필요성을 강하게 어필하고 있는 것들이다.

실용 영문법이 대세~

요즘 수험영어를 포함한 영어는 과거처럼 문법의 세세한 규칙보다 영어말하기와 쓰는데 꼭 필요한 문법만을 요구하고 있다. 아주 긍정적인 방향으로 가고 있다고 할 수 있다. 여기에 부응하여, 영어말하기와 영어쓰기에 꼭 필요한 실용영문법만 알아달라고 이책은 강하게 주장하고 있다. 그리고 문법은 시대에 따라서 계속 바뀐다. 문법은 가볍게 영어회화는 무섭게 달려들어 학습하는게 맞는 말이다. 영어공부 다시 시작한다고 함무라비 법전 같은 문법책에 파묻혀 헤어나오지 못하는 우는 범하지 않았으면 하는 바람이다.

이책의 특징

01 영어문장이 어떻게 만들어지는지 Unit 01-04에 걸쳐 자세히 설명하였다.

02 실용영어를 하는데 최소한의 도구라는 생각 하에 최소한의 문법만 수록하였다.

03 특히 영어회화를 하는데 필요한 문법만을 족집게 같이 뽑았다고 할 수 있다.

04 그런 의미에서 문법설명 옆페이지에는 실용문장을 영작해보는 연습을 할 수 있도록 하였다.

05 마지막 Mini Test에서는 그동안 배운 영문법지식을 잘 습득했는지 확인하도록 하였다.

이책의 구성

01 전체 구성은 총 Unit 22개로 구성되었다.

02 Unit 01-04까지는 문장을 만드는 법을 서술하여 Unit 04의 1형식 전까지는 Writing Pattern Practice 없이 문법설명만을 집중적으로 설명하였다.

03 나머지 모든 Unit에서는 Writing Pattern Practice가 옆페이지에 나온다.

04 문법설명이 부족할 경우에는 보충설명의 의미로 Check it Out!이, 추가적인 문법정보를 주려고 할 때는 Grammar Point라는 박스로 별도 처리하였다.

05 모든 Unit가 끝나고 나면 Mini Test가 이어지고 다음에는 Writing Pattern Practice의 정답인 Answers가 나온다.

* Answers 부분은 정답없는 PDF 파일로 홈피(mentors.co.kr)에 올려놓습니다. 출력하여 여러번 반복해서 영작을 해보고 정답과 비교해보시기 바랍니다.

이책의 사용법

Unit 속의 넘버링
한 Unit 속에서 설명되는 문법사항 순서에 따라 1-1, 1-2 등으로 표시하였다.

Writing Pattern Practice
방금 배운 문법지식으로 실용영문을 만들어보는 연습공간.

실용영문법 해설
가장 압축된 설명과 살아 있는 영문예문을 넣어 이해를 쉽게 하였다.

Grammar Point
문법에 대한 추가정보를 줄 필요가 있을 때의 박스.

Check it out!
설명이 좀 부족할 때 보충해주는 추가설명.

Mini Test
이책을 통해 배운 문법지식을 제대로 활용 하는지 테스트해보는 공간

Answers
본문 Writing Pattern Practice의 정답을 보기 쉽게 정리하였다.

Contents

"

단어는
최소의 의미단위이다!

사물의 이름을 나타내거나, 행위를 뜻하거나,

혹은 사물이나 사람이 어떠한 지를 말하거나 등을

뜻한다. 이렇게 해서 총 단어들의 성격과 의미 등을

따져서 분류해 8개의 종류로 나누어지는데

우리는 이를 **품사**라고 하게 된다.

"

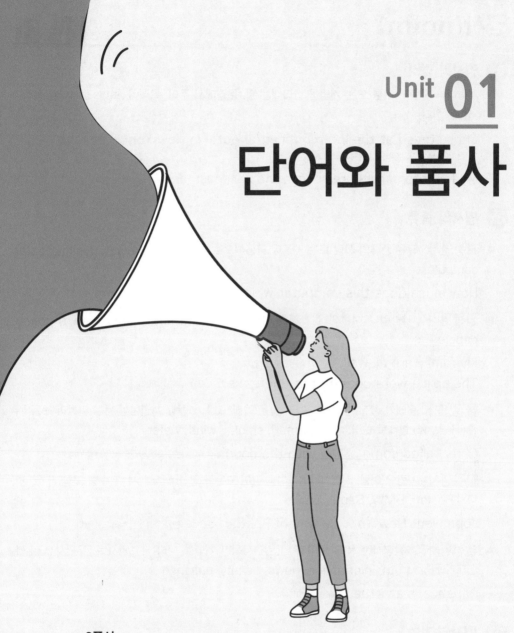

Unit 01
단어와 품사

8품사

1-1. 명사 [noun] : 사람이나 사물의 이름. Jimmy, place, apple, desk

1-2. 대명사 [pronoun] : 명사를 대신하는 단어. I, my, they, it, we, this

1-3. 동사 [verb] : 동작의 행위나 상태를 언급. speak, come, take, become

1-4. 형용사[adjective] : 명사의 상태나 성질묘사. kind, old, cool, bad

1-5. 부사 [adverb] : 동사/형용사/부사를 수식. very, often, well, greatly

1-6. 전치사 [preposition] : 명사 앞에 붙는 연결어. at, in, on, of, to

1-7. 접속사 [conjunction] : 단어,절을 연결해줌. and, when, how, that

1-8. 감탄사 [interjection] : 독립어로 감정표시. ouch, oh!

명사(noun)

01 명사의 정의

사람이나 사물의 이름 또는 개념을 나타내는 말. 문장에서 주어, 목적어, 보어, 전치사의 목적어 역할을 한다.

Chris stayed at the Intercontinental Hotel in New York.
크리스는 뉴욕의 인터컨티넨탈 호텔에 묵었어.

My favorite sports are soccer and baseball. 나는 축구와 야구를 좋아해.

02 명사의 종류

- **보통명사**: 같은 종류의 사람 또는 사물에 공통적으로 쓸 수 있는 말: book, desk, sweater, computer

  How much does this computer weigh? 이 컴퓨터의 무게는 얼마입니까?

- **집합명사**: 사람이나 사물의 집합체를 나타내는 명사: family, class, crowd, police, people

  My family are all well. 우리 가족은 모두 잘 있다.

  The police were chasing the thief. 경찰은 그 도둑을 추적 중이었다.

- **물질명사**: 형태가 확실히 정해져 있지 않은 액체/ 고체/ 기체/ 자연현상 등을 말하며 보통 「무관사+단수형」 형태로 쓴다. : milk, bread, smoke, wind, water

  Chris baked some bread with the dough. 크리스는 밀가루 반죽으로 빵을 구웠다.

- **고유명사**: 사람의 이름, 지명, 나라의 이름 같이 고유한 명사로 「무관사+단수형」 형태가 원칙이다. : Boston, BMW, Seoul, Smith

  John went New York by way of Boston. 존은 보스턴을 경유해서 뉴욕으로 갔다.

- **추상명사**: 추상명사란 눈에 보이지 않는 추상적인 개념을 나타내는 명사로 「무관사+단수형」 형태가 원칙 : truth, information, news, beauty, patience

  Patience is a virtue. 인내는 미덕이다.

03 명사의 기능

- **주어역할**: 주어자리에서 당당히 주어역할을 한다.

  The sky is blue and the sun is shining.

- **목적어역할**: 동사[전치사]의 목적어로 명사가 오게 된다.

  They are sending a limo to pick us up. 그들이 우리를 태우고 갈 리무진을 보내줄거야.

- **보어역할**: 동사의 보어로 명사가 오게 된다.

  You're my best friend. 넌 나의 가장 친한 친구야.

대명사(pronoun)

01 대명사의 정의

명사를 대신해서 쓰는 말이다. 문장에서 명사처럼 주어, 목적어, 보어, 전치사의 목적어 역할을 한다.

Mindy is a teacher. She teaches English. 민디는 선생님이야. 그녀는 영어를 가르쳐.
I can't find my keys. Where are they? 열쇠를 찾을 수가 없는데. 어디에 있는거야?

02 대명사의 종류

■ 인칭대명사

대신하는 명사가 사람일 경우 이를 인칭대명사라 한다. 물론 it의 경우는 동물이나 사물을 가리킨다. 주격, 소유격, 목적격 그리고 소유대명사가 있다.

This is my new car. Do you like it? 새로 뽑은 차인데. 맘에 들어?

■ 지시대명사

사람이나 사물을 가리키는 것으로 가까울 때는 this/these. 물리적 심리적으로 멀리 있을 때는 that/those를 쓴다.

These are not mine. 이것들은 내 것이 아니야.

■ 부정대명사

특별히 정해지지 않은 사람이 사물을 가리킨다.

Somebody wants to see you. 누군가가 너를 보고 싶어해.

■ 재귀대명사

주어를 다시 목적어로 받거나 혹은 주어나 목적어를 강조할 때 사용한다.

Chris looked at himself in the mirror. 크리스는 거울 속의 자신을 쳐다봤다.

03 대명사의 기능

■ 주어역할

주어자리에서 당당히 주어역할을 한다.

These belong to her. 이것들은 그녀의 것이다.

■ 목적어역할

동사[전치사]의 목적어로 명사가 오게 된다.

I like Chris but I don't want to date him. 난 크리스를 좋아하지만 데이트는 하고 싶지 않아.

■ 보어역할

동사의 보어역할로 대명사가 오게 된다.

A: Is this the one? B: That's it. Where did you find it?

A: 이거 맞아? B: 바로 그거야. 어디서 찾았어?

동사[verb]

01 동사의 정의

주어의 행동이나 상태를 나타내는 말이다. 뒤에 목적어나 보어가 따라 오기도 하고 그렇지 않은 경우도 있다

Do you want me to give you a ride? 내가 차 태워줄까?
You sound unhappy. What's the matter? 기분이 안좋게 들려. 무슨 문제야?

02 동사의 종류

- **Be 동사:** ···이다 혹은 ···가 있다라는 뜻으로 시제에 따라 am, are, is를 쓴다.
  It's seven thirty. You're late again. 7시 반이야. 너 또 늦었어.

- **동작동사:** go, come, walk, run 등 주어의 행동을 묘사하는 동사이다.
  My mother drinks too much coffee. 어머니는 커피를 너무 많이 마셔.

- **상태동사:** 주어의 상태를 나타내는 정적인 동사로 진행형으로 쓰이지 않지만 예외도 있다.
  I don't think my teacher is smart. 우리 선생님이 똑똑하지 않은 것 같아.

- **지각동사:** 보고, 듣고, 느끼는 동사를 말한다.
  I saw her walking down the street. 난 그녀가 길을 걷는 것을 봤어.

- **사역동사:** ···하게 하다라는 뜻으로 make, let, have 등이 있다.
  You always make me feel happy. 너는 나를 항상 행복하게 해.

- **변화동사:** go, come, grow, get, became, turn 다음에 형용사나 명사가 와서 상태의 변화를 뜻한다.
  The leaves are turning red. 나뭇잎이 붉게 물들었다.

- **조동사:** 일반동사의 원형과 결합하여 동사의 의미를 보충해준다.
  Can I take this book home? 이 책 집에 가져가도 돼?

03 동사의 기능

문장의 서술부의 핵심을 맡고 있으며 주어가 행하는 상태나 행동을 의미한다. 또한 형태가 변형되어 명사, 형용사 그리고 부사의 역할을 하기도 한다.

- **명사역할:** I like to play soccer. (play) 나는 축구하는 것을 좋아한다.
  Playing soccer is fun. (play) 축구하는 것은 재미있다.

- **형용사역할:** I'm bored. (bore) 나는 지루하다.
  This movie is so boring. (bore) 이 영화는 지겹다.

- **부사역할:** I came here to see Mr. Smith. (see) 저는 Smith 씨를 만나러 왔는데요.
  It's nice to see you here. (see) 여기서 당신을 봐서 반가워요.

형용사[adjective]

01 형용사의 정의

수식어구의 하나로 사물이나 사람의 상태, 모양 등을 나타낸다.

They live in a new apartment. 그들은 새 아파트에 산다.
The classical music concert was boring. 그 클래식 콘서트는 지루했어.

02 형용사의 종류

- **지시형용사**

  사물의 성질, 시간, 수량 따위가 어떠한 지를 묘사하는 형용사

  This desk is very expensive. 이 책상은 매우 비싸다.

- **수량형용사**

  수와 양을 형용사로 나타낸 것으로 지시형용사의 일종으로 볼 수 있다.

  There wasn't much food in the fridge. 냉장고에는 음식이 많지 않았어.

- **부정형용사**

  some, any, each 등의 단어들이 명사 앞에서 명사를 수식한다.

  Be nice to other people. 다른 사람들에게 친절하게 대해라.

03 형용사의 기능

문장의 앞뒤에서 (대)명사의 상태를 추가설명을 해주는 역할을 한다.

Sam lives in a nice house. 샘은 좋은 집에서 산다.
I wanted to wear something special today. 오늘 좀 스페셜한 옷을 입고 싶었어.

Grammar Point 품사의 자유

1) 동사 → 명사
   - do /don't 해야 할 사항 / 하지 말아야 할 사항
   - have a say 발언권을 갖다
   - in the know 사정을 잘 알고 있는, 내막에 밝은
   - must 해야 할 것
   - have a go 시험삼아 한번 해보다
   - make a buy 물건을 구입하다

2) 접속사 → 명사
   - if 가정(supposition), 조건(condition)
   - when 시기, 때(time; occasion)

   I'm sure that he will want to have a say in the matter.
   그 친구는 그 문제에 대해 발언권을 갖길 바랄게 틀림없다.

   Jim says that he'd like to have a go with the system.
   짐은 시스템을 한번 시험가동 해보겠다고 하고 있어.

부사[adverb]

01 부사의 정의

시간, 장소, 정도, 빈도 등을 나타내며 동사, 형용사, 다른 부사, 또는 문장전체를 꾸미는 역할.

I felt really excited at the concert. 콘서트에서 정말 재미있었어.
It started to rain suddenly. 갑자기 비가 오기 시작했다.

02 부사의 종류

■ 시간과 장소부사

시간과 장소를 말해주는 부사

My mom came home 30 minutes ago. 엄마는 30분전에 집에 오셨어.
He's lived here since 2015. 그는 2015년 이후로 여기에 살고 있어.

■ 빈도부사

always, usually, often, never, rarely처럼 횟수와 연관있는 부사.

I often play baseball with my friends. 난 종종 친구들과 야구를 해.
My teacher rarely gets angry. 우리 선생님은 좀처럼 화를 내지 않으신다.

■ 의문부사

when, where, how, why 등이 부사로 쓰이는 경우

Why do you go to bed late every night? 너는 왜 매일 밤 잠자리에 늦게 드니?

■ 정도부사

so, very, much, too 등으로 수식하는 단어의 정도를 표시한다.

You speak too fast to understand. 너는 말을 너무 빨리해서 이해할 수 없어.

03 부사의 기능

문장안의 동사, 형용사, 다른 부사 및 문장전체를 수식한다.

■ 동사수식

I really don't feel like it tonight. 난 정말 오늘밤에 그러고 싶지 않아.

■ 형용사 수식

You're directly responsible for this accident. 넌 이 사고에 직접적인 책임이 있다.

■ 다른 부사수식

We see her quite often. 우리는 꽤 자주 만난다.

■ 문장전체수식

Happily, she got all As. 기분좋게도 그녀는 올A를 받았어.

전치사[preposition]

01 전치사의 정의

전치사는 명사, 대명사, 동명사 앞에 와서 도와주는 말이다. 동사나 형용사와 함께 결합하여 쓰이기도 한다.

The movie starts **at** 4:50. 그 영화는 4시 50분에 시작해.
Central Park is beautiful **in** the fall. 센트럴 파크는 가을에 아름다워.

02 전치사의 종류

■ 시간전치사

at/ in/ on/ for/ during/ by/ until/ within/ since/ from

I studied **until** midnight. Then I went to bed. 나는 자정까지 공부했다. 그리고 잠자리에 들었다.
Is it OK if I come **at** 10:00? 내가 10시에 들러도 괜찮겠어?
It's rained **for** a couple of days. 2–3일 동안 비가 왔다.
What do you usually do **at** Christmas? 크리스마스에는 보통 뭐하니?
Peter and I got married **in** 2021. 피터와 나는 2021년에 결혼하였다.

■ 장소전치사

at/ in/ above/ over/ on/ under/ below/ behind

I felt really excited **at** the concert. 콘서트에서 정말 재미있었다. (형용사수식)
I felt someone moving **in** the kitchen. 나는 누군가 부엌에서 움직이는 것을 느꼈다.
The files are **on** your desk. 파일들은 당신 책상 위에 있습니다.

03 전치사의 기능

■ (대)명사 앞

I have lived **in** Seoul since I was born. 난 태어나서부터 서울에서 살았어.
Can I sit next **to** you? 네 옆에 앉아도 될까?

■ 동명사 앞

I'm good **at** playing computer games. 난 컴퓨터 게임을 잘해.
I'm thinking **about** studying abroad. 나 유학갈까 생각중이야.

접속사(conjunction)

01 접속사의 정의

접속사는 앞, 뒤의 단어, 구, 절, 문장들을 연결해 주는 말이다.

You can go there by bus or by subway. 넌 버스나 전철로 거기에 갈 수 있어.

I don't think that she is a liar. 난 그녀가 거짓말쟁이라고 생각하지 않아.

02 접속사의 종류

■ 등위접속사

and/ but/ or/ so로 양쪽에 대등한 형태가 오게 된다.

My father loves fishing and hiking. 아버지는 낚시와 등산을 좋아하신다.

I stayed up all night, so I'm very tired. 밤을 새서 무척 피곤하다.

■ 상관접속사

both A and B/ either A or B/ neither A or B

Either Chris or I am going to attend the meeting. 크리스나 내가 회의에 참석할 예정이다.

Both Cindy and Susan are living in Seoul. 신디와 수잔 모두 서울에 살고 있어.

■ 종속접속사

that/ if/ whether/ what/ when~

The problem is that I have no money. 문제는 내게 돈이 없다는거야.

I don't know what I should do. 어떻게 해야 할지 모르겠어.

03 접속사의 기능

종속접속사의 경우 명사절을 이끌거나 혹은 부사절을 이끈다.

■ 명사절을 이끄는 경우

이때의 절은 주어, 목적어, 보어의 역할을 하게 된다.

It's true that he's a loser. 그가 머저리인 것은 사실이야.[주어]

Do you know what it means? 넌 그게 무슨 의미인지 알아?[목적어]

■ 부사절을 이끄는 경우

이때의 절은 시간, 원인, 이유, 조건 등의 뜻을 갖는다.

Brush your teeth before you go to bed. 자기 전에 양치질을 해라.[시간]

If we take the subway, it will be cheaper. 전철을 타면 더 저렴할거야.[조건]

감탄사(interjection)

01 감탄사의 정의

기쁨, 놀람, 감탄 등을 나타내는 말로, 독립적으로 쓴다.

Oops! I just spilt coffee on my new dress. 아뿔싸! 새 옷에 커피를 쏟았어.

Oh, shut up. I'm telling the boss about you. 이런, 그만해. 사장한테 이를거야.

Wow, you must be really tired right now. 와, 너 지금 정말 피곤하겠구나.

02 감탄사의 종류

- Wow! : 뭔가 놀라거나 신났을 때, '야,' '우와'에 해당된다.

- Ouch! : 갑자기 다쳤을 때. '으악'에 해당된다.
  Ouch!! I just cut my leg. 으악. 다리를 베었어.

- Oops! : 뭔가 실수를 했을 때. '앗 이런!,' '아이쿠'에 해당된다.
  Whoops! I forgot my groceries in the car again. 이런! 차 안에 또 장봐온 걸 두고 왔네.

- Oh! : 뭔가 예상밖의 얘기를 들었을 때. 이런!에 해당된다.
  Oh!, that's great news. Way to go! 이런, 정말 좋은 소식인 걸. 잘됐네!

- Oh, my God! : 세상에!, 하나님 맙소사!
  Oh my god! Why is your house such a mess? 맙소사! 너네 집 왜 이렇게 엉망이야?

- God bless you! : 감사하기도 하지! [누군가 재채기를 했을 때에도]
  A: I think I'm catching a cold. Achoo! 감기가 올려나봐, 애취!
  B: God bless you! 신의 가호가 있기를.

- (Oh,) Boy : 1. 우와 2. 이런 맙소사 [두려움, 나쁜 상황]
  Boy, you are really not a morning person. 이런, 넌 아침형 인간이 절대 아니구나.

03 감탄사의 기능

❶ 상대방의 말에 적절한 반응을 하여 대화를 원만하게 끌고 갈 수 있다.

❷ 빠르게 발음되는 영어 네이티브와 소통을 위해서 가장 간단하고 쉬운 소통방법이다.

A: Oh, my God! Is that Mary? She looks so different!

B: No, it's Sue! How could you take Sue for Mary?

A: 와, 이런! 제가 메리지? 아주 다른 사람 같다!
B: 아니, 쟤는 수야. 너 어떻게 수를 메리로 착각할 수가 있어?

"

구와 절의 차이는
구는 의미가 있는 단어의 집합이며,
절에는 주어와 동사가
반드시 있다는 것이다

"

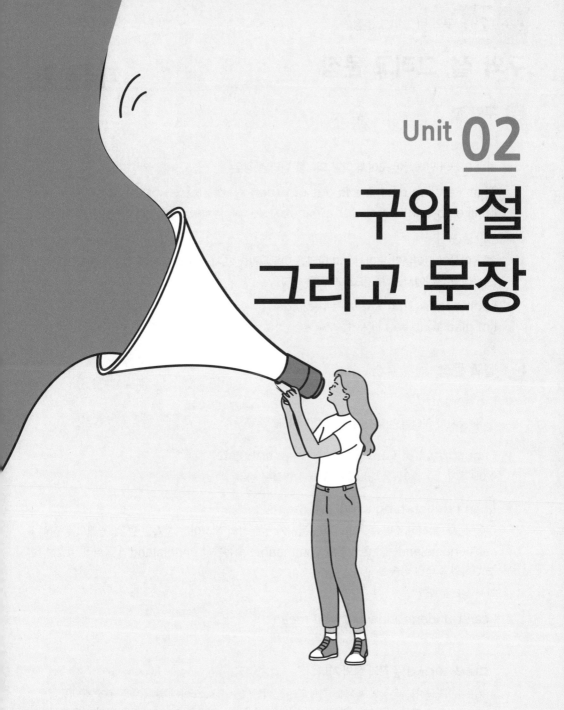

Unit 02
구와 절 그리고 문장

구와 절, 그리고 문장

01 구와 절

- ■ **구[phrase]**

  하나 이상의 단어들이 모여서 어떤 의미를 나타낼 경우.

  That vending machine is out of order. 저 자판기는 고장 났다.(형용사구)
  I'd like to talk to you for a minute. 잠깐 너와 이야기하고 싶어.(부사구)

- ■ **절[clause]**

  하나 이상의 단어들이 모여서 의미단위를 이루지만 반드시 주어와 동사가 있어야 한다. 또한 더 큰 문장의 단위에서 한 부분으로 역할을 한다.

  I don't think that she has feelings for you. 그녀가 너를 좋아하는 것 같지는 않다.(명사절)
  I'm glad that you like it. 마음에 든다니 기뻐.(부사절)

02 절과 문장

- ■ **I'm so sorry.**

  주어+동사가 하나뿐인 문장. 절이라고 안한다.

- ■ **I am sorry, but I am going to be a little late.**

  주어+동사, but 주어+동사로 절이 두개가 연결된 경우.

- ■ **I can't understand what you mean.**

  주어+동사+목적어[주어+동사] : 주어+동사가 원문장의 목적어로 종속된 경우. 원래의 문장인 I can't understand는 주절, what you mean은 주절동사 understand의 목적어 역할을 하는 명사절로 쓰인 종속절이다.

  다시 정리하자면,

  <u>I can't understand</u> <u>what you mean</u>
  주절   종속절[내용적으로 명사절]

  Check it Out! 문장과 절의 차이

  절은 주어+동사로 문장의 형태를 취하고는 있지만 단독으로 쓰이지 않고 다른 문장과 대등하게 [대등절] 혹은 다른 문장의 일부분[종속절]으로 사용되는 경우를 말한다. 결국 문장이란 개념이 훨씬 더 큰 개념인 셈이다. 문장은 하나의 주어와 하나의 동사로 이루어진 것도 문장이라고 하지만 두개 이상의 주어와 동사가 어우러진 것도 문장이라고 하니까 말이다.

구와 절의 종류

01 구의 종류

■ **명사구** 주어, 목적어, 보어 역할을 한다.
- 주어역할 _ **Getting up early every day** isn't easy. 매일 일찍 일어나는 것은 쉽지 않다.
- 목적어역할 _ I'd like **to talk to you** for a minute. 잠깐 너와 이야기하고 싶다.
- 보어역할 _ My dream is **to be a singer.** 내 꿈은 가수가 되는 것이다.

■ **형용사구** 명사, 대명사를 수식하거나 설명한다.
- 명사, 대명사 수식 _ The book **on the desk** is mine. 책상 위에 있는 책은 내 것이다.
- 명사, 대명사 설명(보어역할) _ That vending machine is **out of order.**
  저 자판기는 고장났다.

■ **부사구** 동사, 형용사, 다른 부사, 또는 문장 전체를 수식한다.
- 동사 수식 _ Can you finish your report **by tomorrow morning?**
  내일아침까지 보고서 끝낼 수 있니?
- 형용사 또는 다른 부사 수식 _ I'm happy **to hear from Daniel.**
  Daniel로부터 소식을 들어서 기쁘다.
- 문장 전체 수식 _ **To tell the truth,** I don't feel like going out with him.
  사실을 말하자면 그와 데이트할 기분 아니야.

02 절의 종류

■ **명사절**
- 주어역할 _ It's obvious **that you need money.** 네가 돈이 필요하다는 것은 명백하다.
- 목적어역할 _ I don't think **that she has feelings for you.**
  그녀가 너를 좋아하는 것 같지는 않다.
- 보어역할 _ The problem is **that I can't afford it.** 문제는 내가 그것을 살 여유가 없다는 것이다.

■ **형용사절**
- 명사, 대명사 수식 _ Who's the one **that won the game?** 게임에서 이긴 사람이 누구야?
  She's Heather **who I'm working with.**
  그녀는 내가 함께 일하는 Heather야.

■ **부사절**
- 시간, 양보, 이유, 등의 의미
  I'm glad **that you like it.** 마음에 드다니 기뻐.
  Since we have some time, let's have a cup of tea. 시간이 좀 있으니까 차 한 잔 마시자.
  Take your umbrella **in case it rains.** 비가 올 경우를 대비해서 우산을 가져가.

문장-1. 평서문과 부정문

문장은 크게 긍정문, 부정문으로 구분되고 내용이나 형식에 따라 평서문, 의문문, 부정의문문, 부가의문문, 간접의문문, 명령문, 감탄문 등으로 나뉜다.

01 평서문

■ 긍정문

어떤 내용을 단정적으로 서술하는 것이다. 시제와 인칭에 따라 동사의 형태가 변하는 것에 주의한다.

I am from Korea. (Be동사) 나는 한국에서 왔다.
I can speak English a little. (조동사) 나는 영어를 조금 할 줄 안다.
I like to learn English. (일반동사) 나는 영어 배우는 것을 좋아한다.

■ 부정문

not, no, never 등을 이용하여 내용을 부정하는 문장이다. 문장에 be동사나 조동사가 쓰인 경우는 바로 다음에 not을, 일반동사가 쓰인 경우는 인칭이나 시제에 따라 동사원형 앞에 do not(don't)/ does not(doesn't)/ did not (didn't)을 쓴다.

I'm not free this afternoon. (Be동사) 나는 오후에 한가하지 않다.
I can't go to the movies with my friends. (조동사) 나는 친구들과 영화 보러 못 간다.
Sometimes, I don't like to study. (일반동사) 나는 가끔 공부하는 것이 싫다.

> **Check it Out!** not의 단축형
>
> be동사나 조동사가 부정어 not과 나란히 쓸 때 단축형을 사용하는 경우가 많다.
> is not → isn't, are not → aren't, do not → don't, does not → doesn't, have not → haven't, has not → hasn't, cannot → can't, will not → won't 등

문장-2. 의문사로 시작하는 의문문

01 **be동사가 들어간 문장의 의문문**은 그 be동사가 문장의 첫머리에 온다.

Am	I	
Are	we/you/they	happy/ free/ tired~?
Is	he/she/it	

I am late → Am I late? 내가 늦었다. → 내가 늦었어?

You are free. → Are you free? 너는 한가하다. → 너는 한가하니?

He is lost. → Is he lost? 그는 길을 잃었다. → 그는 길을 잃었니?

02 **조동사가 들어간 문장의 의문문**은 그 조동사가 문장의 첫머리에 온다.

Can	I/we/you/they	swim/ ski/ cook~?
	he/she/it	동사원형?

You can speak English well. → Can you speak English well?
너는 영어를 잘한다. → 너는 영어를 잘하니?

He can swim. → Can he swim? 그는 수영을 할 수 있다. → 그는 수영을 할 수 있니?

03 **일반동사가 들어간 문장의 의문문**은 인칭과 시제에 맞는 do의 형태가 문장의 첫머리에 온다.

Do I/we/you/they	work/ live /eat~?
Does he/she/it	동사원형?

You have a lot of money. 너는 돈이 많구나. → Do you have a lot of money? 너는 돈이 많니?

He gets up early. 그는 일찍 일어난다. → Does he get up early? 그는 일찍 일어나니?

They go to church every Sunday. 그들은 일요일마다 교회에 간다.
→ Do they go to church every Sunday? 그들은 일요일마다 교회에 가니?

04 **동사로 시작한 의문문**에 대한 답은 대부분 Yes 또는 No로 시작한다.

"Am I late?"_ "Yes, you are." 내가 늦었어? – 응, 그래.

"Can you swim?"_ "No, I can't." 너는 수영할 줄 알아? – 아니, 못해.

"Does Chris work?"_ "Yes, he does." Chris는 일해? – 응, 그래.

문장-3. 의문사가 있는 의문문의 어순

01 **의문사의 종류**는

who(누구), what(무엇), which(어떤 것), when(언제), where(어디서), why(왜), how(어떻게) 등이다.

02 **의문사가 있는 의문문의 어순**은 다음과 같다.

■ be동사가 있는 문장의 의문문

「의문사+be동사+주어~?」

Where is Kate? Kate는 어디 있어?

"Who is it?" "It's me." 누구세요? 나야.

■ 조동사가 있는 문장의 의문문

「의문사+조동사+주어+동사원형…?」

How can I get to the airport? 어떻게 공항에 가지?

What should I do? 어떻게 해야 하지?

■ 일반동사가 있는 문장의 의문문

「의문사+do/does+주어+동사원형…?」 또는 「의문사+동사…?」 (의문사 자신이 주어인 경우)

Who do you live with?(who는 전치사 with의 목적어역할) 너는 누구와 사니?

Who lives in this house?(who는 주어역할) 이 집에 누가 사니?

03 **의문사로 시작하는 의문문**은 구체적인 정보를 요구한다.

"What's your name?" 너는 이름이 뭐니?

"My name is Sue." 내 이름은 Sue야.

"Where do you live?" 너는 어디에 사니?

"I live in Canada." 캐나다에 살아.

"Who do you live with?" 너는 누구와 함께 사니?

"I live with my parents." 부모님과 함께 살아.

"Why do you study English?" 너는 왜 영어공부 하니?

"I want to have friends from other countries." 외국친구들과 사귀고 싶어서.

"How do you study English?" 너는 어떻게 영어공부 하니?

"I take a conversation class." 회화수업을 들어.

"When do you study English?" 너는 언제 영어공부 하니?

"I study English every morning." 매일아침 영어공부 해.

문장-4. 의문사의 기능

01 의문사

문장 안에서의 기능에 따라 의문대명사, 의문부사, 의문형용사로 나눌 수 있다.

02 의문대명사

who, what, which는 주어 또는 목적어 역할을 한다.

Who likes you? (주어) 누가 너를 좋아해?
Who do you like? (목적어) 너는 누구를 좋아해?
What bothers you? (주어) 무엇이 너를 괴롭히니?
What do you eat for dinner? (목적어) 너는 저녁으로 무엇을 먹니?
Which is your bag? (주어) 어느게 네 가방이니?
Which do you want to buy? (목적어) 너는 어느 것을 사고 싶니?

03 의문부사

how, when, where, why 다음에 의문문 어순을 쓴다.

How are things going? 어떻게 지내니?
How do you like your new computer? 새로 산 컴퓨터 어때?
When is your birthday? 생일이 언제야?
When do they get off work? 그들은 언제 퇴근해?
Where is the bus stop? 버스정류장이 어디지?
Where does the bus stop? 그 버스 어디에 서?
Why are you so tired? 왜 그렇게 피곤한거야?
Why do you get up so early? 왜 그렇게 일찍 일어나니?

04 의문형용사

what, which 다음에 항상 명사를 쓴다.

What bus do you take to get home? 집에 가려면 무슨 버스 타니?
What day is it today? 오늘이 무슨 요일이야?
Which bag is more expensive? 어느 가방이 더 비싸?

문장-5. 부정 및 부가의문문

01 부정의문문

부정의문문은 '~하지 않니?'라는 뜻으로 be동사나 조동사 다음에 '~n't'를 붙인 의문문이다. 다시 말해서 부정의문문이란 부정어가 들어간 의문문을 말하며 대답하는 문장이 긍정문이면 Yes, 부정문이면 No를 쓴다.

- **확인/의심/불평**

  Aren't you ashamed of yourself? 너는 창피하지도 않니?
  Can't you stay a little longer? 조금 더 머무를 수 없니?
  Didn't you go and see Ann yesterday? 어제 Ann 보러가지 않았니?

- **정중한 권유**

  Won't you come in? 들어오지 않을래요?
  Wouldn't you like something to eat? 뭐 드시지 않을래요?

02 부가의문문이란

평서문으로 말하다가 상대방의 동의를 얻기 위해 뒤에 질문을 덧붙이는 형태를 말한다. 이때 덧붙여주는 문장은 앞의 문장이 긍정이면 부정, 부정이면 긍정으로 쓴다.

- **덧붙여지는 문장은 be동사나 조동사일 경우 그대로 사용한다.**

  You are sick, aren't you? 너 아프지, 그렇지 않니?
  Mary isn't at home, is she? Mary는 집에 없지, 그렇지?
  You can come to my birthday party, can't you? 너는 내 생일파티에 올 수 있지, 그렇지 않니?
  He can't make spaghetti, can he? 그는 스파게티 못 만들지, 그렇지?
  This is your muffler, isn't it? 이것은 네 목도리지, 그렇지 않니?
  These dishes aren't clean, are they? 이 그릇들은 깨끗하지 않자, 그렇지?
  앞문장의 this/that 또는 these/those는 덧붙이는 문장에서 각각 it, they로 쓴다.

- **일반동사일 경우 do 조동사를 인칭과 시제에 맞게 사용한다.**

  You usually skip breakfast, don't you? 너는 보통 아침 안 먹지, 그렇지 않니?
  Anna doesn't like math, does she? Anna는 수학을 좋아하지 않지, 그렇지?
  They have an important meeting tomorrow, don't they?
  그들은 내일 중요한 회의 있지, 그렇지 않니?

> **Check it out!** 명령문/ Let's~ 문장의 부가의문문 만들기
> - 명령문은 「~will you?」를 덧붙인다. Get me some water, will you? 물 좀 가져다줄래?
> - Let's~는 「~shall we?」를 덧붙인다. Let's go for a walk, shall we? 산책가자, 응?

문장-6. 간접의문문

01 간접의문문은

의문문이 독립적으로 쓰이지 않고 전체 문장 속의 일부가 되는 경우를 말한다. 평서문의 어순을 쓴다는 점과 의문문이 없는 의문문일 경우 간접의문문 앞에 if나 whether를 쓴다는 점에 유의한다.

〈의문사가 없는 일반의문문〉 Is Cindy married?	+	Tell me~ Can you tell me~ Do you know~ I don't know~	→	〈의문사가 없는 간접의문문〉 Tell me if Cindy is married. Can you tell me if Cindy is married? Do you know if Cindy is married? I don't know if Cindy is married.

Check it Out!

'do you think/suppose/believe/consider/guess/imagine 등'은 의문사가 있는 의문문과 결합할 경우 「의문사+do you think~?」의 형태를 취한다.

What did she do? + Do you think~

= What do you think she did?(○)   Do you think what she did?(×)

Who does he love? + Do you suppose~

= Who do you suppose he loves?(○)   Do you suppose who he loves?(×)

문장-9. 명령문

01 명령문

상대방에게 지시할 때 '~을 하세요'의 느낌. 동사원형으로 시작하고 공손하게 말하기 위해서는 앞에 Please 또는 뒤에 ~, please를 붙인다. 부정명령문은 「Don't+동사원형~」형태를 쓴다.

- **긍정/부정명령문 : 「(Don't+)동사원형~」**

  Enjoy your holiday. 휴가를 잘 보내라.

  Don't do that again or you'll be in a big trouble. 다시는 그러지 마라 그렇지 않으면 큰일날거야.

- **명령문강조 : 「Do+긍정명령문」, 「Never+명령문」**

  Do be careful. 정말 조심해라.　　Do keep that in mind. 그것을 꼭 명심해라.

  Never be late again. 절대 다시는 늦지 마라.

- **주어가 있는 명령문 : 「주어+명령문」**

  보통 주어가 생략된 형태로 쓰지만 주어를 꼭 밝혀주거나 강조할 경우 명령문 앞에 쓸 수 있다.

  You be quiet. 너 조용히 해.

  Somebody answer the phone. 누구 전화 받아라.

- **명령문의 부가의문 : 「, will you/ would you/ can you?」**

  Give me a ride, will you? 나 좀 태워줘 그럴래?

  Get me something to write with, can you? 뭔가 쓸 도구를 가져다줄래?

  > **Check it Out!**
  > 1. 부가의문문에서 앞문장이 부정명령문일 경우도 긍정명령문과 덧붙여지는 문장은 같다. 이 때 명령문에 덧붙여지는 문장이 can't you?, won't you?일 경우는 더욱 강조하기 위해서이다.
  > 2. 부정명령문은 Don't 혹은 Never로 시작한다.
  >   Don't be late. 늦지마.　Don't do that again. 다시는 그러지마.　Never give up. 절대 포기하지마.

02 1/3인칭 명령문 Let+목적어+동사원형

'나,' '그녀/그'에게 '~해라'라는 명령문은 없으므로 '너'를 제외한 인칭일 경우 let 동사를 사용한다.

Let me think. 생각 해볼게.　　Let him go home. 그를 집에 가게 해.

03 Let's~ 는 '~하자'라는 뜻. Let us가 축약된 형태로 다음에 동사원형이 온다.

Let's see a movie. 우리 영화보자.

Let's take a five-minute break. 우리 5분 쉬자.

04 Let's not ~ 은 다음에 동사원형이 와서 '~하지말자'라는 뜻으로 쓴다.

Let's not skip that class. 우리 수업 빼먹지 말자.　Let's not cheat. 우리 커닝하지 말자.

문장-10. 감탄문

01 놀라움이나 감정을 강조하고 싶을 때 감탄문을 쓴다.

How exciting (it is)! 얼마나 흥미진진한지!
What pretty flowers (they are)! 꽃들이 얼마나 아름다운지!

02 How로 시작하는 감탄문은 다음에 형용사나 부사를 쓴다.

- 「How+형용사+주어+동사!」
  How beautiful you are! 당신이 얼마나 아름다운지!
  How exciting the game is! 그 게임이 얼마나 흥미진진한지!

- 「How+부사+주어+동사!」
  How fast she ran! 그녀가 얼마나 빨리 뛰던지!
  How wonderfully they sang! 그들이 얼마나 멋지게 노래하던지!

03 What으로 시작하는 감탄문은 다음에 명사를 쓴다.

- 「What+(a/an)+형용사+명사+주어+동사!」
  What a great car you have! 정말 멋진 차를 가지고 있구나!
  What great students you are! 너희들이 얼마나 멋진 학생들인지!

- 「What+(a/an)+명사+ 주어+ 동사!」 *형용사 없이 억양이나 표정으로 느낌을 대신할 수 있다.
  What a day it is! 대단한(힘든/재수없는/멋진…) 날이군!
  What a woman she is! 대단한(이상한/멋진…) 여자야!

04 감탄문에서 주어, 동사는 특별한 뜻이 없을 때 생략하는 경우가 많다.

How beautiful! 얼마나 아름다운지!　　　　How fast! 얼마나 빠르지!
What a great car! 정말 멋진 차군!　　　　What a surprise! 정말 놀랍군!

* What으로 시작하는 감탄문에서 형용사없이 사용했을 경우 억양이나 표정으로 느낌을 대신할 수 있다. 감탄문에서 주어+동사는 상황에 따라 생략가능하다.

Check it out!

What 감탄문에서 형용사 없이 셀 수 없는 명사나 복수명사가 올 경우 부정관사 a를 쓸 수 없다.

「What+a/an+(형용사)+셀 수 있는 단수명사!」	「What+(형용사)+셀 수 없는 명사/ 셀 수 있는 복수명사!」
What a long day! 정말 지루한/ 힘든 하루야!	What lovely flowers! (What a lovely flowers! - X) 정말 아름다운 꽃들이다!
What a small world! 정말 세상 좁다!	
What a woman! 대단한/ 이상한 여자야!	What luck! (What a luck! - X) 정말 운 좋다!
	What fools! (What a fools! - X) 바보들 같으니!

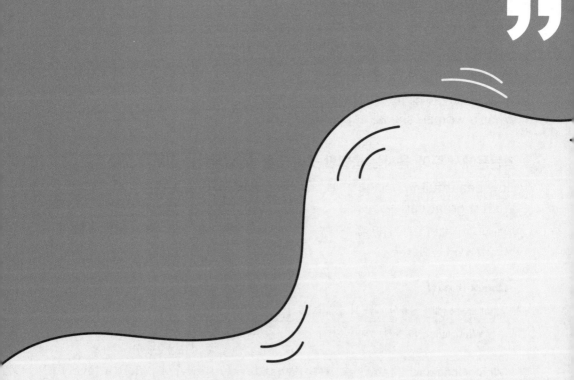

"
영어문장은
문장 성립에 꼭 필요한 주어, 동사, 목적어, 보어 등의
문장 **기본성분**과 이들을 꾸며주는 수식어
문장 **보조성분**으로 이루어져 있다.
"

Unit 03

문장의 주요성분 및 보조성분

문장의 주요성분- 기본형

01 문장의 주요성분

문장을 구성하는데 꼭 있어야 되는 요소들

- **주어**: 동작의 주체로 명사 및 대명사가 주류.
  We need a guide. 우리는 가이드가 필요하다.

- **동사**: 주어의 행위나 상태를 의미하는 성분으로 동사가 독식.
  I **have** a problem. 나에게는 문제가 있어.

- **목적어**: 동작의 행위를 받는 대상으로 역시 명사/대명사가 주류.
  I hit **the boy** in the street. 난 그 소년을 거리에서 쳤어.

- **보어**: 동사를 보완해주며 주어/목적어에 대한 정보를 주는 [대]명사/형용사.
  He is very **clever**. 그는 매우 영리해.

  <u>Tomorrow</u> <u>is</u> not a <u>good time</u>.
    주어   동사   보어

  <u>I</u> <u>know</u> her <u>phone number</u>.
  주어 동사   목적어

02 주요성분에 오는 품사

단어의 품사와 더불어 영어문장을 만드는 구조, 즉 주어+동사+목적어/보어만 알면 영어를 읽고 말하는데 그리 어렵지 않게 된다. 지금 말한 주어, 동사, 목적어, 보어가 문장에서는 없어서는 안 되는 주요성분인데 각각의 성분에 어떤 품사의 단어들이 들어가는지를 파악하기만 하면 된다.

주어와 목적어자리는 행위의 주체나 대상이 되는 것으로 명사나 대명사가 오고 동사자리에는 be, have, do, 조동사, 일반동사 등 각종 동사들이 그리고 보어자리에는 형용사나 과거분사, 현재분사 등이 오게 된다.

	I	have	a	dream
품사기준	대명사	동사	[수식어]	명사
성분기준	주어	동사		목적어
자리	명사/대명사	동사		명사/대명사

	My	wife	is	fat
품사기준	[수식어]	명사	동사	형용사
성분기준		주어	동사	보어
자리		명사/대명사	동사	명사/형용사

문장의 주요성분 - 구와 절이 오는 경우

01 주어가 명사상당어구로

- 명사구

  Playing a golf is not easy. 골프를 치는 것은 쉽지 않아. [동명사용법]

- 명사절

  What I'm saying is not a threat. 내가 하는 말은 협박이 아냐.

02 동사가 동사상당어구로

- 동사구

  She gets on the bus. 그녀는 버스를 탄다.

  He left for Japan this afternoon. 그는 오늘 오후 일본을 향해 떠났어.

03 목적어가 목적어상당어구로

- 명사구

  She wants to go. 그녀는 가기를 원해.[부정사의 명사적용법]

- 명사절

  They know that we will not show up. 그들은 우리가 오지 않을 것을 알고 있어.

04 보어가 보어상당어구로

- 명사구

  My dream is to be a writer. 나의 꿈은 작가가 되는 것이다.

- 명사절

  The fact is that she isn't our student. 사실은 그녀는 우리 학생이 아니다.

- 형용사구

  What's wrong with you? 너 문제가 뭐야?

> **Check it Out!** 이런 이유 때문에 동명사와 부정사를 배우는 거
>
> 주요성분별로 들어가는 품사가 일정한데 문제는 구와 절이다. 이미 언급했다시피 구와 절은 단어
> 가 의미와 성격에 따라 8품사로 나누어지듯이 구와 절 또한 품사가 나누어진다. 명사역할을 하면
> 명사구, 명사절, 형용사 역할을 하면 형용사구, 형용사절이라고. 문장의 주요성분만 가지고 문장
> 을 만들 때도 복잡해지는 이유가 바로 여기에 있는 것이다.

문장의 주요성분 - 총정리

지금까지 주요성분, 즉 주어, 목적어, 동사, 보어 자리에 올 수 있는 형태를 총정리하자면 다음과 같다.

01 주어/목적어 역할을 하는 것들[이름하여 명사상당어구]

■ 명사 및 대명사

[사람주어]   John sent a letter to Karl. 존은 칼에게 편지를 보냈다.

[사물주어]   The book is mine. 그 책은 내꺼야.

[대명사주어]   They are coming. 그 사람들이 올거야.

■ 명사구 : 동사[…하기, …하는 것]

[부정사-주어]   To be or not to be, that is the question. 사느냐 죽느냐, 그것이 문제로다.

[부정사-목적어]   I want to read this book. 이 책을 읽고 싶어.

[동명사-주어]   Seeing is believing. 백문이 불여일견이다.

[동명사-목적어] I enjoyed talking with you. 함께 말씀을 나눠서 즐거웠습니다.

■ 명사절 : 사실[…라는 사실, …라는 것]

[that절-목적]   She knows that you arrived. 그녀가 네가 도착한 거 알아.

[의문사절-주어] What I'd like to know is ~. 내가 알고 싶은 것은… 야.

02 동사역할을 하는 것들[이름하여 동사상당어구]

■ 동사

[자동사]   He became a good musician. 그 사람은 훌륭한 음악가가 됐다.

[타동사]   I read the article this morning. 오늘 아침에 그 기사 읽었어.

■ 동사구

[동사+전치사]   They called for help. 그 사람들이 도움을 청했어.

[동사+부사]   Don't give up your dream. 네 꿈을 포기하지마.

[동사+부사+전치사] I can't put up with the noise anymore. 소음을 더 이상 참을 수 없어.

[동사+명사+전치사] You should pay attention to the program. 그 프로그램에 관심가져봐.

03 보어역할을 하는 것들[이름하여 보어상당어구]

■ 형용사   They are very brave. 걔들은 정말 용감해.

■ 명사   You will be a good father. 당신은 좋은 아버지가 될거예요.

■ 명사구-부정사 His goal is to be a millionaire. 그 사람 목표는 백만장자야.

■ 명사절-that절 The bad news is that she has a cold. 슬픈 소식은 그녀가 감기걸렸다는거야.

문장의 보조성분 - 1

문장의 주요성분을 수식해주는 형용사와 부사처럼 쓰이는 것들은 무엇인지 알아본다.

01 수식어의 원조 - 형용사, 부사

- **형용사가 명사의 앞뒤에서 수식**
  Thanks for the lovely dinner party. 멋진 저녁파티 고마워.

- **부사가 동사, 형용사 그리고 부사를 수식**
  She is very smart. 그녀는 매우 스마트하다.
  He can speak English very well. 그는 영어를 유창하게 말할 수 있다.

02 형용사, 부사처럼 사용되는 것들

- **분사:** 형용사처럼 명사의 앞뒤에서 수식한다.
  I watched an exciting movie. 나는 흥미진진한 영화를 봤다.
  We need a person skilled for PowerPoint. 파워포인트를 잘 다루는 사람이 필요하다.

- **to 부정사:** 형용사/부사처럼
  Would you like something to drink? 뭐 마실 것 줄까요?[형용사처럼]
  You have to start right now to be on time. 늦지않으려면 지금 출발해야 해.[부사처럼]

- **관계대명사:** 명사 뒤에서 형용사처럼 씌여
  Is there anybody who can speak English well? 영어 잘하는 사람 누구 있나요?[형용사처럼]

- **전치사+명사:** 형용사 혹은 부사처럼 씌여
  The girl in my room is a vampire. 내 방에 있는 여자애는 뱀파이어야. [형용사처럼]
  He is at work now. 그는 지금 직장에서 일하고 있어. [부사처럼]

- **접속사+절:** 시간, 이유, 원인 등의 부사처럼.
  I will be out when you are back home. 네가 집에 돌아오면 내가 나갈게.[시간의 부사처럼]

- **분사구문:** 접속사+절과 같지만 접속사 및 주어가 생략된 형태
  Hearing the news, I was very surprised. 그 뉴스를 듣고 난 매우 놀랐어. [시간의 부사처럼]

⋯⋯ 왜 이렇게 문장이 복잡하고 어려운지 이제 이해가 될 것이다. 앞서 배운 문장의 주요성분이 단순히 단어 뿐만 아니라 구와 절도 사용되기 때문에 복잡해졌는데 수식어의 경우에도 형용사와 부사 뿐만 아니라 형용사, 부사처럼 사용되는 것이 참 많으니 자연 문장이 복잡다단해질 수 밖에 없다.

지금까지 문장을 만드는 방법을 살펴보았는데 그 중에 몇몇 문법 용어들이 등장했다. to부정사라든지, 분사, 동명사, 관계대명사 등등. 이런 용어들에 짓눌려 전체 숲을 보지 못하고 나무만 보듯이 왜 부정사, 동명사, 분사 등을 배워야 하는지 이유를 모른 채 그냥 학습만 하면 무용지물이 된다.

문장의 보조성분 - 2

다시 수식어 이야기로 돌아가자. 수식어의 대표적인 것은 형용사와 부사이고 형용사는 명사를, 부사는 동사 혹은 문장전체를 꾸며준다. 앞에서는 형용사, 부사처럼 쓰일 수 있는 것들을 대략 살펴보았고 아래는 그를 토대로 명사를 꾸며주는 형용사 상당어구, 동사나 형용사, 부사 및 문장전체를 꾸며주는 부사상당어구로 대분해서 정리해본다.

01 수식어의 종류

■ 명사[주어나 목적어, 보어]를 수식하는 것들

[형용사]	This is a useful book. 유익한 책이로군.
[현재분사]	It was an interesting movie. 재미있는 영화였어요.
[과거분사]	There is a drunken man on the street. 길에 술취한 사람이 있다.
[전치사구]	The book on the table is mine. 탁자 위에 있는 책은 내꺼야.
[to 부정사구]	Would you like something to drink? 뭐라도 좀 드실래요?
[관계사절]	I have a friend who lives in Chicago. 시카고에 사는 친구가 있다.
[분사구]	I received a letter written in English. 영어로 쓴 편지를 한 통 받았다.

형용사상당어구로는 현재분사, 과거분사, 전치사구, to 부정사구, 관계사절, 분사구 등처럼 여러 가지가 있다는 이야기이다. 머리가 복잡해지는 순간이다.

■ 동사, 형용사, 부사를 수식하는 것들

[부사]	You are very kind. 참 친절하시네요.
[전치사구]	He went to school. 걔 학교 갔어.
[to 부정사구]	I am very happy to hear that. 그 얘길 들으니 정말 기뻐.
[to 부정사구]	They did their best to win the game. 경기에서 이기려고 그들은 최선을 다했어.
[부사절]	When I was a kid, I liked chocolate. 어렸을 땐 초콜릿을 좋아했어.
[분사구문]	Walking along the street, I met Jane. 길을 걷다 제인을 만났어.

마찬가지로 부사상당어구로는 전치사구, to 부정사구, 부사절, 분사구문이 있다는 것을 알 수 있다.

문장의 핵심 - 동사부

01 **조동사:** 일반동사의 원형과 결합하여 동사의 의미를 보충해주는 역할

- **do 조동사:** 평서문을 부정문, 의문문으로 만든다
  Did you see that movie? 그 영화 봤어?
- **시제를 말한다:** be[진행시제], have[완료시제], will[미래시제]
  I **have read** a cooking book. 난 요리책을 읽었어.
- **동사의 의미를 보충한다:** can[가능], must[의무], may[추측]
  I **should** go now. 나는 지금 가봐야 돼.

02 **시제:** 동작의 행위가 발생한 시간이 언제인가를 표현하는 방식.

- **단순시제:** 현재시제 – 과거시제 – 미래시제
- **완료시제:** 현재완료 – 과거완료 – 미래완료
- **진행시제:** 현재진행 – 과거진행 – 미래진행

03 **능동태와 수동태:** 주어가 동사의 동작이 할 때는 능동태, 받을 때는 수동태.

- **능동태:** She loves me. [주어인 she가 love라는 행위를 직접한다.]
- **수동태:** I was loved by her. [주어인 I가 love라는 행위를 받는다.]

04 **가정법과 명령문:** 현실과 반대되는 이야기를 하거나 상대방에 지시할 때.

- **가정법:** If I were a bird, I could fly.
- **명령문:** Be a good boy.

⋯▸ 문장의 가장 핵심이라고 할 수 있는 동사부가 변화하는 모습들을 보면서 문장 만들기의 마무리를 해본다. 문장의 동사부는 다양하게 변화하는데 조동사, 수동태, 가정법 등 여러가지를 알아 두어야 자신이 원하는 문장을 골라 만들 수가 있다.

앞서 언급한 부정사, 동명사, 분사와 더불어 조동사, 수동태, 시제, 가정법은 영어문법의 핵심이라고 할 수 있다. 개별적인 문법사항에 집착하는 것도 중요하지만 이걸 왜 배워야 하는지 배경까지 한 번 생각해보면서 즉 이해를 하면서 학습하면 훨씬 영어를 이해하기가 쉬워질 것이다. 물리나 화학공식처럼 혹은 역사의 연대기처럼 책상에서만 무조건 외우지 말고 영어, 즉 언어는 살아있는 유기체로 사람들과의 의사소통을 할 때만 의미가 있는 공부라는 점을 인식하고 학습해보자. 항상 왜, 어떻게 생각하면서 또 우리말의 경우와 비교해가면서 영어문법을 그리고 영어에 접근하시기 바란다.

"
문장의 주요성분과 보조성분(수식어구)으로
결합된 형태에 따라 문장을 5개의 형식으로
크게 나눈 것을

문장의 5형식이라고 한다.
"

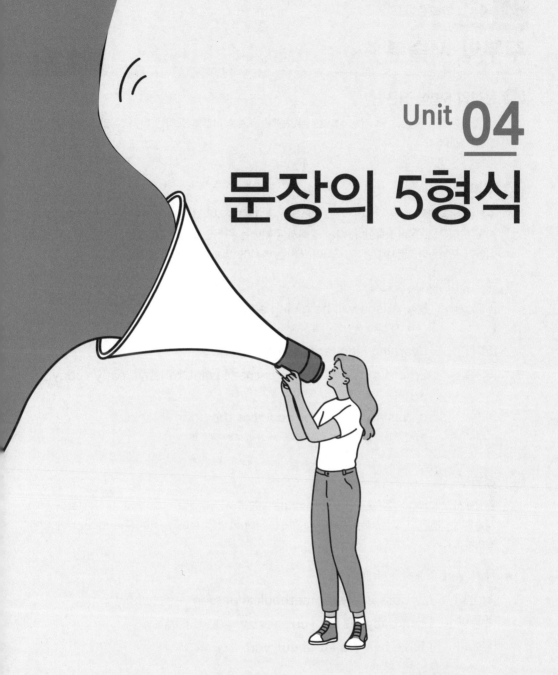

Unit 04

문장의 5형식

주부와 서술부

01 문장의 5형식 접근법

문장의 형식을 구분할 때 가장 중요한 작업은 먼저 수식어부를 잘라낸 다음 주부와 서술부를 구분하는 것이다.

02 주부

주부는 문장에서 '~은, 는, 이, 가'로 해석되는 부분을 주부라고 한다. 주어인 명사나 대명사를 수식하는 어구도 주부에 속한다. 다시 말해서 주부에는 주어인 명사류와 그 명사류를 수식하는 수식어가 포함된다. '명사류'란 '명사처럼 쓰이는 명사어, 명사구, 명사절'을 말한다.

■ 주어(Subject): 행위의 주체

[(대)명사] Mr. Wilson will be giving a lecture this afternoon.
Wilson 씨가 오늘 오후에 강의를 할 것이다.

[명사구] Learning languages is hard work. 언어를 배우는 것은 힘들다.

[명사절] What I'm trying to say is that I want to leave early today.
내가 말하려고 하는 것은 오늘 일찍 가고 싶다는 거예요.

It was stupid of you to leave the door unlocked.
(It:가주어 to~:진주어) 문을 잠그지 않은 채로 두는 것은 어리석었다.

03 서술부

문장에서 '~이다. ~(을/를) 하다.'로 해석되는 부분을 서술부라고 한다. 동사, 목적어, 보어 등이 서술부에 해당된다. 서술부는 동사로 시작되고 뒤에 목적어, 보어, 수식어 등이 따라오는게 일반적이다.

■ 동사(Verb): 동작과 상태를 설명

[be동사] My boss is a very methodical person. 사장님은 꼼꼼한 분이다.

[조동사] I can baby-sit for you. 당신을 위해 아기를 봐줄 수 있어요.

[완료형] I have heard a lot about you. 당신에 관해 많이 들었어요.

LET'S STUDY

ENGLISH

긴 주어부 알아채기

01 「명사 또는 대명사」가 주어인 경우

The credulous behavior of the salesman **caused him to lose the contract.** 그 영업사원은 경솔하게 상대방을 믿는 바람에 그 계약을 날렸어. – 명사

02 「명사+*전명구(+전명구)~」가 주어인 경우

명사 뒤에 두 개 이상의 전명구가 따라 오는 경우도 있다.

*전명구란? 전치사구에는 두 가지 종류가 있다. 우선 on the table과 같이 「전치사+명사」 형태가 있고 out of, due to, in front of, because of, in spite of 등과 같이 「여러 단어로 구성된 전치사구」가 있다. 구분하기 위해 「전치사+명사」의 구의 경우 '전명구'라고 하고 이는 문장에서 형용사/부사 역할을 한다.

The man on the grass in the shadow **is Mike.** 그늘 속 잔디에 앉아 있는 남자가 Mike이다.

03 「동명사구」가 주어인 경우

Watching Netflix movies on the couch always **makes me happy.**
소파에서 넷플릭스 영화를 보는 것은 항상 나를 즐겁게 한다.

04 「to부정사구」가 주어인 경우

to부정사구는 주로 가주어 it을 쓰고 to부정사구는 뒤로 가게 된다.

To tango **takes two.** → It **takes two** to tango. 손뼉도 마주쳐야 소리가 난다.

05 「명사+분사구」가 주어인 경우

분사구는 현재분사(-ing)나 과거분사(-ed)로 시작한다.

The baby crying in the stroller **is Kate's daughter.** 유모차에서 울고 있는 아기는 Kate의 딸이다.

06 「명사+형용사절」이 주어인 경우

형용사절은 that, who, which, whose 등으로 시작한다.

A student who listens carefully and takes notes in class usually **gives a good impression to his or her teachers.** 수업 중 잘 듣고 필기를 잘하는 학생은 보통 선생님께 좋은 인상을 준다.

07 「that 절」이 주어인 경우

That health is above wealth **is true.** (=It **is true** that health is above wealth.) 건강이 부(富)보다 우선인 것은 사실이다.

08 「의문사절」이 주어인 경우

의문사절은 What, When, Why, How, Who, Where 등으로 시작한다.

Who will be our next door neighbors **is my mother's biggest concern.**
우리 엄마의 제일 큰 관심거리는 옆집 이웃이 누구인가이다.

1형식 문장

01 주어+동사 (+수식어구)

- 동사자체로 동작이나 상태를 완전하게 표현할 수 있다.
- 목적어나 보어는 필요 없지만
- 수식어(구)가 함께 쓰이기도 한다.

My tooth really hurts. 이가 정말 아프다.
Micky gets up early in the morning. Micky는 아침에 일찍 일어난다.

02 There is[are]~

「There(Here)+동사+명사주어~/There(Here)+대명사주어+동사~」형태도 1형식에 속한다.

There has been competition between Japan and Korea.
일본과 한국 사이에 경쟁이 있었다.

Here comes the taxi! 여기 택시가 오는군!
Here she comes! 여기 그녀가 온다!

03 문장의 길이와 1형식의 관계는 상관없음

주어에도 수식어구가 붙을 수도 있고 문장전체에 수식어구가 붙어서 1형식 이상의 형식으로 착각하기 쉬운 경우도 있다. 다음 문장들을 통해 아주 긴 문장도 1형식이 될 수 있음을 익혀두자. 좀 길어서 적어도 3, 4형식은 되어 보이지만 실은 1형식 문장이다.

Sales numbers are going to increase this month in our department.
우리 부서의 이번달 판매고 수치는 증가할 것이다.[동사부인 be going to increase 이후는 부사구이다.]

There goes the newly hired director for our branch plant in Nebraska.
네브라스카의 우리 지점에 새 관리자가 온다. [There goes[is, are]+S는 길이와 상관없이 전형적인 1형식 구문이다.]

You must remain in the office until the repairmen are finished working on the security system. 수리공들이 보안 시스템 작업을 마칠 때까지 사무실에 머물러라.[remain 다음은 부사구]

Going all the way to New York in order to try to close the deal just won't pay. 거래를 타결지으려 멀리 뉴욕에 가는 것은 득될 게 없다.[동명사 주어에 in order to+V의 부사구가 붙었다.]

Writing Pattern Practice

"문법학습의 최종목표는 문장을 만드는 것이다."

주어+동사 1형식

▶ 해는 동쪽에서 뜬다.

_____

▶ 내 이가 정말 아프다.

_____

▶ 인구는 지속적으로 증가한다.(continue to)

_____

▶ 이 안락의자는 100달러에 팔린다.(sell)

_____

▶ 달이 지평선 위에 떠오르고 있다.(above the horizon)

_____

▶ 내 여동생은 작년에 외국으로 유학갔다.

_____

There is[are]~

▶ 일본과 한국 사이에 경쟁이 있었다. (There has been~)

_____

▶ 여기 택시 오는군!

_____

▶ 우리 사이에 오해가 좀 있다.(~between us)

_____

▶ 네가 알아야 할 무엇인 가가 있다.(~you have to know)

_____

▶ 그 광장에 사람들이 많이 있다.

_____

▶ 모퉁이를 돌면 대형 와인 상점이 있다.

_____

아무리 길어도 주어+동사 하나면 1형식

▶ 나는 어머님께 한 달에 한 번 편지를 쓴다.(write to)

_____

▶ 내가 길을 걸을 때 멋진 오픈카가 갑자기 나타났다.(A nice convertible)

_____

2형식 문장

01 2형식 문장 「주어+동사+보어」

동사의 의미를 보충·설명해 주는 보어가 필요한데 명사 보어일 경우 '주어=보어'이고, 형용사 보어인 경우 '보어가 주어의 상태를 설명'한다.

02 2형식 문장의 종류

- **상태 - be**

  Tom is a self-made man. Tom은 자수성가한 사람이다.

  I'd like to speak with Melisa, if she is available. 멜리사 있으면 통화하고 싶은데요.

- **상태의 변화 - become, get, turn, grow, go, make 등**

  My little sister turns two this year. 여동생이 올해 두 살이 돼요.

  Joshua will make a good husband. Joshua는 좋은 남편이 될거야.

  Do you think he'll become a lawyer? 쟤가 변호사가 될 것 같아?

- **(~한 상태로) 있다 - remain, keep, stay 등**

  It'll remain partly cloudy for the first half of the day.
  오전에는 날씨가 부분적으로 계속 흐리겠습니다.

  I don't like to keep busy. 계속해서 바쁜 건 싫어.

  I had to stay late three times this week.
  이번 주에 세번이나 늦게까지 남아서 일을 해야 했다구.

- **감각 - look, smell, taste, sound, feel 등**

  The garden smells of lilacs. 뜰에는 라일락 꽃 향기가 풍긴다.

  How have you been? You look great! 어떻게 지냈니? 근사해 보이는데!

  We just met, yet I feel very close to you.
  우리는 방금 전에 만났을 뿐인데도 전 당신이 가깝게 느껴지는군요.

  It does sound a little bit strange. 정말 약간 이상한 것 같아.[여기서 does는 강조어이다.]

- **의견 - seem, appear 등**

  Mark seems (to be) glad to see us. Mark는 우리들을 만나 기뻐하는 것 같다.

  It seems reasonable to wait another week, but no more than that.
  한 주 더 기다려 보는 것은 괜찮을 것 같은데요. 하지만 그 이상은 안 됩니다.

"문법학습의 최종목표는 문장을 만드는 것이다."

「주어+be동사+보어」

▶ 나는 키가 크다.　　　　　　　　　　------------------------------------

▶ Susan은 매우 피곤하다.(very)　　　　------------------------------------

▶ 그들은 간호사들이다.　　　　　　　　------------------------------------

▶ Tom은 자수성가한 남자다.(self-made)　------------------------------------

▶ 오전에는 날씨가 부분적으로 계속 흐리겠습니다.

▶ Mark는 우리들을 만나 기뻐하는 것 같다.(seem, glad)

「주어+ look, smell, taste, sound, feel, seem 등 + 보어」

▶ 너 오늘 달라 보인다.　　　　　　　　------------------------------------

▶ 너 정말 피곤해 보인다.(very)　　　　　------------------------------------

▶ 뭔가 냄새가 나쁜데.　　　　　　　　　------------------------------------

▶ 그 수프 냄새 좋다.　　　　　　　　　------------------------------------

▶ 그거 맛 좋니?　　　　　　　　　　　------------------------------------

▶ 그거 맛 끝내준다.(terrific)　　　　　　------------------------------------

▶ 그거 좋게 들려.　　　　　　　　　　------------------------------------

▶ 그 털 코트는 촉감이 부드럽다.(The fur coat~)------------------------------------

▶ 그거 촉감이 좋지 않은데.　　　　　　------------------------------------

▶ 그들은 친절한 듯 하다.　　　　　　　------------------------------------

「주어+ become, get, turn, grow 등 + 보어」

▶ 나는 의사가 될 거야.(become)　　　　------------------------------------

▶ Susan은 가수가 되었다.(become)　　　------------------------------------

▶ 나는 배고파졌다.(get)　　　　　　　　------------------------------------

▶ Laura는 지루해졌다.(get)　　　　　　------------------------------------

▶ 잎들이 빨갛게 물들었다.(turn)　　　　------------------------------------

▶ 여동생이 올해 두 살이 돼요.(turn)　　------------------------------------

▶ 어두워졌다.(grow)　　　　　　　　　------------------------------------

3형식 문장

01 3형식 문장 「주어+동사+목적어」

동사의 행위의 대상이 되는 명사 또는 명사류(대명사, to부정사, 동명사, 명사절)를 목적어로 취한다.

People buy stock when market is low. 사람들은 시장이 안 좋을 때 주식을 산다.

I don't know why he dropped out of school. 그가 왜 학교를 그만두었는지 모른다.

02 3형식에서 목적어 역할을 하는 명사형태

■ [목적어:명사]

Most people drink too much soda. 대부분의 사람들은 너무 많은 탄산음료를 마신다.

■ [목적어:동명사]

We don't allow smoking in the lecture room. 우리는 강의실에서 흡연을 허락하지 않는다.

■ [목적어:명사구]

I wonder who to invite. 누구를 초대해야 할지 모르겠어.

I understood the importance of our being there. 나는 우리가 거기에 가는 것의 중요성을 알고 있었다.

■ [목적어:명사절]

I feel sorry that I lost my temper this morning. 아침에 화내서 미안해.

I want to know why he told me a lie. 나는 그가 왜 거짓말을 했는지 알고 싶다.

03 자동사로 착각하기 쉬운 3형식 동사(타동사)

'∼와' 또는 '∼에 대해' 등으로 해석되지만 'with'나 'about' 등의 전치사를 쓰지 않도록 주의한다. '∼에게 …하다'로 해석되지만 4형식문형에서 쓸 수 없는 동사(introduce, explain, announce, admit, confess, suggest, recommend, apologize 등)들이 있다.

■ with

resemble ~~with~~ ∼와 닮다   **marry ~~with~~** ∼와 결혼하다   **accompany ~~with~~** ∼와 동반하다

■ about

mention ~~about~~ ∼에 대해 언급하다   **explain ~~about~~** ∼에 대해 설명하다   **discuss ~~about~~** ∼에 대해 의논하다

■ to, from

enter ~~(in)to~~ ∼에 들어가다 (cf. enter into business 사업에 투신하다)   **approach ~~to~~** ∼에 접근하다

attend ~~to~~ ∼에 참석하다   **reach ~~to~~** ∼에 도착하다   **answer ~~to~~** ∼에 답하다   **address ~~to~~** ∼에게 연설하다

I am afraid that I am unable to attend the meeting. 회의에 참석하지 못할 것 같은데요.

Don't mention it. 천만에요.

Will you explain the rule to me? (Will you explain me the rule?)
그 규칙을 내게 설명해 주겠어요?

04 **타동사로 착각하기 쉬운 자동사**(목적어를 취하려면 전치사가 필요한 동사)들이다.

목적어 앞에 전치사를 빠뜨리지 않도록 주의한다. 우리말로 할 때는 '~을 …에게'라는 의미로 번역되어 마치 4형식동사처럼 생각되지만 실제로는 3형식동사인 경우들이 있다. 아래 예문에서 전치사가 빠지면 틀린 문장이 된다. 시험에 자주 출제되는 문법사항이다.

- **account for** ~을 설명하다, ~을 차지하다
- **object to** ~에 반대하다
- **add to** ~에 더하다
- **subscribe to** ~을 정기구독하다
- **graduate from** ~을 졸업하다
- **look for** ~을 찾다
- **apologize to** ~에게 사과하다
- **listen to** ~의 말을 듣다
- **look at** ~를 쳐다보다
- **complain of(about)** ~을 불평하다

Black people account for 50% of the population of the state.
그 주의 인구 50퍼센트를 흑인이 차지한다.

Did he apologize to you for doing it? 그가 그것을 한 것에 대해 사과했니?

I've been looking for someone like you. 나는 당신 같은 사람을 찾았어요.

Writing Pattern Practice

"문법학습의 최종목표는 문장을 만드는 것이다."

「주어 + 동사 + 목적어(동명사/to부정사)」

▶ 나는 일하는 것을 마쳤다.(finish) -------------------------

▶ 나는 다이어트하는 것을 원한다.(go on a diet) -------------------------

▶ 나는 뉴욕으로 이사가기로 결심했다. -------------------------

「주어 + 동사 + 목적어(기타 명사구/명사절)」

▶ 나는 어떻게 이 기계를 사용하는지 배웠다. -------------------------

▶ 내 생각에 이번 주말에 영화를 볼 것 같아. -------------------------

자타동사 구분하기

▶ 중요한 말 몇 가지 하는 걸 잊어버렸다. -------------------------

▶ David은 우리에게 그의 계획을 발표했다. -------------------------

▶ 나는 Mary에게 시계를 가져갔다고 고백했다. -------------------------

▶ 내가 이것이 무슨 의미인지 네게 설명할게. -------------------------

4형식 문장

01 주어(S)+동사(V)+간접목적어(O1)+직접목적어(O2) 'S는 O1에게 O2를 V하다'

「주어+동사+간접목적어+직접목적어」 형태로 목적어를 두개 필요로 한다. 목적어 중 먼저 나와서 '~에게'라고 해석되는 목적어를 「간접목적어」라고 하며, 그 뒤에 오는 '~을(를)'이라고 해석하는 목적어를 「직접목적어」라고 한다. teach, send, tell, lend, show, buy, make, write, ask, offer, pay 등의 동사가 4형식에 주로 쓰인다.

He brought me some flowers. 그는 내게 꽃을 가져왔다.
He showed <u>me</u> <u>the way to the mall</u>. 그가 내게 mall에 가는 길을 알려줬다.
                간접목적어   직접목적어

02 4형식 문장이 좋아하는 동사

'~에게 …를 주다'라는 의미로 쓰이는 teach(가르쳐주다), send(보내주다), tell(말해주다), lend(빌려주다), show(보여주다), buy(사주다), make(만들어주다), write(써주다) 등이다.

I gave him a book. 나는 그에게 책을 주었다.
My friend sent me a postcard. 친구가 나에게 우편엽서를 보냈다.
Would you lend me a pen? 저에게 펜을 하나 빌려주시겠습니까?
Grandma told me a story. 할머니는 나에게 이야기를 들려 주셨다.
A man showed me the way to the bank. 어떤 남자가 나에게 은행까지 길을 알려줬다.
She made her daughter a new dress. 그녀는 딸에게 새 드레스를 만들어 주셨다.
Buy me dinner. 저녁 사.
Mrs. White teaches us English. 화이트 부인이 우리에게 영어를 가르친다.
Sue writes him a letter every week. Sue는 그에게 매주 편지를 쓴다.
Please get me some water. 물을 좀 가져다주세요.

03 4형식문장은 3형식으로 전환될 수 있다.

4형식문형은 '~에게 …를 하다'라는 의미로, 동사가 두개의 목적어를 가진다. 4형식문형 「주어+동사+간접목적어+직접목적어」은 3형식문형 「주어+동사+직접목적어+전치사+간접목적어」형태로 전환할 수 있는데, 이 때 어떤 전치사를 취할 것인가는 동사에 의해 결정된다.

■ 전치사 to를 쓰는 동사: give, tell, lend, show, pay, offer, teach 등
I wonder if you could give me a ride. = I wonder if you could give a ride to me. 함께 탈 수 있을까요?
They offered the refugees food and clothing. = They offered food and clothing to the refugees. 그들은 난민들에게 음식과 옷을 제공했다.

■ 전치사 for을 쓰는 동사: make, buy, get, find 등
Who bought you the cell phone? = Who bought the cell phone for you? 누가 핸드폰을 사줬니?

Could you get me something to drink? = Could you get something to drink for me? 마실 것 좀 가져다 줄래요?

- 전치사 of를 쓰는 동사: ask

The students asked the new teacher a few personal questions. = The students asked a few personal questions of the teacher. 학생들이 새로운 선생님께 몇몇 사적인 질문을 했다.

- 3형식문장으로 전환이 불가능한 동사: cost, save 등

It cost me $2,000 to buy this lap top computer.
(It cost $2,000 to buy this lap top computer to me.) 노트북 사는데 $2000 들었다.
That will save you a lot of time.
(That will save a lot of time to you.) 그렇게 하면 시간은 많이 줄일 수 있을거야.

Writing Pattern Practice

"문법학습의 최종목표는 문장을 만드는 것이다."

주어 + teach, send, tell, lend, show, buy, make, write, get + 간접목적어 + 직접목적어

▶ 학생들은 나에게 몇 가지 질문을 했다. ----------------------------------
▶ 어떤 남자가 나에게 은행까지 길을 알려줬다. ----------------------------------
▶ 그녀는 딸에게 새 드레스를 만들어 주었다. ----------------------------------
▶ 화이트 부인이 우리에게 영어를 가르친다. ----------------------------------

주어+tell, teach, send, lend, show, write, give)+직접목적어 + to + 간접목적어

▶ 내게 돈 좀 빌려줘. ----------------------------------
▶ 그는 나에게 영어를 가르쳐줬다. ----------------------------------
▶ 나는 그에게 책을 줬다. ----------------------------------
▶ 그것을 나에게 보내. ----------------------------------

주어 + get, buy, make + 직접목적어 + for + 간접목적어

▶ 남자친구가 나에게 반지를 사줬다. ----------------------------------
▶ 그녀는 나에게 물을 좀 갖다 줬다. ----------------------------------
▶ 나는 삼촌에게 커피를 타 드렸다. ----------------------------------

5형식 문장

01 5형식 문장 주어(S)+동사(V)+목적어(O)+목적보어(C)

'S는 O를 C(상태)로 V하다' 혹은 'S는 O를 C하도록 V하다'

The dress makes you look prettier. 드레스가 너를 더 예뻐 보이게 한다.

I found English fun. 난 영어가 재미있다고 생각해.

People call him a fool. 사람들을 그를 바보라 불러.

02 5형식에 주로 쓰는 동사는 다음과 같다.

- **지각동사**

(see …하는 것을 보다, watch …하는 것을 지켜보다, feel …하는 것을 느끼다, hear …하는 것을 듣다 등)

I saw you doze/dozing during the class. 너가 수업시간 내내 조는/졸고 있는거 봤어.

I like to watch you dance/dancing. 나는 너가 춤추는/춤추고 있는거 지켜보는게 좋아.

I felt Sally breathe/breathing gently. 나는 Sally가 조용히 숨쉬는/숨쉬고 있는 것을 느꼈다.

I heard them fight/fighting. 나는 그들이 싸우는/싸우고 있는 것을 들었다.

- **사역동사**

(make …하게 만들다, have …하게 시키다, let …하게 허락하다 등)

You always make me smile. 너는 항상 나를 미소 짓게 해.

I had my son do the laundry. 나는 아들에게 빨래를 시켰다.

I'm supposed to get home by 9 o'clock. Please let me go.
나는 9시까지 집에 가기로 되어 있어. 나를 가게 해 줘.

- **기타동사**

(call …라고 부르다, name …라고 이름짓다, find …라는 것을 알다, keep 계속…하게 하다, want …하기를 원하다 등)

Call me Katie. 나를 Katie라고 불러줘.

I named the dog Mary. 나는 그 개를 Mary라고 이름 지어 줬다.

I found Mike nice. 나는 Mike가 괜찮다는 것을 알았다.

I'm sorry to keep you waiting. 당신을 계속 기다리게 해서 죄송해요.

Do you want me to vacuum the floor? 내가 바닥 진공청소기로 청소해 줄까?

"문법학습의 최종목표는 문장을 만드는 것이다."

주어 + see/ watch/ feel/ hear + 목적어 + 동사원형/ 동사+ing

▶ 나는 네가 조는 거 봤어.(doze) ---------------------------------

▶ 너희들이 Lisa가 커닝하는 거 봤니? ---------------------------------

▶ 나는 네가 춤추고 있는 거 지켜보는 게 좋아. ---------------------------------

▶ 사람들은 내가 노래 부르는 것을 지켜봤다. ---------------------------------

▶ 나는 Sally가 우는 것을 느꼈다. ---------------------------------

▶ 나는 뭔가 움직이는 것을 느꼈다. ---------------------------------

▶ 나는 그들이 싸우는 것을 들었다.(fight) ---------------------------------

주어 + make/ have/ let + 목적어 + 동사원형

▶ 너는 항상 나를 미소 짓게 만들어. ---------------------------------

▶ 내가 너를 피곤하게 만들었니? ---------------------------------

▶ 나를 가게 해줘요.(Please~) ---------------------------------

▶ 제가 제 소개할게요. ---------------------------------

주어 + call/ name + 목적어 + 명사

▶ 나를 Katie라고 불러줘. ---------------------------------

▶ 사람들은 그를 바보라고 부른다.(a fool) ---------------------------------

▶ 나는 그 개를 Mary라고 이름 지어 줬다. ---------------------------------

▶ 누가 너에게 Christine이라고 이름 지어 줬니? ---------------------------------

주어 + find + 목적어 + 형용사/ 명사

▶ 나는 Mike가 좋은 사람이라는 것을 알았다. ---------------------------------

▶ 너는 Cindy가 거짓말쟁이라는 것을 알았니? ---------------------------------

주어 + keep + 목적어 + 형용사

▶ 커피는 나를 계속 깨어있게 해요.(awake) ---------------------------------

▶ 당신을 계속 기다리게 해서 죄송해요. ---------------------------------

주어 + want + 목적어 + to부정사

▶ 바닥 진공청소기로 청소해 줄까요?(vacuum) ---------------------------------

▶ 나는 네가 가수가 되었으면 좋겠어. ---------------------------------

끊어 읽기는 하나의 의미를 이루는 구와 절 앞 · 뒤에서 끊어 읽어 앞에서부터 순서대로 해석한다.

When dieting/, avoid starchy foods/ such as bread or potatoes.
식사 조절 할 때는, 전분 음식을 피해라./ 빵이나 감자 같은.

Dialogue
A: How long/ do you think/ it'll take me/ to get there?
B: It should/ take a good hour/ because you have to transfer.

1. 끊어 읽기

영어문장은 한 개의 단어를 각각 이해하는 것보다 하나의 의미를 이루는 단어들, 즉, '의미덩어리'를 이해하는 편이 좋다. 한번에 해석할 수 있는 의미덩어리가 커질수록 영어문장을 좀 더 빨리, 그리고 정확히 해석하고(reading) 듣고(listening) 말하며(speaking) 쓸 수(writing) 있는 능력을 기르게 된다.

의미덩어리를 묶는 범위가 넓을수록 영어실력이 높다고 볼 수 있다.

■ 초급수준 끊어 읽기

One/ of the solutions/ of environmental pollution/ is to develop/ solar energy / instead of using oil.
하나는/ 해결책 중에/ 환경오염을/ 개발하는 것이다/ 태양열 에너지를 /석유를 사용하는 대신에

■ 중급수준 끊어 읽기

One of the solutions/ of environmental pollution/ is to develop solar energy / instead of using oil.
해결책 중에 하나는/ 환경오염의/ 태양열 에너지를 개발하는 것이다/ 석유를 사용하는 대신에

■ 고급수준 끊어 읽기

One of the solutions of environmental pollution/ is to develop solar energy instead of using oil.
환경오염의 해결책 중에 하나는/ 석유를 사용하는 대신 태양열 에너지를 개발하는 것이다.

2. 끊어 읽기의 기본

1. 부사구와 부사절의 앞 · 뒤에서 끊는다.

I can't take a vacation until next month/ under these circumstances.
나는 다음 달까지는 휴가를 가질 수 없다./ 이러한 상황에서.

Despite the fact that her grades were low/, she was admitted to the university.
그녀의 성적이 좋지 않았음에도 불구하고/ 대학교에 합격되었다.

2. 긴 주어 뒤에서 끊는다.

That I have fallen in love with her/ is true.
내가 그녀와 사랑에 빠졌다는 것은/ 사실이다.

Sitting at computer desks for hours/ can cause damages to our backs.
몇 시간동안 컴퓨터에 앉아 있는 것은/ 우리의 허리에 해를 입힐 수 있다.

3. 긴 목적어 앞에서 끊는다.

If my mother knew/ what I had done,~

만약 엄마가 아신다면/ 내가 한 일을 ∼

I don't remember/ how many letters there are in the English alphabet.
나는 기억이 나지 않는다/ 영어 알파벳에 얼마나 많은 글자가 있는지

4. 진주어 또는 진목적어 앞에서 끊는다.

It was hard/ for us to keep our mind on the study.
힘들었다/ 우리가 공부에 집중하기는

I find it quite impossible/ to lie to her.
나는 거의 불가능한 것을 안다/ 그녀에게 거짓말하는 것은

5. 접속사 앞에서 끊는다.

It was such a good book/ that I couldn't put it down.
정말 좋은 책이어서/ 내려놓을 수 없었다.

My sister turned down the radio/ so I could get to sleep.
언니가 라디오 볼륨을 낮추셔서 나는 잠들 수 있었다.

Some students would rather play soccer with their friends than go to class/
although education is important,
어떤 학생들은 학교에 가는 것보다 친구들과 축구하는 것을 더 좋아 한다/ 교육이 중요하긴 하지만.

6. 관계대명사와 선행사 사이에서 끊는다.

That is the man/ who Mike works for.
저 사람은 남자다/ Mike가 밑에서 일하는.

The teacher lectured on a topic/ which I know very little about.
선생님은 주제에 관하여 강의하셨다/ 내가 잘 모르는.

7. 삽입구나 삽입절의 앞과 뒤에서 끊는다.

My two aunts,/ along with their dog,/ visit me every Sunday.
두 숙모는/ 그들의 강아지와 함께/ 일요일마다 우리 집에 오신다.

Lincoln,/ the greatest president Americans ever had,/ was a very good speaker.
링컨은/ 미국인들이 접했던 가장 위대한 대통령인데/ 정말 좋은 연설가였다.

Ted is,/ it seems to me,/ a little more than thirty years old.
Ted는/ 내가 보기에/ 서른 살이 조금 넘은 듯하다

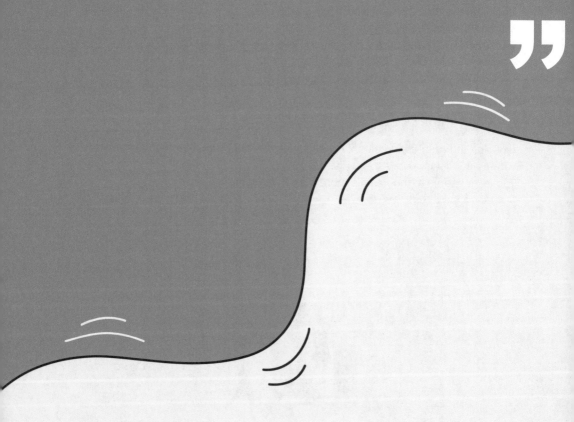

"

문장의 핵심인 동사부는

다양하게 변화하는 데 특히, 조동사, 수동태, 가정법
등 여러가지를 잘 알아두어야 자신이 원하는 문장을
골라 만들 수가 있다.

"

Unit 05
동사

Be 동사

01 be 동사의 축약형

	긍정		부정	
	I am	I'm	I am not	I'm not
단수	you are	you're	you are not	you're not 또는 you aren't
	he is	he's	he is not	he's not 또는 he isn't
	she is	she's	she is not	she's not 또는 she isn't
	it is	it's	it is not	it's not 또는 it isn't
복수	we are	we're	we are not	we're not 또는 we aren't
	you are	you're	you are not	you're not 또는 you aren't
	they are	they're	they are not	they're not 또는 they aren't

02 be 동사의 의미

be+보어[명사나 형용사] = …가 이다, 즉 주어=보어의 형태가 된다.

be+장소부사 = …가 …에 있다

My mother is a professor. 우리 엄마는 교수다.
Jim and I are close friends. 짐과 나는 친한 친구사이야.
Don't worry. She's not hungry. 걱정마. 그녀는 배고프지 않아.
He's not here. He left for Seoul. 그는 여기없어. 서울을 향해 출발했어.

03 be 동사의 부정

be 동사의 부정은 뒤에 not을 붙인다

Mindy is not afraid of dogs. Mindy는 개를 두려워하지 않아.
My sister isn't downstairs. 나의 누이는 아래층에 있지 않아.

04 주로 쓰이는 be 동사 문형

be동사 다음에는 주로 명사나 형용사(분사) 또는 장소를 나타내는 부사 등이 온다.

My father is a professor.(명사) 우리 아버지는 교수다.
I'm happy.(형용사) 나는 행복하다.
She's tired.(분사) 그녀는 피곤하다.
John is downstairs.(장소부사) John은 아래층에 있다.

Check it Out!

장소를 나타내는 부사는 here(여기에), there(저기에), home(집에), upstairs(위층에),
downstairs(아래층에), inside(안에), outside(밖에) 등이 있다.

"문법학습의 최종목표는 문장을 만드는 것이다."

「I'm + 형용사」 '나는 ...이다.' 혹은 「I'm not+형용사」 '나는 ...이 아니다.'

▶ 나는 오늘 피곤해. _____

▶ 너희들은 매우 부지런하구나. _____

▶ Sally는 개를 두려워한다.(be afraid of) _____

▶ 8시 반이야. 너 또 늦었다. _____

▶ 오늘은 날씨가 좋지 않다.(nice) _____

▶ 우리는 건강하지 않다.(healthy) _____

「I'm + 명사」'나는 ...다.' 혹은 「I'm not + 명사」'나는 ...가 아니다.'

▶ 그들은 변호사들이다. _____

▶ Tom과 나는 친한 친구다.(close) _____

▶ 나는 뚱뚱하지 않다. _____

▶ 너는 천재가 아니다.(a genius) _____

▶ 그는 경찰관이 아니다.(a police officer) _____

▶ 그 사람들은 미국사람이 아니야.(Those~) _____

「I'm + 장소부사」 '나는 ...에 있다.' 혹은 「I'm not + 장소부사」 '나는 ...에 있지 않다.'

▶ 나는 위층에 있다. _____

▶ Tom과 Jerry는 밖에 있어. _____

▶ 여기에는 아무도 없다.(Nobody~) _____

▶ John은 아래층에 있지 않다. _____

▶ Tom은 여기 있지 않다. _____

▶ 그들은 밖에 있지 않다.(outside) _____

There+be 동사

01 There+be동사+명사

「There+be동사+명사」는 '~가 있다'라는 뜻으로 이 때 There는 해석하지 않는다.

There is some Coke in the fridge. 냉장고에 콜라가 좀 있다.
There are a lot of people in the park. 공원에 사람들이 많다.
I like Chicago. There is a beautiful lake in that city.
나는 시카고를 좋아한다. 그 도시에는 아름다운 호수가 있다.

02 시제

시제와 따라오는 명사의 수에 따라 be동사를 변형시킨다.

- **과거**

  There was a party last night. 어젯밤 파티가 있었다.
  There were thousands of people at the concert. 콘서트에 수천 명이 있었다.

- **현재완료**

  There has been a lot of snow here. 여기에 눈이 많이 왔었어.
  There have been a lot of car accidents here. 여기 차사고가 많이 났었어.

- **현재**

  There is an apple in the basket. 바구니에 사과가 하나 있다.
  There are some oranges in the basket. 바구니에 오렌지가 좀 있다.

- **미래**

  There will be a lot of snow this winter. 올 겨울에 눈이 많이 올거야.
  There is going to be a meeting on Monday morning.
  월요일 아침에 회의가 있을 예정이다.

03 부정문

부정문은 be 동사 다음에 not을 쓴다.

There isn't any reason to get upset. 화를 낼 아무런 이유가 없다.
There aren't any grammatical errors in your essay. 네 작문에 문법적인 오류는 없어.

04 의문문

의문문은 「Is/Are there~?」로 쓰고 대답은 「Yes, there is/are.」로 한다.

Is there an *ATM around here? 근처에 현금지급기가 있나요?
Yes, there is./No, there isn't. *ATM: Automated Teller Machine
Are there any movie theaters around here? 근처에 극장 있나요?
Yes, there are./No, there aren't.

"문법학습의 최종목표는 문장을 만드는 것이다."

There is/are + 명사와 There isn't/aren't + 명사

▶ 냉장고에 콜라가 좀 있어.(fridge)

_____

▶ 바구니에 사과가 하나 있어.(basket)

_____

▶ 아름다운 호수가 있어.

_____

▶ 10시에 기차가 있어.

_____

▶ 공원에 사람들이 많아.

_____

▶ 일년은 열두달이 있어.

_____

▶ 물이 많이 없어.(much)

_____

▶ 오늘밤 TV에서 좋은 영화가 전혀 없어.

_____

▶ 여기에 사람들이 전혀 없어.

_____

Is/Are there+명사?

▶ 은행이 있나요?

_____

▶ 아이스크림 좀 있니?

_____

▶ 사람들이 많이 있니?(many)

_____

There was/were+명사

▶ 여기에 빵이 좀 있었어.

_____

▶ 어젯밤 TV에서 멋진 영화가 있었어.(great)

_____

▶ 콘서트에 수천 명이 있었어.(thousands of)

_____

▶ 파티에 사람들이 많이 있었어.(a lot of)

_____

There has been/have been+명사

▶ 여기에 눈이 많이 왔었어.(a lot of)

_____

▶ 여기 차사고가 많이 났었어.(a lot of car accidents)

_____

There will be/ is going to be+명사

▶ 올겨울에 눈이 많이 올 거야.(will)

_____

▶ 월요일 아침에 회의가 있을 예정이야.(be going to)

_____

일반동사

01 일반동사

일반동사는 주어의 인칭, 수 그리고 문장의 시제에 따라 형태가 변한다.

Everybody likes music. (3인칭 단수 주어일 때 동사원형에 −(e)s를 붙인다.) 모두 음악을 좋아한다.
every− :단수취급

I had dinner with my family.
(동사과거형은 동사원형에 −(e)d를 붙이거나 불규칙하게 변한다.) 나는 가족과 함께 저녁을 먹었다.

I enjoyed talking with you. 너와 얘기해서 즐거웠어.

I heard that John was injured in a car accident. John이 교통사고 나서 다쳤다며.

02 일반동사의 부정

일반동사의 부정은 주어가 I/you/we/they일 경우 동사원형 앞에 do not(don't)을, he/she/it, 즉 3인칭 단수인 경우 does not(doesn't)을 쓴다.

We don't watch television very often. 우리는 텔레비전을 그렇게 자주 보지는 않는다.
Sarah drinks Sprite, but she doesn't drink Coke.
Sarah는 사이다는 마시지만 콜라는 마시지 않는다.

I don't know if it's such a good idea. 그게 좋은 생각인지 모르겠어.
I don't think I can live without you. 너없이 살 수 없을 것 같아.
I didn't know we won the game. 우리가 게임에 이긴 걸 몰랐어.

"문법학습의 최종목표는 문장을 만드는 것이다."

I/You/We/They + 일반동사 '나는/너는/우리는/그들은 ~한다'

▶ 나는 축구를 좋아한다. _____

▶ 나는 그의 전화번호를 알고 있다. _____

▶ 너는 여자친구가 있구나. _____

▶ 우리는 매일 조깅간다. _____

▶ 그들은 항상 아침을 먹는다. _____

She/He/It + 일반동사+(e)s '그녀는/그는/그것은 ~한다'

▶ 모두가 음악을 좋아한다. _____

▶ 아무도 상관하지 않는다.(care) _____

▶ Cindy는 개를 매일 산책시켜요. _____

▶ 아버지는 커피를 너무 많이 드신다. _____

▶ James는 영화를 좋아한다. _____

▶ 겨울에는 눈이 많이 온다. _____

▶ 제주도에는 비가 많이 온다. _____

I/You/We/They + don't +동사원형 '나는/너는/우리는/그들은 ~안한다'

▶ 나는 운동을 하지 않는다. _____

▶ 너는 채소를 먹지 않는구나.(vegetables) _____

▶ 우리는 텔레비전을 그렇게 자주 보지는 않는다. _____

▶ 그들은 많은 돈을 가지고 있지 않다. _____

▶ 우리 부모님은 늦잠을 주무시지 않는다.(sleep in)

_____

She/He/It + doesn't + 동사원형 '그녀는/그는/그것은 ~안한다'

▶ Sally는 고기를 먹지 않는다. _____

▶ 내 남동생은 콜라를 마시지 않는다. _____

▶ 도쿄에는 눈이 많이 오지 않는다. _____

▶ 그 TV는 작동하지 않는다. _____

동작 및 상태동사

01 동작동사

주어의 행동을 나타내는 동작 동사가 있다. : go, come, eat, drink, walk, run, write 등

I always **eat** breakfast. 나는 항상 아침을 먹는다.

Cindy **walks** her dog every day. Cindy는 매일 개를 산책시킨다.

My father **drinks** too much coffee. 아버지는 커피를 너무 많이 드신다.

02 동작동사의 시제

대부분의 동작동사(go, come, eat, drink, cut, read, dance, study, write 등)는 사람의 행동을 주로 나타내며 단순시제와 진행시제 모두 쓸 수 있다.

〈비교〉

I **go** to church. 나는 교회에 다닌다.

I'm **going** to church. 나는 교회에 (지금) 가고 있다.

David **drinks** too much. David은 술을 너무 많이 마신다.

David **is drinking** too much. David은 (지금) 술을 너무 많이 마시고 있다.

03 상태동사

상태동사는 사물의 상태나 구성, 사람의 지각, 마음의 움직임, 감정, 관계의 상태를 나타내는 동사를 말한다. 보통 진행형을 쓰지 않는다.

■ 정신적인 활동과 관련된 동사: know, remember, realize, recognize, understand, believe, notice, suppose 등

I **believe** in God. (I'm believing in God.→X) 나는 신을 믿는다.

Do you **know** his phone number? (Are you knowing his phone number? →X) 그의 전화번호를 아니?

■ 감정의 상태를 나타내는 동사: like, prefer, hate, want, desire, appreciate 등

Which one do you **prefer**? (Which one are you preferring?→X)

어느 것이 더 좋니?

■ 지각/ 감각동사: look, taste, smell, sound, feel, see 등

You **look** just like your mother. (You're looking just like your mother. →X) 너는 네 엄마와 꼭 닮았구나.

■ 그 밖의 상태 동사: belong, cost, fit, mean, own 등

This watch **costs** at least $1,000. (This watch is costing at least $1,000. →X) 이 시계는 적어도 1,000달러는 나간다.

"문법학습의 최종목표는 문장을 만드는 것이다."

「주어 + 동사」 (동작동사/ 현재시제)

▶ 나는 공원에서 운동한다.

▶ 나는 직장에 차를 몰고 간다.(drive)

▶ 나는 점심 후에 휴식을 취한다.

▶ 그는 그의 친구들과 점심을 먹는다.

▶ 그는 방과 후 축구를 한다.

「주어 + be동사 + -ing」 (동작동사/ 현재진행시제)

▶ 나는 공원에서 운동을 하고 있다.

▶ 나는 아침을 먹고 있다.

▶ 나는 퇴근 후 컴퓨터수업에 가고 있다.(after work)

「주어 + 동사」 (상태동사/ 현재시제)

▶ 나는 신을 믿는다.

▶ 너는 그의 전화번호를 아니?

▶ 너는 어느 것이 더 좋니?

▶ 이 시계는 적어도 1,000달러는 나간다.

▶ 뭔가 냄새가 지독하다.(terrible)

상태동사도 진행형이 가능할 수도…

01 진행형이 되는 상태동사

상태동사 중 다음 동사들은 의미가 달라지면(동작의 의미가 강해지는 경우) 진행형을 쓸 수 있음을 주의한다.

look	~해 보이다	진행형 불가능	You look nice. 너 보기 좋다.
	쳐다보다	진행형 가능	I'm looking at myself in the mirror. 나는 거울에 나를 비춰보고 있다.
taste	~맛이 나다	진행형 불가능	It tastes good. 그것은 맛이 좋다.
	맛을 보다	진행형 가능	Jane is tasting the soup. Jane은 수프를 맛보고 있다.
smell	~냄새가 나다	진행형 불가능	Something smells terrible. 뭔가 냄새가 지독하다.
	냄새를 맡다	진행형 가능	She's smelling the flowers. 그녀는 꽃 냄새를 맡고 있다.
have	~을 가지고 있다	진행형 불가능	I have a boyfriend. 나는 남자친구가 있다.
	~을 먹다/ 마시다	진행형 가능	They're having dinner. 그들은 저녁식사를 하고 있다.
	(파티 등)을 열다	진행형 가능	We're having a party. 우리는 파티를 열고 있다.

"문법학습의 최종목표는 문장을 만드는 것이다."

'쳐다보다, 찾다'일 때는 진행형 가능(look)

▶ 그는 신문에서 다른 일자리를 찾고 있어.　　_____

▶ 그게 바로 제가 찾는 것입니다.　　_____

▶ 어딜 보고 있는 거야? 야! 내가 하는 말 잘 들으란 말야.

　　_____

'맛을 보다'일 때는 진행형 가능(taste)

▶ 그녀는 커피맛을 보고 있다.　　_____

▶ 음식 맛 괜찮아요?　　_____

'냄새맡다'일 때는 진행형 가능(smell)

▶ 그는 꽃 냄새를 맡고 있다.　　_____

▶ 그 파이 냄새 좋다.　　_____

'먹다, 시간을 보내다, 임신하다'일 때는 진행형 가능(have)

▶ 술 한잔 하고 싶어　　_____

▶ 내가 임신했다는 이야기야.　　_____

▶ 어떤 아이스크림 먹을래?　　_____

▶ 너희들 함께 신나게 보내는 것 같아.　　_____

Unit 5-6 동사

사역동사

01 사역동사

'~에게 … 하게 하다'라는 뜻으로 주로 5형식 형태 「주어+동사+목적어+목적격보어」로 쓴다. 동사에 따라 약간씩 의미의 차이가 있다.

He made/had/let me go. 그는 나를 가게 만들었다/했다/허락했다.
He got me to go. 그는 나를 가게 했다.

02 make

'~에게 …을 하도록 만들다'라는 뜻으로 「make+목적어+동사원형」 형태로 쓴다.

You always make me feel happy. 너는 항상 나를 행복하게 만든다.
My parents are trying to make me get married. 부모님은 나를 결혼하도록 만들려고 하신다.

03 let

'~에게 …을 하게 허락하다'라는 뜻으로 「let+목적어+동사원형」 형태로 쓴다.

Let me introduce myself. 제 소개할게요.
That suitcase looks so heavy. Let me help you. 그 가방 무거워 보여. 내가 도와줄게.

04 have+목적어+V와 have+목적어+pp

「have+목적어+동사원형」은 '~에게 …을 하게 하다'라는 뜻이고 have+목적어+pp의 경우는 목적어와 목적보어가 수동일 경우이다.

I had Tom clean the house. 나는 Tom이 집을 치우게 했다.
I must have my watch repaired. 나는 내 시계를 고쳐야(고치게 해야) 한다.
　　　　　　　목적어　　　목적보어

05 get+목적어+to부정사와 get+목적어+pp

get은 오피셜로 사역동사가 아니나 사역동사의 의미처럼 사용되는 관계로 함께 다루기로 한다. 특히 형태면에서도 get+목적어~ 다음에 다른 사역동사와 달리 to+V가 온다는 점에 주목한다. 또한 목적어와 목적보어가 수동의 관계일 때는 get+목적어+pp를 쓴다.

I couldn't get Jane to change her mind. 나는 Jane이 마음을 바꾸도록 할 수 없었다.
I got(=had) my picture taken. 나는 사진을 찍었다(찍게 했다).
　　　　　　목적어　　　목적보어

 "문법학습의 최종목표는 문장을 만드는 것이다."

「주어 + make + 목적어 + 동사원형」 '~에게 …을 하도록 만들다'

▶ 너는 항상 나를 행복하게 만든다.(feel happy) --

▶ 그는 나를 가게 만들었다. --

▶ 그 드레스는 너를 더 날씬해 보이게 한다.(That dress, thinner)

▶ 내가 너를 당황하게 만들었니?(feel embarrassed)

「주어 + have + 목적어 + 동사원형」 '~에게 …을 하게 하다'

▶ 나는 Tom이 집을 치우게 했다.(clean) --

▶ 그 사람 들어오게 하세요.(him) --

▶ 나는 내 여동생에게 내 숙제를 하도록 시켰다. --

「주어 + get + 목적어 + to 부정사」 '~에게 …을 하게 하다'

▶ 나는 Jane이 그녀의 마음을 바꾸도록 할 수 없었다.

▶ 나는 그가 설거지 하게 했다.(wash) --

▶ 나는 Mary에게 우리를 돕게 했다. --

「주어 + let + 목적어 + 동사원형」 '~에게 …을 하게 허락하다'

▶ 제 소개할게요. --

▶ 내가 도와줄게. --

▶ 내가 여기에 있을 수 있게 해줘.(stay) --

▶ 나는 그에게 내 차를 쓰게 했다. --

「주어 + make/have/get/let + 목적어 + 과거분사」 '~를 …되도록 만들다/ 시키다/ 허락하다'

▶ 나는 내 사진을 찍었다.(get) --

▶ 나는 내 머리를 잘랐다.(have) --

▶ 나는 내 귀를 뚫었다.(have, pierce) --

감각동사

① 감각동사 : 주어+감각동사+보어

look, feel, taste, smell, sound 등의 감각동사는 사람의 오감으로 느껴지는 것을 표현할 때 사용하는 동사이다. 동사 다음에는 주로 '형용사'나 'like+명사'가 온다. smell, taste는 다음에 'of+명사'를 쓰기도 한다.

② 대표적인 감각동사

look '~해 보이다'	"How do I look?" "You look great." 나 어때 보여? 너 좋아 보여. You look like Britney Spears. 너는 Britney Spears와 닮았어. *seem '~인 듯하다'와 비슷한 뜻으로 쓰인다. He seems kind. 그는 친절한 듯하다.
feel '~한 느낌이 들다'	I always felt inferior when I was with her. 나는 그녀와 함께 있을 때 항상 열등감을 느꼈다. "How do you feel?" "I feel fine." 너는 기분이 어때? 좋아. Her fur coat felt so soft. 그녀의 털 코트는 촉감이 정말 부드러웠다.
taste '~한 맛이 나다'	"How does it taste?" "It tastes terrific." 맛이 어때? 훌륭해. This soup tastes mostly like(=of) garlic. 이 수프는 마늘 맛이 많이 난다.
smell '~한 냄새가 나다'	Those roses smell beautiful. 그 장미는 좋은 냄새가 난다. This soup smells funny. What's in it? 그 수프 냄새가 이상한데. 뭐 넣은거야? *smell은 형용사 없이 그자체로 '나쁜 냄새가 난다'라는 뜻을 가질 때가 있다. Something smells. 뭔가 (안 좋은) 냄새 나. That dog smells. 그 개 (안 좋은) 냄새 나.
sound '(내용이/소리가) ~하게 들리다'	You sound unhappy. What's the matter? 너 목소리가 안 좋은데. 무슨 일이야? Your idea sounds great. 네 생각이 좋은 것 같아. You sound like my mother. 너 우리 엄마같이 말하는구나. "Let's go on a picnic this weekend." "That sounds like a good idea." 이번 주말에 피크닉 가자. 좋은 생각같이 들리는데.

"문법학습의 최종목표는 문장을 만드는 것이다."

「주어 + look + 보어」

▶ 너 좋아 보여.(great)

▶ 너 네 엄마와 꼭 닮았다.(just like)

▶ 너 좀 실망한 것처럼 보여.

「주어 + feel + 보어」

▶ 나는 기분 좋아.(fine)

▶ 그녀의 털 코트는 촉감이 정말 부드러웠다.(so)

▶ 그 사람들이 너를 초대 안한 게 마음에 걸려.

「주어 + taste + 보어」

▶ 그것 맛이 좋아?(good)

▶ 그거 맛이 정말 좋아.(terrific)

「주어 + smell + 보어」

▶ 이 수프 냄새가 이상한데.(funny)

▶ 뭔가 (안 좋은) 냄새 나.

▶ 그 개 (안 좋은) 냄새 나.(That dog~)

「주어 + sound + 보어 」

▶ 너 목소리가 안 좋은데.(unhappy)

▶ 네 생각이 좋은 것 같아.(great)

▶ 너 우리 엄마같이 말하는구나.(You sound~)

SUPER ENGLISH
LEARNER

지각동사

01 지각동사 : 주어+ 지각동사+목적어+목적보어(동사원형/동사-ing)

see, watch, hear, feel 등 지각동사는 보고, 듣고, 느끼는 동사를 말하며 그 대상인 목적어, 그리고 그 목적어(대상)의 움직임을 표현하는 목적보어가 따라온다.

- **목적어와 목적보어의 관계가 능동일 경우 : 「주어+동사+목적어+목적보어(동사/동사-ing)」**

I saw you walk/walking down the street. 나는 네가 길을 걷는 것을 봤어.

Did you see me dance/dancing? 내가 춤추는 것을 봤니?

I like watching you eat/eating. 나는 네가 먹는 것을 지켜보는게 좋아.

I heard you yell/yelling at her. 나는 네가 그녀에게 소리치는 것을 들었어.

Did you hear them fight/fighting? 너는 그들이 싸우는 것을 들었니?

I felt someone move/moving in the kitchen. 나는 누군가 부엌에서 움직이는 것을 느꼈다.

I suddenly felt an insect crawl/crawling up my leg.
나는 갑자기 벌레가 내 다리를 기어 올라오는 것을 느꼈다.

Check it Out!
목적보어 자리에 동사원형 대신 동사-ing를 쓰는 경우는 동작의 진행을 강조할 때이다.

- **목적어와 목적보어의 관계가 수동일 경우 : 「주어+동사+목적어+목적보어(과거분사)」**

I saw the house painted. 나는 그 집이 페인트칠 되어 있는 것을 봤다.

She felt her face touched. 그녀는 얼굴이 누군가에 의해 만져지는 것을 느꼈다.

Grammar Point 지각동사

see, watch, notice, perceive, look at, observe, find, hear, listen to, feel 등의 지각동사는 목적격보어로 목적어와 보어의 관계가 「능동」이면 원형부정사나 현재분사를 사용하고, 「수동」이면 과거분사를 사용한다. 이때 목적격 보어자리에 동사원형이 오든 현재분사가 오든 목적어와의 관계는 능동이지만, 원형부정사가 단순한 「사실」을 얘기하는 데 비해 현재분사는 「동작의 계속」을 나타낸다는 것이 차이점이다.

"문법학습의 최종목표는 문장을 만드는 것이다."

「주어 + see/watch +목적어 + 목적보어」

▶ 나는 네가 길을 걷는 것을 봤다. ------------------------------------

▶ 너는 내가 춤추는 것을 봤니? ------------------------------------

▶ 나는 네가 먹는 것을 지켜보는 게 좋아. ------------------------------------

▶ 그녀가 케익 먹는 걸 봤어. ------------------------------------

▶ 오늘 그가 사무실에 일하는 거 봤어. ------------------------------------

▶ 난 그가 앞마당에서 프리스비하는 것을 봤어. ------------------------------------

▶ 난 단지 그녀가 전남친과 걷는 것을 보았어. ------------------------------------

▶ 오늘 Jim이 사무실에서 일하고 있는 것을 보았어.

「주어 + hear/feel +목적어 + 목적보어」

▶ 나는 네가 그녀에게 소리치는 것을 들었다.(yell at)

▶ 너는 그들이 싸우는 것을 들었니? ------------------------------------

▶ 나는 누군가 부엌에서 움직이는 것을 느꼈다. ------------------------------------

▶ 나는 갑자기 벌레가 내 다리를 기어 올라오는 것을 느꼈다.(crawl/crawling up)

▶ 네 노래를 늘을 때마다 난 아주 미쳐버리겠나구.

grammar

변화동사

01 변화동사

주어+become, get, go, come, grow, turn+보어

02 become+형용사/명사

become은 상태의 변화를 나타내거나 시간이 흐른 후 어떻게 되었는지 말하고 싶을 때 쓴다.

It was becoming dark. 어두워지고 있었다.

What do I have to do to become a pilot? 파일럿이 되려면 어떻게 해야 하지?

03 go+형용사

go는 색의 변화 또는 질적으로는 나쁜 쪽으로 변화할 경우 쓴다.

My mother went white with anger. 엄마는 화가 나서 얼굴이 하얘지셨다.

Everything went black and I passed out. 모든 것이 깜깜해지고 나는 기절했다.

* 그 외 표현: go mad/ go crazy/go insane/go deaf/go blind/go grey/go bald (대머리 되다)/go stale(상하게
되다)/go flat(펑크 나다)/go global(국제화되다)/go digital(디지털화되다) 등이 있다.

04 come+형용사

come이 '~되다'의 뜻으로 쓰일 경우 대표적인 표현으로 come true, come right 등이 있다.

Your dream will come true. 네 꿈은 이루어질거야.

You've got to trust me. Everything will come right in the end.
너는 나를 믿어야해. 모든 게 결국은 잘 될거야.

05 grow+형용사

grow는 서서히 시간을 두고 변해가는 느낌을 말할 때 쓴다.

The weather grew colder. 날씨가 추워졌다.

It's growing dark. 점점 어두워지고 있다.

06 turn+형용사, turn into+명사

turn은 눈에 띄는 확실한 변화를 말할 때 주로 쓴다.

The leaves are turning red. 잎들이 붉게 물들고 있다.

Tadpoles turn into frogs. 올챙이는 개구리가 된다.

07 stay, keep, remain+형용사, keep+동사-ing

stay, keep, remain은 '~한 상태를 유지하다'라는 뜻으로 쓴다.

Debbie stayed single. Debbie는 독신으로 있었다.

They remained silent. 그들은 (계속) 조용히 있었다.

Mary kept quiet. Mary는 (계속) 조용히 있었다.

I keep forgetting it's December. 나는 12월이라는 것을 계속 잊어버린다.

08 get+형용사, get to+동사원형

get은 '~하게 되다'라는 뜻으로 상태의 변화를 말할 때 구어체에서 가장 많이 쓰는 동사이다.

It was getting cold. 추워지고 있었다.

You get prettier every day. 너는 매일 더 예뻐지는구나.

David is nice when you get to know him. David은 알게 되면 좋은 사람이다.

Writing Pattern Practice

"문법학습의 최종목표는 문장을 만드는 것이다."

「become+형용사/명사」

▶ 어두워지고 있었다.   ------------------------------------

「go/come+형용사」

▶ 네 꿈은 이루어질 거야.   ------------------------------------

▶ 모든 게 결국은 잘 될 거야.(in the end) ------------------------------------

「grow/turn + 형용사」, 「turn into + 명사」

▶ 날씨가 더 추워졌다.(colder)   ------------------------------------

▶ 점점 어두워지고 있다.   ------------------------------------

▶ 올챙이는 개구리가 된다.(Tadpoles~)   ------------------------------------

「stay, keep, remain+형용사」, 「keep+동사-ing」

▶ 계속 깨어있어.(stay)   ------------------------------------

▶ Mary는 (계속) 조용히 있었다.(keep quiet) ------------------------------------

▶ 그들은 (계속) 조용히 있었다.(remain silent) ------------------------------------

「get+형용사」, 「get to+동사원형」

▶ 점점 추워지고 있었다.   ------------------------------------

▶ Jack과 Mary는 2018년에 결혼했다.   ------------------------------------

▶ 우리는 진실을 알게 되었다.(the truth)   ------------------------------------

"

동사의 원형과 결합해

부족한 부분을
보충해주는 동사가

바로 조동사로, 그 기능을 대분하면 다음과 같다.

(1) 평서문을 부정문 또는 의문문으로 만들어준다: do 동사
(2) 시제를 나타낸다: be(진행시제), will(미래시제), have(완료시제)
(3) 의미를 보충해준다: can(가능), must(의무), may(추측) 등

"

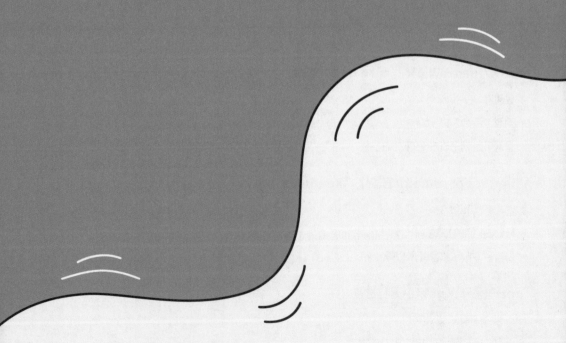

Unit 06
조동사

미래 조동사 will/would

01 미래 조동사 will

미래의미 외에도 주어의 의지, 고집, 권유, 부탁, 추측(예상) 등의 의미로 쓴다.

I will eat spaghetti for lunch. (미래) 나는 점심에 스파게티를 먹을거야.
I will go home now. (의지) 나는 지금 집에 갈거야.
He won't listen to me. (고집) 그는 내말을 들으려고 안한다.
Will you have some more coffee? (권유) 커피 좀 드실래요?
Will you marry me? (부탁) 저랑 결혼해줄래요?
That will be the hottest fashion next year. (추측/예상) 그건 아마 내년에 크게 유행할거야.

02 would

will과 비슷한 뜻으로 쓰거나 시제를 일치시킬 때 또는 과거의 습관을 말할 때 쓴다.

Would you have dinner with me? (권유) 저와 저녁 드실래요?
Would you spell that? (부탁) 스펠링 좀 말해주실래요?
I told you that I would be absent. (시제일치) 제가 결석할거라고 말씀드렸는데요.
When I was young, I would study hard. (과거 일시적인 습관) 어릴 적 열심히 공부하곤 했다.

과거 규칙적인 습관이나 지속적인 상태를 나타낼 때는 would 대신에 used to를 쓴다.

* I used to exercise every day. 나는 매일 운동을 하곤 했었다.

03 would를 이용한 표현

would like (to) ~ '~ 하고 싶다'와 would rather~ '차라리 ~하다' 등이 있다.

"Would you like to go out to eat?" "No, I'd like to eat in."
나가서 먹고 싶어? 아니. 집에서 먹고 싶어.

Would you like to come to dinner with me? 와서 나와 함께 저녁 먹을래?
I would like to ask for your advice about something.
어떤 일에 대해서 네 조언을 구하고 싶어.

I'd rather stay home because I don't feel like going out.
그냥 집에 있을래요 왜냐하면 나갈 기분이 아니라서요.

I would rather work the day shift than the night shift. 밤근무보다 낮근무를 할래.
Would you rather take a taxi? 차라리 택시를 탈래?

"문법학습의 최종목표는 문장을 만드는 것이다."

「I will ~」 '나는 …할 거야' → 미래, 의지

▶ 나는 점심에 스파게티를 먹을 거야. _____

▶ 나는 지금 집에 갈 거야. _____

▶ Sally는 늦지 않을 거야. _____

「You won't ~」 '너는 …안하려고 하는구나' → 고집

▶ 그는 내말을 들으려고 안 해.(listen to me) _____

▶ 창문이 안 열려. _____

「Will you ~?」 '너 …할래/ …해줄래?' → 권유, 부탁

▶ 너 콜라 좀 마실래?(have) _____

▶ 내 부탁 좀 들어줄래?(do me a favor) _____

「That will be ~」 '그것은 …일거예요' → 추측, 예상

▶ 그것이 이번 여름 최고의 흥행영화가 될거야. _____

▶ 그것은 위대한 그림이 될거야. _____

「I would ~」 '나는 …하곤 했다' → 과거의 습관

▶ 나는 어릴 적 공부를 열심히 하곤 했다. _____

▶ 그는 자주 수영가곤 했었지.(go swimming) _____

「Would you~?」 '당신 …하실래요/ …해주실래요?' → 권유, 부탁

▶ 저와 저녁 드실래요?(have dinner) _____

▶ 그것 스펠링 좀 말해주실래요?(spell) _____

「I would like (to+동사원형)」 '나는 …하고 싶다'

▶ 나는 외식하고 싶어요.(eat out) _____

▶ 당신 차 드실래요?(some tea) _____

▶ 당신 산책 가실래요?(go for a walk) _____

「I would rather + 동사원형」 '나는 차라리 …하고 싶다'

▶ 나는 그냥 집에 있을래요.(stay) _____

▶ 나는 차라리 거기 안 갈래. _____

능력 조동사 can/could

01 can

'~할 수 있다'는 능력을 말한다. 부정문은 cannot(can't), 의문문은 「Can+주어+V?」형태를 쓴다.

"Can you drive?" "Yes, I can, but I can't drive a truck."
운전할 수 있니? 응, 할 수 있어. 하지만 트럭은 못해.

02 be able to

can 대신 be able to를 쓰기도 한다. 이때 be able to는 좀 더 딱딱한 느낌의 표현이다.

Jane is able to speak a few foreign languages. Jane은 몇몇의 외국어를 구사할 수 있다.
I won't be able to make it to the presentation. 발표회에 가지 못할 것 같아.
If we hurry we'll be able to meet them for drinks.
서두르면 그 친구들을 만나 술을 마실 수 있을거야.

03 can 대신 반드시 be able to가 와야 하는 경우

■ 조동사 다음에 올 때

I'll be able to get there on time. 나는 정각에 거기에 도착할 수 있을거야.

■ to부정사와 함께 쓸 때

I want to be able to get this report done by tonight.
나는 오늘밤까지 이 보고서를 끝마칠 수 있기를 원한다.

■ 완료시제일 때

I haven't been able to sleep well recently. 최근에 잘 잘 수 없었다.

04 can, be able to의 과거형

can과 be able to의 과거형은 could 또는 was/were able to를 쓴다.

I could read when I was four. 나는 네 살 때 글을 읽을 줄 알았다.
I wasn't able to call you last night. 나는 지난밤에 너에게 전화할 수 없었다.

> ### Check it Out!
> 과거시제에서 was/were able to가 could보다 특정한 상황에서 '겨우 ~할 수 있었다'라는 느낌
> 이 강하다. 현재시제나 부정문에서는 별 의미차이 없이 쓰인다.

I could ride a bicycle when I was five. 나는 다섯 살 때 자전거를 탈 수 있었다.
A fire broke out in that building, but everybody was able to escape.
저 빌딩에서 화재가 발생했지만 모두 피할 수 있었다.

Writing Pattern Practice

「주어 + can + 동사원형」 '~할 수 있다'

▶ 나는 운전할 수 있어. --

▶ 나는 영어를 잘 말할 수 있어. --

▶ 나는 너를 내일 아침 볼 수 있어. --

▶ Parker 씨는 12시에 당신을 만날 수 있어요. --

▶ 나는 금요일에 너를 못 봐.(see) --

「주어 + am/ are/ is able to + 동사원형」 '~할 수 있다'

▶ 나는 정각에 거기에 도착할 수 있을 거야.(get) --

▶ 그녀는 몇 주 후면 걸을 수 있을 거야.(in a few weeks)

▶ 나는 오늘밤까지 이 보고서를 끝마칠 수 있기를 원한다.(get this report done)

▶ Jane은 몇몇의 외국어를 구사할 수 있다.(a few foreign languages)

▶ 나는 최근에 잘 잘 수 없었다.(recently) --

「주어 + could + 동사원형」 '~할 수 있었다'

▶ 나는 네 살 때 (글을) 읽을 줄 알았다. --

▶ 나는 다섯 살 때 자전거를 탈 수 있었다. --

▶ Jane은 배드민턴을 잘 쳤지만 나를 이기지는 못했다.(beat(이기다))

▶ 그는 매표소를 찾을 수 없었다.(the ticket office)

「주어 + was/were able to + 동사원형」 '~할 수 있었다'

▶ 나는 지난밤에 너에게 전화할 수 없었다. --

▶ 우리는 그를 설득할 수 있었다.(persuade) --

▶ 저 빌딩에서 화재가 발생했지만 모두 피할 수 있었다.(A fire~, break out, escape)

허가 조동사 may/can

01 상대방에게 어떤 일을 허락할 경우 can, may

You can~, You may~는 '~를 해도 좋다'는 뜻으로 상대방에게 어떤 일을 허락할 때 쓴다.

You can(=may) park here. 여기에 주차해도 좋아요.

You can(=may) give it back to me tomorrow. 그것을 내일 돌려줘도 좋아요.

02 상대방의 허락을 구하는 경우 can, could, may

Can I ~? Could I ~? May I ~?는 상대방에게 허락을 구할 때 쓴다.

Can I take this book home? 이 책 집에 가져가도 될까?

Can I have these delivered to this address? 이 주소로 이것들을 배달시킬 수 있나요?

Could I use your phone? 당신 전화기를 써도 될까요?

Could I have the check please? 계산서 주시겠어요?

May I help you with those bags? 그 가방 드는 것 도와 드릴까요?

May I speak to Carl, please? 칼 좀 부탁드립니다.

03 상대방에게 불허하는 경우 cannot(can't), may not

You cannot(can't)~, You may not~은 상대방에게 '~를 하면 안 된다'라고 할 때 쓴다.

You cannot(can't) go in. They're having an important meeting now.
들어가서는 안돼요. 중요한 회의가 있어요.

You may not smoke here. 여기에서 담배필 수 없어요.

Check it Out!

규칙이나 허가 조항을 말할 경우 can(not)이나 may (not) 대신에 'be (not) allowed to~'를 쓸 수 있다.

You're allowed to smoke here. 여기에서는 담배를 펴도 좋아요.

You're not allowed to drink. You're underage. 너는 술을 마셔서는 안 된다. 너는 미성년자야.

If you don't clean your room, you aren't allowed to go out. 방을 치우지 않으면, 밖에 나갈 수 없어.

"문법학습의 최종목표는 문장을 만드는 것이다."

「You can/ may + 동사원형」 '당신은 ~를 해도 좋다'

▶ 당신은 여기에 주차해도 좋아요.

▶ 당신은 그것을 내일 돌려줘도 좋아요.

▶ 당신은 내 전화를 써도 좋아요.

▶ 당신은 내 자전거를 가져가도 좋아요.(take)

▶ 당신은 비디오를 봐도 좋아요.(watch)

「Can/ Could/ May I ~?」 '내가 ~를 해도 될까?'

▶ 이 책을 집에 가져가도 될까?(Can~, take)

▶ 네게 질문 하나해도 될까?(Can~)

▶ 당신 전화를 써도 될까요?(Could~)

▶ 내가 여기에 앉아도 될까요?(Could~)

▶ 그 가방들 도와 드릴까요?(May~, help you with~)

▶ 제가 도와드릴까요?(May~)

「You cannot(can't)/ may not ~」 '당신은 ~를 할 수 없다'

▶ 당신은 들어가서는 안돼요.(can't)

▶ 당신은 이 전화를 사용할 수 없어요.(can't)

▶ 당신은 여기에서 담배필 수 없어요.(may not)

「You are/aren't allowed to ~」 '당신은 ~를 해도 된다/ 안 된다'

▶ 당신은 여기에서는 담배를 펴도 좋아요.

▶ 당신은 그 컴퓨터를 써도 좋아요.(that computer)

▶ 당신은 술을 마셔서는 안돼요.

▶ 당신은 안에 들어가시면 안돼요.(go in)

추측/가능성 조동사 could/might[may]/should

01 could ~일 수도 있다

- That story could be true. (=Possibly that story is true.)
  그 이야기는 사실일 수도 있다.
- David could be at the library. (=Possibly David is at the library.)
  David은 도서관에 있을 수도 있다.

02 might, may ~일 지도 모른다

- Take your umbrella. It might rain in the afternoon.
  (=Perhaps it will rain in the afternoon.) 우산 가져가. 오후에 비가 올지도 몰라.
- Your parents may understand what you did.
  (=Perhaps your parents understand what you did.) 네 행동을 네 부모님은 이해하실거야.

> **Check it Out!**
>
> might와 may는 약한 추측의 뜻으로 쓸 경우 의문문에서 잘 쓰지 않는다. 대신 「be+주어
> +likely to~?」 또 「Do you think+주어+may/might ~?」를 쓰는 편이 자연스럽다.

이번 겨울에 파리에 갈 것 같니?

May/Might you go to Paris this winter? → X

Are you likely to go to Paris this winter? → ○

Do you think you may/might go to Paris this winter? → ○

03 should ~일 것이다, 보통 이론적인 배경이나 근거가 있을 때 쓴다.

- Leo should be at work at this hour.
  (=I have good reasons to believe that Leo is at work.) Leo는 이 시간이면 직장에 있을거야.
- Jessie should get here soon - she left home at six.
  (=I have good reasons to believe that Jessie will get here soon.)
  Jessie는 여기에 곧 도착할거야. 여섯시에 떠났거든.
- My boss is away, but he should be back tomorrow morning.
  (=I have good reasons to believe that he will be back tomorrow morning.)
  사장님은 안계시지만 내일 아침에는 돌아오실거야.

04 have(has) got to, must ~임에 틀림없다

- You fell in love with David? You've got to be kidding.
  (=I bet(=I'm sure) you're kidding.) David과 사랑에 빠졌다구? 너 농담하고 있음에 틀림없어.
- Susie must have a problem. She keeps crying.
  (=I bet(=I'm sure) Susie has a problem.) Susie에게 문제가 있음에 틀림없어. 계속 울잖아.

05 **might not, may not/ must not(mustn't)/ cannot(can't) ~가 아닐지도 모른다/ ~가 아님에 틀림없다/ ~일 리 없다**

might not과 may not은 약한 추측에 대한 부정이고, must not(mustn't), cannot(can't)은 강한 추측에 대한 부정으로 쓴다.

- They might(=may) not know you're in Busan.
  (=It is possible that they don't know you're in Busan) 그들은 네가 부산에 있는 걸 아마 모를거야.
- She isn't answering the phone. She must not(mustn't) be at home.
  (=I bet(=I'm sure) she isn't at home.) 그녀가 전화를 안 받아. 집에 없음에 틀림없어.
- Sarah only left the office ten minutes ago. She cannot(can't) be home yet.
  (=It is impossible that she is home.)
  Sarah는 단지 10분전에 사무실을 떠났어. 아직 집에 와 있을리 없어.

Writing Pattern Practice

"문법학습의 최종목표는 문장을 만드는 것이다."

「주어 + could + 동사원형」 ~일 수도 있다

▶ 그 이야기는 사실일 수도 있다.(That~)   -

▶ David은 도서관에 있을 수도 있다.   -

「주어 + might/may + 동사원형」 ~일 지도 모른다

▶ 오후에 비가 올지도 몰라.(might)   -

「주어 + have(has) got to + 동사원형」 ~임에 틀림없다

▶ 너는 농담하고 있음에 틀림없어.(kid)   -

▶ 그는 의사임에 틀림없어.   -

「주어 + must + 동사원형」 ~임에 틀림없다

▶ Susie는 문제가 있음에 틀림없어.   -

「주어 + cannot(can't) + 동사원형」 ~일 리 없다

▶ 그녀가 아플 리가 없어.   -

▶ 그가 지금 일하고 있을 리가 없어.   -

충고/경고 조동사 should/had better

01 should, ought to ~해야 한다 〈약한 충고, 약한 의무〉

should와 ought to 두 표현의 의미차이는 거의 없다.

"What should I do?" "You really should quit smoking. It's bad for your health." 내가 어떻게 해야 하지? 너는 정말 담배를 끊어야해. 건강에 나빠.

Everybody should wear car seat belts. 모든 사람들은 안전벨트를 매야 한다.

People ought to drive carefully. 사람들은 조심스럽게 운전해야 한다.

Check it Out!

회화체에서 should는 상대방에게 충고할 경우 「I think+주어+should~」,「I don't think+주어 +should~」 형태의 구문으로 좀 더 부드럽게 표현할 수 있다.

I think you should drive more carefully. 운전을 좀 더 조심스럽게 해야겠어.

I don't think you should go and apologize to Katie.
네가 Katie에게 가서 사과를 해야 한다고 생각하지는 않아.

02 had better ~하는 편이 낫다, ~해야 한다 〈경고〉

should와 ought to보다 경고성이 강한 표현이다.

You'd better turn that music down before your mother gets angry.
네 어머니가 화내시기 전에 음악 볼륨을 낮추는게 좋아.

It's freezing out there. You'd better bundle up. 밖이 매우 추워. 껴입는게 좋아.

We'd better stop for gas soon. 우리는 연료를 넣으러 곧 멈춰야 해.

Check it Out!

had better는 경고성이 강하므로 본인보다 지위가 높은 사람이나 낯선 사람에게 사용하면 무 례하게 들릴 수 있다. had better를 경고의 의미없이 부드럽게 표현하려면 「It would be good to~」를 쓰는 편이 좋다.

It would be good to thank him. 그에게 고마워하는 게 좋겠어.

03 should not(shouldn't) ~ 해서는 안 된다 〈충고, 의무〉

should와 ought to의 부정은 주로 should not(shouldn't)를 쓴다. ought not to(oughtn't)는 흔히 쓰는 표현이 아니다.

People shouldn't drink and drive. 사람들은 음주운전을 해서는 안 된다.

04 had better not ~하지 않는게 낫다, ~해서는 안 된다 〈경고〉

You'd better not bother Kate today. She's not in a good mood.
오늘은 Kate를 귀찮게하지 마라. 그녀는 기분이 안 좋아.

상대방에게 충고와 제안을 할 경우 「I suggest that 주어+동사원형」형태를 쓰기도 한다.

I suggest that you **take a vacation.** 나는 네가 휴가를 갖기를 권한다.

Mary suggested that **I buy some new clothes.** Mary는 나에게 새 옷을 좀 사라고 권했다.

They suggested that **I get a job in a bank.** 그들은 나에게 은행에서 직장을 구하라고 권했다.

Writing Pattern Practice

"문법학습의 최종목표는 문장을 만드는 것이다."

「주어 + should + 동사원형」 ~해야 한다

▶ 나는 하루에 한 번 이 약을 먹어야 한다. _____

▶ 너는 정말 담배를 끊어야해.(quit) _____

「주어 + ought to + 동사원형」 ~해야 한다

▶ 사람들은 조심스럽게 운전해야 한다. _____

▶ 너는 부츠를 신어야 해. _____

▶ 우리는 그것을 명심해야 한다.(keep that in mind)

_____

「주어 + had better('d better) + 동사원형」 ~하는 편이 낫다

▶ 너는 껴입는 게 좋아.(bundle up) _____

▶ 너는 조용히 하는 게 좋아. _____

「주어 + should not(shoudn't) + 동사원형」 ~해서는 안 된다

▶ 너는 회의에 늦어서는 안 된다.(late for) _____

▶ 그들은 결혼해서는 안 된다.(I don't think~) _____

「주어 + had better not('d better not) + 동사원형」 ~하지 않는 게 낫다

▶ 너는 늦지 않는 게 좋아. _____

▶ 너는 밤새지 않는 게 좋아.(stay up all night) _____

▶ 너는 그를 방해하지 않는 게 좋아.(bother) _____

의무 조동사 have to/ must

01 have to/ has to ~을 해야 한다 〈의무〉

I can't meet you tonight. I have to work late. 오늘밤 너를 못 만나. 늦게까지 일 해야해.
Ann really has to cut down on sweets. Ann은 정말 단 음식을 줄여야한다.

02 have got to/has got to ~을 해야 한다 (=have to/has to) 〈의무〉

I've got to go home right now. It's already 11:00. 나는 지금 당장 가야해. 벌써 11시야.
Tom can't come to work tomorrow morning. He has got to see the dentist. Tom이 내일 아침 회사에 못 와. 치과에 가야하거든.
Have you got to leave this early? 이렇게 일찍 가야해?

03 must ~을 꼭 해야 한다 〈의무〉

This is a terrible party. I really must go home. 끔찍한 파티다. 정말 집에 가야 되겠어.
Must you watch me eating like that? 그렇게 내가 먹고 있는거 봐야하니?

04 don't/doesn't have to ~을 할 필요 없다 〈불필요〉

I don't have to wear a tie at work. 나는 직장에서 넥타이를 맬 필요가 없다.
Tomorrow is a holiday. I don't have to work. 내일은 휴일이야. 나는 일할 필요가 없어.
It's rained a lot. We don't have to water the garden.
비가 많이 왔어. 우리는 정원에 물을 줄 필요가 없어.

05 must not(mustn't) ~을 해서는 안 된다 〈금지〉

You must not make a U-turn here. 너는 여기에서 U턴을 해서는 안 된다.
Residents must not hang washing out of the windows.
주민들은 빨래를 창 밖에 널어서는 안 된다.
You must not bother your father while he's working.
너는 네 아버지가 일하시는 동안 방해를 해서는 안 된다.

06 미래형 : ~을 해야 할 것이다

will must는 불가능하므로 미래형은 보통 will have to를 사용한다. 하지만 이미 정한 일이라면 have (got) to를 쓸 수 있다.
Next year I'll have to get a job. 나는 내년에 직장을 구해야한다.
I don't feel well. I have (got) to see a doctor tomorrow. 몸이 안 좋아. 내일 병원에 가야겠어.

07 과거형 : ~을 해야 했다

must와 have got to는 과거형이 없으므로 had to를 쓴다.
Edward had to stay up late last night. Edward는 어제 밤늦게 잠들어야 했다.

Did you have to **work yesterday?** 어제 일해야 했어?

Check it out! have to(have got to)와 must의 비교

have to(have got to)	must
1. 필요와 의무	1. 필요와 의무 강조(보다 긴급한/ 중요한 상황)
I have to(have got to) study English.	**I must** study English.
2. 객관적인 의무를 강조	2. 말하는 사람이나 듣는 사람의 주관적인 느낌과 강한 의지 강조
I have to(have got to) stop smoking.	
(의사선생님이나 건강상의 이유로 담배를 끊어야 하는 경우)	**I must** stop smoking.
Do you have to wear a tie?	(내가 담배를 끊기를 정말 원하는 경우)
(넥타이를 매야하는 규칙이 있는지 묻는 경우)	**Must** you wear that tie?
	(네가 그 넥타이를 매기를 정말 원하는지 질문하는 경우)

Writing Pattern Practice

"문법학습의 최종목표는 문장을 만드는 것이다."

「주어 + have to + 동사원형」 ~을 해야 한다

▶ 나는 늦게까지 일 해야 해. -------------------------------

「주어 + must + 동사원형」 ~을 꼭 해야 한다

▶ 나는 정말 집에 가야 되겠어. -------------------------------

「주어 + don't/ doesn't have to + 동사원형」 ~을 할 필요 없다

▶ 우리는 정원에 물을 줄 필요가 없어.(water) -------------------------------

「주어 + must not(mustn't) + 동사원형」 ~을 해서는 안 된다

▶ 너는 여기에서 U턴을 해서는 안 된다.(make) -------------------------------

「주어 + will have to + 동사원형」 ~을 해야 할 것이다

▶ 나는 내년에 직장을 구해야 할 거야.(get) -------------------------------

「주어 + had to + 동사원형」 ~을 해야 했다

▶ 너는 어제 일해야 했니? -------------------------------

부탁/제안 조동사 can/ will/ could/ would

01 부탁하기

상대방에게 부탁할 때 can, will, could, would 등의 조동사를 써서 표현한다.

less polite   Can you give me a hand? 도와줄래?

                Will you be quiet, please? 좀 조용히 해 줄래?

⬇   Could you help me with this bag? 이 가방 좀 들어줄래요?

                Would you watch the children for a few minutes?
                잠시 아이들 봐주실래요?

more polite   Would you mind taking our picture? 사진 좀 찍어주실래요?

부탁	Can you ~?/ Will you ~?/ Could you~?/ Would you~?	
답변	〈긍정〉	〈부정〉
	Sure./ Certainly./ Yes, I'd love to.	I'm sorry, but I can't.
		I'd love to, but I can't.

* Would you mind ~ing?의 질문에 "Yes."는 거절의 답이므로 긍정의 대답을 할 경우 "No.", "Not at all", "Of course not." 등을 쓴다는 점에 유의한다.

02 제안하기

상대방에게 '～하자' 또는 '우리 ~ 하는게 어때?'라고 제안하는 말이다.

Let's go for a walk. 산책가자.

Why don't we go out for dinner? 우리 저녁 나가서 먹을까?

How about seeing a movie tonight? 오늘밤 영화 보는게 어때?

제안	Let's ~/ Why don't we ~?/ How (What) about ~ing?	
답변	〈긍정〉	〈부정〉
	That sounds good.	I'm sorry, but I can't.
	That would be nice.	I'd love to, but I can't.

Check it Out!

Why don't we~?, Why don't you~?, Why don't I~?는 각각 '우리 ~ 하는게 어때?=Let's ~', '너 ~ 하는게 어떠니?', '내가 ~ 할까?=Let me~' 라는 뜻으로 의미가 서로 다르다.

Why don't we get together at the library to study for tomorrow's final exam? 도서관에서 만나 내일 볼 기말고사 시험공부 하지 않을래?

Why don't you move a little closer? 좀 가까이 와 봐요.

Why don't I give you a ride home? 집까지 태워다 줄까?

"문법학습의 최종목표는 문장을 만드는 것이다."

「Can you + 동사원형?」 ~해줄래(요)?

▶ 도와줄래?(give me a hand) ------------------------------------

▶ 부탁 들어줄래?(do me a favor) ------------------------------------

「Will you + 동사원형?」 ~해줄래(요)?

▶ 조용히 해 줄래?(, please?) ------------------------------------

▶ 문 열어줄래? ------------------------------------

「Could you + 동사원형?」 ~해줄래요?

▶ 이 가방을 들어줄래요?(help me with) ------------------------------------

▶ 내게 돈 좀 빌려줄래요? ------------------------------------

「Would you + 동사원형?」 ~해줄래요?

▶ 아이들 봐주실래요?(watch) ------------------------------------

▶ 내게 소금을 건네주시겠어요? ------------------------------------

「Would you mind + 동사-ing?」 ~해줄래요?

▶ 우리 사진 좀 찍어주실래요? ------------------------------------

▶ 창문을 열어주시겠어요? ------------------------------------

「Let's + 동사원형」 ~하자

▶ 산책가자.(go for) ------------------------------------

▶ 영화 빌리자.(rent) ------------------------------------

「Why don't we + 동사원형?」 우리~하는 게 어때?

▶ 우리 저녁 나가서 먹을까? ------------------------------------

▶ 우리 오렌지 주스 좀 마실까? ------------------------------------

「How about + 동사-ing?」 우리~하는 게 어때?

▶ 오늘밤 영화 보는 게 어때? ------------------------------------

▶ 쇼핑가는 거 어때? ------------------------------------

과거습관/필요 조동사 used to/ would/ need

01 used to

used to는 '～하곤 했다, ～이었었다'라는 뜻으로 과거의 습관이나 지속되었던 상태를 나타내며 '현재는 더 이상 그렇지 않다'라는 뜻이 내포되어 있다. 부정문은 「never used to」, 「didn't use to」, 「used not to」을 쓸 수 있지만 「used not to」는 비교적 딱딱한 표현으로 흔히 사용하지 않는다. 의문문은 「Did+주어+use to~?」 형태로 쓴다.

I **used to** smoke a lot, but I've stopped. 나는 담배를 많이 피웠었지만 지금은 끊었다.

I **never used to** like horror movies. 나는 공포영화를 좋아하지 않았었다.

Did you **use to** exercise in the morning? 너는 아침에 운동을 하곤 했니?

> **Check it Out!**
> be[get] used to+명사[~ing]는 …에 익숙하다라는 전혀 다른 표현이 된다.
> A: How's your new job going? A: 새로 시작한 일은 어떻게 되어가?
> B: Oh, it was really tough at first but **I'm getting used to it.**
> B: 처음엔 정말 힘들었는데, 익숙해지고 있어.

02 used to와 would

과거의 습관에는 used to, would를 같이 쓸 수 있다. 단지 중요한 것은 과거의 상태를 나타내거나 음주나 흡연과 같은 버릇을 말할 경우 used to만 가능하다.

〈비교〉

There **used to** be a tall building here. → ○ 여기 큰 건물이 있었는데.

There **would** be a tall building here. → X

I **used to** smoke. → ○ 나는 담배를 피곤했었어.　　I **would** smoke. → X

03 need

'～할 필요가 있다'라는 뜻으로 조동사로 쓰일 경우 인칭과 수에 따라 그 형태가 변하지 않으며 의문문과 부정문에서 do동사가 필요 없음을 유의한다. 미국영어에서는 일반동사 need를 주로 쓴다.

■ 조동사 need

평서문 He **need** pay now.　　　**의문문** **Need** he pay now?

부정문 He **need not(needn't)** pay now.

〈비교〉

need가 일반동사로 쓰일 경우 의미는 같지만 목적어로 to부정사가 온다는 점과 의문문과 부정문에서 do 동사가 필요하다는 점이 조동사 need와 구분된다.

■ 일반동사 need

평서문 He **needs to** pay now.　　**의문문** **Does** he **need to** pay now?

부정문 He **doesn't need to** pay now.

「주어 + used to + 동사원형」 ~하곤 했다, ~이었었다

▶ 나는 담배를 많이 피웠었다. --

▶ 너 매우 날씬했었는데.(very skinny) --

▶ 너 그를 안 좋아했었잖아. --

▶ 나는 단 것을 안 먹었었다.(sweets) --

▶ 여기에 은행이 있었는데. --

▶ 여기 큰 건물이 있었는데. --

「주어 + would + 동사원형」 ~하곤 했다

▶ 나는 공원에서 운동을 했었다. --

▶ 나는 여동생과 아침에 조깅을 하곤 했다. --

「주어 + 조동사 need + 동사원형」 ~할 필요가 있다

▶ 나는 지금 가야한다. --

▶ 그는 지금 가야한다. --

▶ 내가 지금 가야하니? --

▶ 나는 지금 가야 할 필요가 없다. --

▶ 그는 지금 갈 필요 없다. --

▶ 그는 지금 가야하니? --

「주어+ 일반동사 need(s) + to 동사원형」 ~할 필요가 있다

▶ 나는 지금 돈을 내야한다.(pay) --

▶ 그는 지금 돈을 내야한다. --

▶ 내가 지금 돈을 내야하니? --

▶ 그는 지금 돈을 내야하니? --

▶ 나는 지금 돈을 낼 필요가 없다. --

▶ 그는 지금 돈을 낼 필요 없다. --

조동사 have+pp

01 「should/ could/ might(may)/ must have+과거분사」

과거에 있었던 일을 통해 현재의 심리를 표현하는데 사용하는 과거와 현재가 연결되어 있는 표현이다.

02 「should have(should've)+과거분사」

'~했어야 했는데'라는 뜻으로 과거에 하지 않은 사실에 대한 후회를 나타낸다.

I should have studied hard. 열심히 공부했어야 했는데.

It's raining outside. I should have brought my umbrella.
밖에 비와. 우산을 가져왔어야 했는데.

> **Check it Out!**
>
> should haven't+pp는 …하지 말았어야 했는데 했을 경우를 말한다.
> **You shouldn't have done** this(that). 이럴 필요까지는 없는데.(특히 선물을 받을 때)
> **You shouldn't have come** here. 넌 여기에 오지 말았어야 하는데.

03 「could have(could've)+과거분사

'~할 수도 있었는데'라는 뜻으로 과거사실에 대한 가능성을 나타낸다.

I could have made a lot of money. 돈을 많이 벌수도 있었는데.

You could have helped me. 너는 나를 도와줄 수 있었잖아.

It could have happened to anyone. 누구한테나 일어날 수 있는 일인 걸.

> **Check it Out!**
>
> 「could have+과거분사」는 「might(may) have+과거분사」와 비슷하게 과거에 대한 약한 추측을 나타내는 경우도 있다.

04 「might(may) have(might've)+과거분사」

'~했을지도 모른다'라는 뜻으로 과거사실에 대한 추측을 나타낸다.

I might have left my keys in the office. 아마 사무실에 열쇠를 두고 온 것 같아.

James might have missed the bus. James는 버스를 놓쳤을지도 몰라.

You may have heard of it. 아마 들어본 적이 있을거야.

05 「must have(must've)+과거분사」

'~했었음에 틀림없다'라는 뜻으로 과거사실에 대한 강한 추측을 나타낸다.

Tina must have forgotten our appointment. Tina는 우리 약속을 잊었음에 틀림없어.

You must have been hungry. 배고팠겠구만.

"문법학습의 최종목표는 문장을 만드는 것이다."

「주어 + should have + 과거분사」

▶ 나는 열심히 공부했어야 했는데.　----------------------------------

▶ 나는 내 우산을 가져왔어야 했는데.　----------------------------------

▶ 너는 왔어야 했어.　----------------------------------

▶ 너는 더 일찍 잠자리에 들었어야 했어.(earlier)　----------------------------------

「주어 + could have + 과거분사」

▶ 나는 돈을 많이 벌수도 있었는데.(a lot of)　----------------------------------

▶ 너는 나를 도와줄 수 있었잖아.　----------------------------------

▶ 그녀는 그 직업을 얻을 수 있었다.(get)　----------------------------------

▶ 그들은 여기에 정시에 올 수도 있었다.(on time)

「주어 + might(may) have + 과거분사」

▶ 나는 아마 사무실에 내 열쇠를 두고 온 것 같아.(my keys, in my office)

▶ James는 버스를 놓쳤을 지도 몰라.　----------------------------------

▶ 그녀는 집에 있었을 지도 몰라.(at home)　----------------------------------

▶ 그들은 퇴근 했을지도 몰라.(leave work)　----------------------------------

「주어 + must have + 과거분사」

▶ Tina는 우리 약속을 잊었음에 틀림없어.　----------------------------------

▶ 그것은 사랑이었음에 틀림없어.　----------------------------------

▶ 공원에 사람이 많이 있었음에 틀림없다.(a lot of)

▶ 그녀는 늦게 일어났음에 틀림없어.　----------------------------------

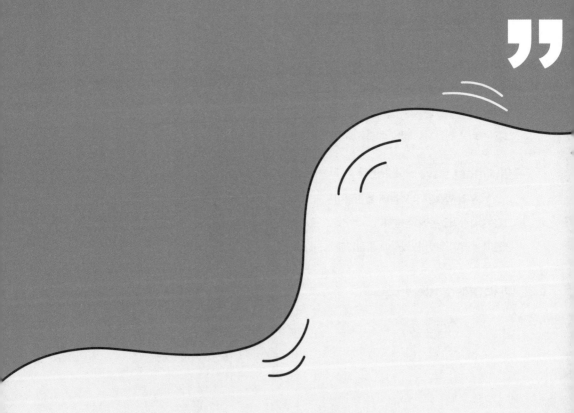

"

가장 골치아픈 부분 중의 하나가
바로 「시제」(tense)이다.

현재나 과거, 미래 이 세 가지만으로는 부족해서,
현재를 나타내는 시제만 해도
「단순현재」, 「현재진행」, 「현재완료」가 있고
과거나 미래의 경우에도 마찬가지여서 영어에는
크게 총 9가지 시제가 있다.

"

Unit 07
시제

현재시제

01 **지속적인 상태나 성질을 나타낸다.**

I have brown hair and brown eyes. 나는 갈색 머리와 갈색 눈을 가지고 있다.
Cindy is bad-tempered. She gets angry a lot. Cindy는 성격이 고약하다. 자주 화를 낸다.

02 **반복적인 일이나 습관을 나타낸다.**

*always, often, never, every day 등의 부사와 함께 쓰이는 경우가 많다.

We usually go to church on Sundays. 우리는 보통 일요일마다 교회에 간다.
"Would you like some beer?" "No, thanks. I don't drink."
맥주 좀 드릴까요?? 고맙지만 괜찮아요. 술 안 마셔요.

03 **과학적이거나 일반적인 사실 등을 나타낸다.**

Washing D.C. is the capital of the United States. 워싱턴 D.C.는 미국의 수도이다.

04 **현재시제가 미래의 의미를 가지는 경우**

- 시간을 나타내는 부사절 (after, before, as soon as, until, when, while 등으로
  시작), 또는 조건을 나타내는 부사절(if로 시작)일 경우
  Brush your teeth before you go to bed. 자러가기 전에 이 닦아.

- 이미 정해져있는 계획이나 일정의 경우
  Heather leaves for Athens tomorrow morning. Heather는 내일 아침 아테네로 떠난다.
  Tomorrow is Tom's birthday. 내일은 Tom의 생일이다.

- 일반동사를 포함한 현재형문장의 경우 부정문은 「주어+don't/doesn't+동사원형」,
  의문문은 「Do/Does+주어+동사원형~ ?」 형태로 쓴다.
  I don't drink Coke. 나는 콜라를 마시지 않는다.
  Cindy doesn't eat pork. Cindy는 돼지고기를 먹지 않는다.
  Do you come from the United States? 당신은 미국출신인가요?
  Does Charles teach English? Charles는 영어를 가르치니?

05 **주어가 3인칭 단수일 때 -(e)s 붙이는 방법**

대부분의 동사는 -s를 붙인다.	get-gets	eat - eats	drink - drinks
-s, -sh, ch, -x로 끝나는 동사는 -es를 붙인다	miss - misses teach - teaches	brush - brushes mix - mixes	
자음+y로 끝나는 동사는 y를 i로 바꾸고 -es를 붙인다.	cry - cries	fly - flies	try - tries

불규칙동사가 있다.	have - has do - does go - goes

06 주어가 3인칭 단수일 때 동사원형에 붙는 -(e)s의 발음

무성음(k, t, p, f등)뒤의 s	/s/	helps, likes, wants, laughs 등
-s, -sh, ch, -x로 끝나는 동사 뒤의 -es	/iz/	misses, brushes, teaches, mixes 등
그 밖 유성음 뒤의 s	/z/	plays, rains, snows, comes 등

Writing Pattern Practice

"문법학습의 최종목표는 문장을 만드는 것이다."

「주어(I/You/We/They) + 동사」 평서문(긍정문)

▶ 나는 갈색 머리와 갈색 눈을 가지고 있다.   ----------------------------------

▶ 자러가기 전에 네 이를 닦아라.(Brush~)   ----------------------------------

「주어(She/He/It) + 동사(e)s」 평서문 긍정문

▶ 그녀는 자주 화를 낸다.(get, a lot)   ----------------------------------

▶ Jack은 시애틀 출신이다.(come from)   ----------------------------------

「Do/Does + 주어 + 동사원형?」 의문문

▶ 너는 너의 개를 매일 산책시키니?   ----------------------------------

▶ Katie는 매일 샤워하니?   ----------------------------------

▶ 너는 뭐하니?(직업이 뭐니?)   ----------------------------------

▶ 저 상점은 언제 여니?(When~, that store)   ----------------------------------

「주어 + don't/doesn't + 동사원형」 부정문

▶ 나는 맥주를 마시지 않는다.   ----------------------------------

▶ David은 많이 외식하지 않는다.(eat out a lot)   ----------------------------------

▶ 우리는 오늘밤 떠나지 않는다.   ----------------------------------

과거시제

01 **과거시제는 이미 끝난 과거 행동이나 상태를 나타낸다.**

She **was** with her friends. 그녀는 친구와 함께 있었다.

She **bought** a new coat. 그녀는 새 코트를 샀다.

She **liked** it very much. 그녀는 그것을 매우 마음에 들어 했다.

I know that Shakespeare **was** born in 1564.(역사적 사실은 항상 과거)
나는 세익스피어가 1564년에 태어났다는거 알아.

02 **동사의 과거형을 만드는 법칙은 다음과 같다.**

• 동사원형에 -ed를 붙인다. open - open**ed**   rain - rain**ed**

• -e로 끝난 동사는 -d만 붙인다. like - like**d**   love - love**d**   live - live**d**

• 「자음+y」로 끝나는 동사는 -y를 i로 바꾸고 -ed를 붙인다.
  study - stud**ied**   cry -cr**ied**   worry - worr**ied**

• 「단모음+단자음」으로 끝나는 동사는 마지막 자음을 한 번 더 쓰고 -ed를 붙인다.
  stop - stop**ped**   drop - drop**ped**   hug - hug**ged**   prefer - prefer**red**

|예외1| 2음절 이상의 단어 중 마지막 음절에 강세가 있지 않은 경우

happen - happen**ed**   bother - bother**ed**

visit - visit**ed**   remember - remember**ed**

|예외2| -y, -w, -x로 끝나는 단어는 -ed만 붙인다.

enjoy- enjoy**ed**   vow - vow**ed**   mix - mix**ed**

03 **동사의 과거형 -ed는 /t/, /id/, /d/ 중 하나로 발음된다.**

/t/	무성음 (p, k, f 등) 뒤	helped, liked, hoped, washed
/d/	유성음 (b, g, v와 모음들) 뒤	loved, studied, tried, played, listened
/id/	-d, -t로 끝나는 동사	needed, ended, hated, wanted, waited

04 일반동사를 포함한 과거형문장의 경우 부정문은 「주어+did not(didn't)+동사원형」, 의문문은 「Did+주어+동사원형~?」 형태로 쓴다.

I **didn't** have lunch. 나는 점심을 안 먹었다.

I told you that I **didn't** know exactly where she lived. 걔가 어디 사는지 모른다고 했잖아.

Did you do your homework? 너는 숙제 했니?

Did you hear about the girl who died yesterday? 어제 죽은 소녀에 대해 들어봤어?

"문법학습의 최종목표는 문장을 만드는 것이다."

「주어 + 과거동사」 평서문(긍정문)

▶ 나는 일찍 일어났다. _____

▶ 나는 이 신발을 2년 전에 샀다. _____

▶ Jack은 어제 밤 많이 마셨다.(a lot) _____

▶ 초인종이 울렸다.(The doorbell~) _____

▶ 우리는 어제 쇼핑 갔었다. _____

▶ 우리는 많은 돈을 썼다.(a lot of) _____

「Did + 주어 + 동사원형?」 의문문

▶ 내가 너를 깨웠니?(wake) _____

▶ 내가 너를 방해했니?(bother) _____

▶ 너는 이 닦았니? _____

▶ 너는 샤워했니? _____

▶ 비가 왔니? _____

▶ 그들이 집에 걸어갔니?(walk home) _____

「의문사 + did + 주어 + 동사원형?」 의문문

▶ 너는 어제 뭐했니? _____

▶ 너는 점심으로 무엇을 먹었니?(for lunch) _____

▶ 그것은 언제 일어났니?(happen) _____

▶ 너희들은 왜 싸웠니? _____

▶ 너는 어떻게 내 전화번호를 알았니? _____

▶ 너는 누구에게 전화했니?(call) _____

▶ 그들은 어디에서 만났니?(meet) _____

「주어 + didn't + 동사원형」 부정문

▶ 나는 아무것도 잘못하지 않았다.(anything wrong) _____

▶ 너 네 방을 치우지 않았구나.(clean) _____

▶ David은 나를 초대하지 않았다. _____

▶ 비가 오지 않았다.(It~) _____

▶ 그들은 차 몰고 여기에 오지 않았다.(drive here)

동사원형 과거형 뜻

be(is, am, are) – was(were) 이다. 있다
become – became – become ~가 되다
begin – began – begun 시작하다
bite – bit – bit 물다
blow – blew – blown 불다. 폭파하다
break – broke – broken 깨다. 어기다
bring – brought – brought 가져오다. 야기 하다
build – built – built 건설하다
buy – bought – bought 사다
catch – caught – caught 잡다
choose – chose – chosen 고르다. 선택하다
come – came – come 오다
cost – cost – cost 비용이 들다
cut – cut – cut 자르다
deal – dealt – dealt 다루다. 거래하다
dig – dug – dug 파다
do – did – done 하다
dream – dreamt(dreamed) – dreamt
(dreamed) 꿈꾸다
drink – drank – drunk(en) 마시다
drive – drove – driven 운전하다
eat – ate – eaten 먹다
fall – fell – fallen 떨어지다
feel – felt – felt 느끼다
fight – fought – fought 싸우다
find – found – found 찾다. 알다
fly – flew – flown 날다
forget – forgot – forgotten 잊다
forgive – forgave – forgiven 용서하다
freeze – froze – frozen 얼리다
get – got – gotten[got] 얻다. 취하다
give – gave – given 주다
go – went – gone 가다
grow – grew – grown 자라다. 키우다
have – had – had 갖다
hear – heard- heard 듣다
hide – hid – hid 숨기다
hit – hit – hit 치다. 때리다
hold – held – held 잡다

동사원형 과거형 뜻

hurt – hurt – hurt 상처입히다
keep – kept – kept 지속하다
know – knew – known 알다
leave – left – left 떠나다. 남겨두다
lend – lent – lent 빌려주다
let – let – let 놓다. 시키다
lose – lost – lost 지다. 잃다
make – made – made 만들다
mean – meant – meant 의미하다
meet – met – met 만나다
see – saw – seen 보다
sell – sold – sold 팔다
send – sent – sent 보내다
shake – shook – shaken 흔들다
shut – shut – shut 닫다
sing – sang – sung 노래하다
sit – sat – sat 앉다
sleep – slept – slept 자다
speak – spoke – spoken 말하다
spend – spent – spent 보내다
spread – spread – spread 펼치다
stand – stood – stood 서다
steal – stole – stolen 훔치다
stick – stuck – stuck 찌르다
swim – swam – swum 수영하다
take – took – taken 취하다. 선택하다
teach – taught – taught 가르치다
tear – tore – torn 찢다
tell – told – told 말하다
think – thought – thought 생각하다
throw – threw – thrown 던지다
understand – understood – understood
이해하다
wake – woke – woken 깨다(깨우다)
wear – wore – worn 입다
win – won – won 이기다
write – wrote – written 쓰다

A: I think my ex-boyfriend probably has a new girlfriend.
B: I don't think so. You just **broke** up last week!
A: 내 옛날 남자친구가 새 여자친구를 만난 듯 해.
B: 난 그렇게 생각 안 해. 니네들 헤어진 게 바로 지난 주잖아!

A: Do you have enough to read on the airplane? It's a long flight.
B: I know. I **brought** two books. I **thought** that would be enough.
A: 비행기에서 읽을 건 충분해? 장시간 비행이잖아.
B: 나도 알아. 책 두권 가져왔어. 그거면 충분할 거라고 생각했지.

A: Anna's father just **bought** her a new Mercedes.
B: She doesn't deserve an expensive car like that.
A: 애너의 아버지가 애너한테 메르세데스 벤츠 차를 새로 사준 것 있지.
B: 걘 그런 비싼 차를 가질 만한 애가 못되는데.

A: I just **found** out that I didn't pass my exam.
B: Cheer up! I **heard** that students can retake it.
A: 지금 막 내가 시험에 떨어졌다는 걸 알았어.
B: 기운 내! 내가 듣기로 재시험을 볼 수 있대.

A: I'm sorry I**'ve taken** so much of your time.
B: That's all right, I'm glad we **sorted** out the problem.
A: 시간을 너무 많이 뺏어서 죄송해요.
B: 괜찮습니다. 문제를 해결하게 돼 기쁜 걸요.

A: How did you break your leg?
B: I **fell** off my bicycle.
A: 어쩌다가 다리가 부러진거야?
B: 자전거 타다가 넘어졌어.

A: Do I know you?
B: Yes, we **met** at a conference last year.
A: 우리가 아는 사이든가요?
B: 그럼요, 작년에 어떤 회의에서 만났었죠.

A: Is there anything else that you **haven't told** me?
B: No, that's everything.
A: 나한테 얘기하지 않는 것이 더 있어?
B: 아니, 그게 전부야.

미래시제 - 1

01 미래의 일을 예측할 경우

will과 be going to 모두 사용할 수 있다.

There will be an important meeting tomorrow. 내일 중요한 회의가 있을 것이다.
= There's going to be an important meeting tomorrow.

02 will+V

1. 의지나 결심을 나타낸다.

   I won't tell a lie again. I promise. 다시는 거짓말 안할게. 약속해.

2. 사전 준비 없이 말하는 순간 결심한 일을 나타낸다.

   I will have some orange juice. 나는 오렌지주스를 마실거야.
   "Stop watching TV." "OK. I'll turn it off." TV 그만 봐. 알았어요. 끌게요.

3. will의 부정은 will not이며 won't로 축약할 수 있다.

   Mom, I won't let you down. 엄마, 실망시켜 드리지 않을게요.
   Won't you help me get up? 나 일어나는거 안 도와줄래?

03 be going to+V

1. 사전에 결정한 일을 나타낸다.

   We're going to buy a house next year. 우리는 내년에 집을 살 예정이다.

2. 상황의 결과로 예측되는 일을 나타낸다.

   I'm stuck in traffic. I'm going to be late. 차가 막혀. 나는 늦을거야.
   Look out! We're going to crash! 조심해. 충돌하겠어!

Check it Out!

공식적인 일 또는 계획과 확실한 미래를 나타낼 경우 현재형과 현재진행형문장이 미래시제를 대신하는 경우도 있다.

04 의문문과 부정문 만드는 방법

[의문문]

Will	주어		exercise? study?
Am Are Is	주어	going to	exercise? study?

[부정문]

주어	will not (won't)	exercise. study.
주어	will not (won't)	exercise. study.

05 확실하고 가까운 미래를 나타낼 때는 「be+동사~ing」를 쓰기도 한다.

Kate is getting married next week. Kate는 다음 주에 결혼해.

06 과거의 미래

과거에 대해 언급할 때 그 때 기준으로 미래 일을 말하는 경우가 있다. 이때는 will 대신 would 를, am/are/is/ going to 대신 was/were going to를 사용한다.

I knew that Sally would arrive before long. Sally가 곧 올 것을 알고 있었다.
I told you that I would be absent. 결석할 거라고 말씀 드렸는데요.

Writing Pattern Practice

"문법학습의 최종목표는 문장을 만드는 것이다."

「주어 + will + 동사원형」 will 평서문(긍정문)

▶ 나는 점심으로 스파게티를 먹을 거야. ------------------------------------

「(의문사) + Will + 주어 + 동사원형?」 will 의문문

▶ 너는 언제 나갈거니? ------------------------------------

「주어 + will not(won't) + 동사원형」 will 부정문

▶ 나는 다시는 거짓말 안할게. ------------------------------------
▶ 내일 비가 안 올 거야. ------------------------------------

「주어 + be going to + 동사원형」 be going to 평서문(긍정문)

▶ 나는 늦게 될 거야. ------------------------------------

「(의문사) + be + 주어 + going to + 동사원형?」 be going to 의문문

▶ 너는 언제 떠날 예정이니? ------------------------------------

「주어 + be not going to + 동사원형」 be going to 부정문

▶ 우리는 기차를 타지 않을 거야.(take) ------------------------------------

미래시제 -2

01 be about to+V

'막 ~하려고 하다'라는 뜻으로 매우 짧은 시간 안에 일어날 일을 말한다.

Hurry up. The movie is about to begin. 서둘러. 영화가 막 시작하려 해.

I am about to call Jason. 내가 Jason에게 막 전화하려고 해.

* '막 ~하려고 했었다'라고 하려면 be동사를 과거형으로 쓴다.

We were about to go out. 우리 막 나가려고 했었어.

02 be supposed to+V

'~하기로 되어 있다'라는 뜻으로 정해진 일이나 해야 되는 일을 말할 때 쓴다.

"What am I supposed to do?" 내가 무엇을 하기로 되어있지?/ 나 어쩌지?(= What should I do?)

You're supposed to do the laundry. 너는 오늘 빨래해야지.

A: What are you supposed to do? 넌 뭐하기로 되어 있니?

B: I'm supposed to meet Dr. Walf this afternoon.
오늘 오후에 Walf 박사님을 만나기로 했어.

A: You're not supposed to eat that! 너, 그 과자, 먹으면 안돼!

B: Don't worry, Mom won't miss one cookie! 걱정마, 하나쯤 없어져도 엄마는 모르실거야!

* '~하기로 되어 있었다'라고 하려면 be동사를 과거형으로 쓴다.

You were supposed to come here an hour early. 한 시간 일찍 오기로 했잖아.

03 be to+V

'~할 예정이다'라는 뜻으로 비교적 격식을 차린 표현(formal)에 쓴다.

The President is to visit Malaysia. 대통령은 말레이시아를 방문할 예정이다.

Mr. Smith is soon to be promoted. Smith 씨는 곧 승진될 것이다.

We're to get a wage rise. 우리는 임금 인상을 받을 것이다.

04 그 밖의 미래를 나타내는 표현

조동사 could나 might를 사용하여 확실하지 않은 미래를 말할 수 있다.

Shiela could be fired sooner or later. Shiela는 조만간 해고당할 수도 있어.

I might see a movie with my friends this weekend.
나는 이번 주말 친구들과 함께 영화볼 지도 몰라.

"문법학습의 최종목표는 문장을 만드는 것이다."

「주어 + be about to + 동사원형」

▶ 내가 Jason에게 막 전화하려고해. _____

▶ 영화가 막 시작하려 해.(begin) _____

▶ 우리 막 나가려고 했었어. _____

「주어 + be supposed to + 동사원형」

▶ 너는 오늘 빨래해야지.(do the laundry) _____

▶ 나는 오늘 오후에 Walf 박사님을 만나기로 했어.

_____

▶ 너는 한 시간 전에 여기에 도착해야 했잖아.(get)

_____

▶ 내가 무엇을 하기로 되어있지? _____

▶ 내가 너 없이 어떻게 살아야 되지?(How~) _____

「주어 + be to + 동사원형」

▶ 대통령은 말레이시아를 방문할 예정이다. _____

▶ Smith 씨는 곧 승진될 것이다.(be soon to) _____

「주어 + could/might + 동사원형」

▶ Shiela는 조만간 해고당할 수도 있어.(sooner or later)

_____

▶ 나는 이번 주말 친구들과 함께 영화볼 지도 몰라.

_____

▶ Jane이 너를 거기에 태워줄지도 몰라.(give you a ride)

_____

현재진행시제 - 1

01 현재진행시제

'…하는 중이다'라는 뜻으로 「be+동사~ing」형태로 쓴다.

I'm taking a shower. 나는 샤워 중이다.
My brother is talking on the phone. 남동생은 전화 통화 중이다.
My mother and I are cleaning the house. 엄마와 나는 집안 청소중이다.

02 현재형과 혼동하지 않도록 주의한다.

현재형은 주로 습관적인 행동을 말하는 반면 현재진행형은 현재 진행 중인 동작을 나타낸다.

[비교]

I go to school. 나는 학교에 다닌다. I'm going to school. 나는 학교에 가고 있다.
Jim smokes. Jim은 담배를 핀다. Jim is smoking. Jim은 담배를 피고 있다.
We eat breakfast. 우리는 아침을 (보통) 먹는다.
We're eating breakfast. 우리는 아침을 먹고 있다.

03 「동사~ing」, '현재분사'를 만드는 규칙은 다음과 같다.

■ 대부분의 동사는 동사원형에 -ing를 붙인다.

sleep - sleeping   read - reading   eat - eating

■ -e로 끝나는 동사는 -e를 없애고 -ing를 붙인다.

live - living   come - coming   have - having

■ 단모음+단자음으로 끝나는 동사는 자음을 하나 더 쓰고 -ing를 붙인다.

begin - beginning   prefer - preferring   control - controlling

■ 2음절어인 경우 앞에 강세가 있으면 -ing만 붙인다.

open - opening   bother - bothering

■ -ie로 끝나는 동사는 -ie를 y로 바꾸고 -ing를 붙인다.

lie - lying   tie - tying   die - dying

04 부정문은 be동사 뒤에 not, 의문문은 「Be동사+주어+동사~ing?」형태로 쓴다.

I'm not sleeping. 나는 자고 있지 않다.
Terry isn't cleaning his room. Terry는 방을 치우고 있지 않다.
Am I bothering you? 내가 너를 방해하고 있니?
Are you eating breakfast? 너는 아침 먹고 있니?
Is Monica listening to the radio? Monica는 라디오를 듣고 있니?

Check it Out!

You're ~ing나 You're not ~ing는 구어체에서는 상대방에게 …해라, 하지 말라라는 의미로도 쓰인다.

A: It may not be good to call Mary. Mary에게 전화하는 것은 바람직하지 않을거야.

B: **You're calling** her tonight. 네가 오늘 저녁에 전화해라.

Writing Pattern Practice

"문법학습의 최종목표는 문장을 만드는 것이다."

I am ~ing '나는 ~하고 있다'

▶ 나는 샤워 중이야.   --------------------------------------

▶ 나는 학교에 가고 있어.   --------------------------------------

▶ 남동생은 전화 통화 중이야.   --------------------------------------

▶ 눈이 오고 있어.   --------------------------------------

▶ 해가 비추고 있어.(shine)   --------------------------------------

▶ 엄마와 나는 집안 청소중이야.   --------------------------------------

▶ 우리는 아침을 먹고 있어.   --------------------------------------

I'm not ~ing '나는 ~하고 있지 않다'

▶ 나는 자고 있지 않아.   --------------------------------------

▶ 나는 전화통화하고 있지 않아.   --------------------------------------

▶ 너는 숙제를 하고 있지 않구나.   --------------------------------------

▶ 너는 운동하고 있지 않구나.   --------------------------------------

▶ 그들은 파티를 하고 있지 않아.   --------------------------------------

Am I ~ing? '내가 ~하고 있니?'

▶ 내가 너를 방해를 하고 있니?   --------------------------------------

▶ 너는 아침 먹고 있니?   --------------------------------------

▶ 너는 샤워하고 있니?   --------------------------------------

▶ Monica는 라디오를 듣고 있니?   --------------------------------------

▶ John은 TV를 보고 있니?   --------------------------------------

현재진행시제 - 2

01 **현재 말하고 있는 시점의 일을 나타낼 때 쓴다.**

What are you doing? I'm vacuuming the floor.
너 뭐하고 있니? 나는 바닥 진공청소기로 청소하고 있어.

02 **일정한 기간 동안의 일을 나타낼 때도 쓸 수 있다.**

I'm taking a computer class these days. 나는 요즘 컴퓨터 수업을 들어.
Are you going out with Benny? 너 Benny와 사귀니?

03 **주로 always와 함께 지나치게 반복되는 버릇 또는 행동을 말할 때 쓰기도 한다.**

You're always forgetting something. 너는 늘 잘 잊어버려.
(=You forget something too often.)

04 **가깝고 확실한 미래를 나타낼 때 쓴다.**

We're having a surprise party tonight. 우리는 오늘밤 깜짝파티를 연다.

05 **진행형을 쓸 수 없는 동사**

- 감정동사 (like, hate, dislike 등)
- 소유동사 (belong, have, own(소유하다) 등)
- 지각/감각동사 (know, understand, believe, remember, look(보이다), smell(냄새가 ~하다), taste(맛이 ~하다) 등)

* 동사 have가 '소유'의 뜻으로 쓰였을 경우 진행형시제를 쓸 수 없지만 '시간을 보내다' 또는 '먹다, 마시다'의 뜻으로 쓰였을 경우 진행형이 가능하다.

I have a lot of work to do. 나는 할 일이 많다.
We're having a great time here. 우리는 여기에서 좋은 시간을 보내고 있다.

06 **의문문과 부정문 만드는 방법**

Am Are Is	I we/you/they he/she/it	studying? drinking?	I We/You/ They He/She/It	am not ('m not) are not (aren't) is not(isn't)	studying. drinking.

Check it Out! 진행형을 이용한 간접적인 표현

보다 부드럽고 간접적인 표현을 사용하기 위해 현재나 과거시제를 대신해서 현재진행이나 과거진행시제를 쓰는 경우가 있다.

When **are you planning to** go to Europe? (less definite and direct than When do you plan to~?) 언제 유럽에 갈 계획이에요?

I'm afraid I **must be going**. (less definite and direct than I must go.) 미안하지만 가야해요.

Writing Pattern Practice

"문법학습의 최종목표는 문장을 만드는 것이다."

「주어 + be동사 + 동사-ing」 평서문(긍정문)

▶ 나는 요즘 컴퓨터 수업을 듣는다.(take)   ------------------------------

▶ 너는 늘 뭔가 잊어버려.(always)   ------------------------------

▶ Janet은 늘 불평이야.(complain)   ------------------------------

▶ Jack과 나는 뉴욕에 머물고 있어.   ------------------------------

「be동사 + 주어 + 동사-ing?」 의문문

▶ 내가 너를 방해하고 있니?(bother)   ------------------------------

▶ 너는 샤워하고 있니?   ------------------------------

▶ 네 여동생은 피아노를 치고 있니?   ------------------------------

▶ 비가 오고 있니?   ------------------------------

「의문사 + be동사 + 주어 + 동사-ing?」 의문문

▶ 내가 무엇을 하고 있는 거지?(What~)   ------------------------------

▶ 너는 어디에서 마시고 있니?   ------------------------------

▶ Jessy는 언제 떠나지?   ------------------------------

▶ 그들은 왜 싸우고 있니?(fight)   ------------------------------

「주어 + be동사 + not + 동사-ing」 부정문

▶ 나는 영어를 공부하고 있지 않아.   ------------------------------

▶ 너는 내말을 듣고 있지 않구나.(listen to me)   ------------------------------

▶ David은 낮잠을 자고 있지 않아.(take a nap)   ------------------------------

과거진행시제

01 과거진행시제

과거의 어느 때에 일어나고 있었던 일을 말하며 '~하고 있었다'라는 뜻으로 「be동사의 과거형 (was, were)+동사~ing」 형태로 쓴다.

I was thinking about you. 나는 당신 생각하고 있었다.
My brother was taking a shower. 남동생은 샤워하고 있었다.

02 과거형과 혼동

과거형과 혼동하지 않도록 비교해보면서 주의한다.

I helped my mother clean the house. (과거) 나는 엄마가 집안일 하는 것을 도와드렸다.
I was helping my mother clean the house. (과거진행) 나는 엄마를 도와 집안 일을 하고 있었다.

Molly ate pizza for lunch. (과거) Molly는 점심으로 피자를 먹었다.
Molly was eating pizza for lunch. (과거진행) Molly는 점심으로 피자를 먹고 있었다.

Jack vacuumed the floor. (과거) Jack은 바닥을 진공청소기로 청소했다.
Jack was vacuuming the floor. (과거진행) Jack은 바닥을 진공청소기로 청소하고 있었다.

03 부정문과 의문문

부정문은 be동사 뒤에 not을 붙이고 의문문은 「Be동사+주어+동사-ing?」형태로 쓴다.

My father was reading a book. 아버지는 책을 읽고 계셨다.
We were having a house-warming party. 우리는 집들이를 하고 있었다.

Were you talking on the phone? 너는 전화통화하고 있었니?
Was Mark taking a shower? Mark는 샤워하고 있었니?

04 과거시제와 과거진행시제 비교

과거시제는 과거의 어떤 시점에 일어나서 이미 끝나버린 사실을 사건 중심으로 나타낼 때 쓴다.
과거진행시제는 과거 어떤 시점을 기준으로 그 전부터 진행 중이던 동작이 계속되는 것을 말한다.

〈비교〉

When Terry arrived, we were having a meeting.
(= We had already started the meeting.)
Terry가 도착했을 때 우리는 회의를 하고 있었다. → 회의를 그 전에 시작했다는 뜻

When Terry arrived, we had a meeting.
(=Terry arrived and then we had a meeting)
Terry가 도착하고 우리는 회의를 했다. → Terry가 도착한 후 회의를 했다는 뜻

05 과거시제와 과거진행시제가 한 문장

과거시제와 과거진행시제가 한 문장에 쓰이는 경우 구조는 보통 다음과 같다.

- 「When+과거시제문장, 과거진행시제문장」

  When I met Ted, he was waiting for the bus.
  내가 Ted를 만났을 때 그는 버스를 기다리고 있었어.

- 「As/When/While+과거진행시제문장, 과거시제문장」

  While you were taking a shower, Kate called. 네가 샤워하고 있는 동안 Kate가 전화했었어.

Writing Pattern Practice

"문법학습의 최종목표는 문장을 만드는 것이다."

I was ~ing '나는 ~하고 있었다'

▶ 나는 너 생각하고 있었어. _____

▶ 나는 모자를 쓰고 있었어. _____

▶ 너는 자고 있었구나. _____

▶ Molly는 점심으로 피자를 먹고 있었어. _____

▶ 친구들과 나는 파티를 하고 있었어. _____

I wasn't ~ing '나는 ~하고 있지 않았다'

▶ 나는 공부하고 있지 않았어. _____

▶ 나는 시험에 대한 생각을 하고 있지 않았어. _____

▶ 너는 운동하고 있지 않았구나. _____

▶ Tom은 방을 치우고 있지 않았어. _____

▶ Kate는 남동생을 괴롭히고 있지 않았어. _____

Was I ~ing? '내가 ~하고 있었니?'

▶ 너는 아침 먹고 있었니? _____

▶ 너는 샤워하고 있었니? _____

▶ 너는 이 펜을 찾고 있었니?(look for) _____

▶ Monica는 라디오를 듣고 있었니?(listen to) _____

▶ Jack은 TV를 보고 있었니? _____

▶ 그 소녀는 아이스크림을 먹고 있었니? _____

미래진행시제

01 미래진행시제

미래진행시제는 미래시점에서의 동작의 진행을 표현하지만 대체로 확정된 미래나 시간적으로 오래 지속될 미래를 말할 때 쓴다. 형태는 「주어+will+be+동사-ing」 또는 「주어+be going to+be+동사-ing」인데 will을 쓰는 경우가 더 많다.

I'm leaving for Florida this Saturday. I'll be lying on a beach or surfing this time next week. 이번 토요일에 플로리다로 떠나. 다음 주 이맘 때는 해변에 누워 있거나 서핑하고 있을거야.
I'll be missing you. 너를 그리워할거야.

A: I need to do my hair before we go. 가기 전에 머리를 해야 되는데.
B: I'll be waiting for you in the living room. 거실에서 기다려줄게.

02 Will+주어+be+-ing?

상대방의 계획에 대해 물어볼 경우 사용하는데, 상대방에게 무언가 원하는 것이 있을 때 쓰는 경우가 많다.

A: Will you be using your computer tonight? 오늘밤 컴퓨터 쓸거야?
B: Why? Do you need to use it? 왜? 사용하고 싶니?

A: Will you be staying at home this afternoon? 오늘 오후에 집에 있을거야?
B: Yes. You can come over if you want. 응. 원하면 놀러 와도 돼.

Grammar Point will과 shall

미래시제 조동사로 will과 shall이 있지만 오늘날에는 거의 대부분 will을 쓰는 추세. be going to도 미래시제를 나타내기는 하지만, will이 말하는 당시에 비로소 뭔가를 하려고 결정을 내릴 때 쓰는 것이라면 be going to는 이미 결정한 사실에 대해 「실행하겠다」는 것으로, 차이가 있다. 하지만 사람의 결정이 개입될 여지가 없는, 가령 「날씨가 좋을 것이다」와 같은 문장에서는 Weather will[is going to] be nicer처럼 두가지가 구분없이 쓰인다. 또 Look at those black clouds. It's going to rain과 같이 현재의 상태로 봐서 「앞으로 어떤 일이 생길 것 같다」라고 말하는 경우에는 be going to가 적합하다. 특히 will be ~ing형의 「미래진행형」은 미래의 시점에 「(그때쯤이면) …하고 있을거야」라는 의미와, 그저 「…하게 되겠지」 정도의 의미로 회화에서 자주 쓰인다. 또한 미래진행시제는 확정된 미래나 오래 지속될 미래를 말할 경우, 또는 미래시제와 별 차이 없이도 우리가 알고 있는 이상으로 실생활에서 많이 쓰인다. 예를 들어 유명팝송 중에도 'I'll be loving you.'(by New Kids On The Block) 'I'll be missing you.'(by Puff Daddy) 등 미래진행시제를 사용한 제목이 많이 있다.

"문법학습의 최종목표는 문장을 만드는 것이다."

「주어 + will + be + 동사-ing」 평서문(긍정문)

▶ 나는 일하고 있을 거야. _____

▶ 나는 너를 그리워할 거야. _____

▶ 나는 여기에서 서있을 거야. _____

▶ 걱정마, 내가 지켜보고 있을 테니까. _____

▶ 나는 여기에서 너를 기다리고 있을 거야. _____

▶ 다음 주부터 새 직장에 출근해. _____

▶ 나는 여기에서 전화통화 하고 있을 거야. _____

▶ 나는 소파에 누워 있을 거야. _____

▶ 그녀는 일본에서 영어를 가르치고 있을 거야. _____

▶ 내일 이맘 때 나는 스키타고 있을 거야.(This time tomorrow~)

_____

▶ 다음 주 이맘때 나는 여행하고 있을 거야. _____

▶ 내년 이맘 때 나는 캐나다에 머무르고 있을 거야.

_____

「Will you be + -ing?」 의문문

▶ 너는 오늘 네 차 사용할거니? _____

▶ 너는 내일 일할 거니? _____

▶ 너는 오늘밤 집에 있을 거니?(stay) _____

▶ 너는 저녁 먹으러 나갈거니?(go out) _____

▶ 너는 여기에 얼마나 오래 머무를 거니? _____

▶ 카드로 결제하시겠어요 아니면 현금으로요? _____

현재완료시제

01 과거의 일이 현재에 영향을 미칠 때 쓰는 현재완료시제

과거 불특정한 시간에 일어난 일이 현재와 밀접한 관련이 있어서 두 상황을 동시에 생각하며 말할 때 현재완료를 쓴다. 형태는 「주어+have(has)+과거분사」이다.

I can't play baseball because I've broken my arm.

02 현재완료시제의 숨은 뜻

I've forgotten his name. (= I can't remember his name now.)
나는 그의 이름을 잊어서 지금 생각이 안 난다는 뜻

I'm looking for Katie. Have you seen her? (= Do you know where she is?) 그녀(Katie)가 어디 있는지 지금 알려줄 수 있느냐는 뜻

Have you read the Bible? (= Do you know the Bible?)
성경책을 읽어본 적이 있어서 지금 그것에 대해서 알고 있느냐는 뜻

I've traveled in Australia a lot. (= I know Australia.)
호주를 많이 여행해봐서 지금 호주에 대해 알고 있다는 뜻

03 현재완료시제와 함께 쓰지 않는 부사(구)

명확한 현재/과거시점 부사(now, last night, two hours ago 등)와 함께 쓸 수 없다.

It has snowed last night.(X) → It snowed last night.(O)

The accident has happened two hours ago.(X) →
The accident happened two hours ago.(O)

04 현재완료시제와 함께 자주 쓰는 부사(구)

현재완료문장의 의미를 강조하거나 구체적으로 표현하기 위해 자주 쓰는 부사(구)는 다음과 같은 것들이 있다.

ever(한번이라도)	never(전혀)	just(막)	yet(아직-부정문, 이제-의문문)	already(벌써)
since~(~이래로)	for~(~동안)	recently/lately(최근에)		

Have you ever been to Italy? 이태리에 가 본 적이 있니?
I've never tried skydiving. 나는 스카이다이빙을 해본 적이 전혀 없어.
He's already cleaned the rooms. 그는 이미 방들을 치웠다.

05 현재완료의 다양한 쓰임

■ 아주 최근에 완료된 일을 말할 경우

I've just had a big dinner. 나는 금방 저녁을 잘 (많이) 먹었다.

Has it stopped snowing yet? (yet = until now) 지금 눈이 그쳤니? *yet은 부정문과 의문문에서만 쓴다.

- 현재까지 계속 진행되어온 일을 말할 경우

  It's rained for a couple of days. 이삼 일 동안 비가 왔다.

  "How long have you known her?" "I've known her for about three years."
  너는 그녀를 얼마나 오래 알아왔니? 3년 정도 알아왔어.

- 지난 경험을 말할 경우

  I've been to China twice. 나는 중국에 두 번 가봤다.

  How often have you been in love in your life? 너는 이제까지 몇 번이나 사랑에 빠져봤니?

- '~해서 지금 …하다'라는 뜻으로 결과를 강조하는 경우

  "Is Tom there?" "No, he's gone out." Tom 있어요? 아니오, 나가고 없어요.

Check it Out!

have been~은 '~에 가본 적 있다'는 경험을 나타내고 have gone~은 '~에 가버리다'라는 뜻으로 주어 I(나는)와 쓸 경우 어색하다.

Ann **has gone to** Africa. Ann은 아프리카에 가고 없다.

Ann **has been to** Africa. Ann은 아프리카에 가본 적이 있다.

Writing Pattern Practice

"문법학습의 최종목표는 문장을 만드는 것이다."

「주어 + have/has + 과거분사」 평서문(긍정문)

▶ 나는 금방 저녁을 거하게 먹었다.(a big dinner) ----------------------------------

▶ 그는 나갔다.(나가고 없다) ----------------------------------

「Have/Has + 주어 + 과거분사?」 의문문

▶ 너는 그녀를 본적 있니? ----------------------------------

▶ 그들은 이미 나갔니? ----------------------------------

「의문사 + have/has + 주어 + 과거분사?」 의문문

▶ 너희는 얼마나 오래 서로 알아왔니? ----------------------------------

「주어 + haven't/hasn't + 과거분사」 부정문

▶ 나는 그녀를 일주일동안 못 봤어. ----------------------------------

▶ 나는 최근 잠을 잘 못 잤다.(lately) ----------------------------------

현재완료 진행시제

01 과거의 일이 현재까지 진행 중일 때 쓰는 현재완료진행시제

현재완료진행시제는 과거에 일어난 일이 현재까지 진행 중일 때, 또는 방금 전에 끝난 일이라도 현재에 영향을 미칠 때 쓴다. 형태는 「주어+have(has)+been+동사+~ing」이다.

It's been raining all day. 하루 종일 비가 오고 있어.

I've been waiting for you for an hour. 나는 너를 1시간동안 기다리고 있어.

Where have you been? We've been looking all over for you.
어디 갔었어? 우리가 너를 여기저기 찾아다니고 있었잖아.

We've been playing badminton for two hours. 우리는 두 시간 동안 배드민턴을 치고 있어.

"What have you been doing?" "I've been vacuuming and doing the laundry." 뭐하고 있었어? 진공청소기로 청소하고 빨래하고 있었어.

02 현재완료진행시제와 현재완료시제 비교

현재완료진행과 현재완료시제의 '계속적 용법'은 내용상 큰 차이없이 과거부터 지금까지 계속 되는 동작을 표현하는데, 단지 현재완료진행시제가 지금까지 일이 계속되고 있음을 더 강조한다.

[비교]

It's snowed for a week. 일주일 동안 눈이 왔다.

It's been snowing for a week. 일주일 동안 눈이 오고 있다.

Henry has worked here for a long time. Henry는 여기에서 오랫동안 일해 왔다.

Henry has been working here for a long time. Henry는 여기에서 오랫동안 일해오고 있다.

You've slept all day. 너 하루 종일 잤구나.

You've been sleeping all day. 너 하루 종일 자고 있구나.

Grammar Point for와 since

for와 since는 각각 「…동안」, 「…이래로」란 의미상 현재와 과거의 사실을 함께 표현하는 현재완료와 궁합이 잘 맞는 것들. 하지만 이 둘은 명확하게 구별해야 한다. 즉, for가 행위의 '지속기간'을 나타내는 반면 since는 '시점'을 알려준다는 말씀. 따라서 for 뒤에는 주로 two weeks, my vacation 등 기간명사가 오는 반면 since 뒤에는 시각, 연도를 나타내는 시점명사, 또는 특정 시점을 표현하는 과거시제(got married)의 절이 이어지게 된다. 그렇다고 for가 과거시제와 어울릴 수 없다고 단정하진 말 것. 다음 두 예문은 모두 하자가 없는 문장으로, 첫번째 예문은 「2주 전부터 지금까지」 아프다는 뜻이고, 두번째는 현재와는 무관하게 그저 「과거에 2주 동안」 아팠다는 단순한 사실을 나타낸다.

He has been sick for two weeks. 그 친구는 2주일째 아프다.

He was sick for two weeks. 그 친구는 2주 간 앓았었다.

"문법학습의 최종목표는 문장을 만드는 것이다."

「주어 + have/has + been + 동사-ing」 평서문(긍정문)

▶ 하루 종일 비가 오고 있어. _____

▶ 나는 너를 1시간동안 기다리고 있다. _____

▶ 일주일 동안 눈이 오고 있다. _____

▶ 우리가 너를 여기저기 찾아다니고 있었잖아. _____

▶ 우리는 두 시간 동안 배드민턴을 치고 있다. _____

▶ Henry는 여기에서 오랫동안 일해오고 있다. _____

▶ 너 하루 종일 자고 있구나. _____

▶ Mary와 나는 두 시간 동안 테니스를 치고 있다.

_____

▶ 우리는 스페인어를 여섯 달 동안 배우고 있다. _____

▶ 그들은 지난달 이래로 여행을 하고 있다. _____

▶ 나는 이번 주에 열심히 일하고 있다. _____

▶ 나는 스물다섯 살부터 영어를 가르치고 있다. _____

▶ 우리 할머니는 오후 내내 정원 일을 하고 계시다.

_____

「(의문사) + have/has + 주어 + been + 동사-ing?」 의문문

▶ 비가 오랫동안 내리고 있니? _____

▶ 얼마나 오래 비가 내리고 있지? _____

▶ 너는 그를 (계속) 기다리고 있니? _____

▶ 너는 그를 얼마나 오래 기다리고 있니? _____

▶ 그 작업을 얼마나 오랫동안 하고 있는 거야? _____

과거완료시제

01 과거와 과거보다 앞서 일어난 일을 구분짓는 경우의 과거완료시제

형태는 「주어+had+과거분사」이다.

> Janet **had already left** when I got there. 내가 거기에 도착했을 때 Janet은 이미 떠났다.

Check it Out!

before, after 등 전후관계를 분명히 말해주는 접속사가 있는 경우 과거보다 앞서 일어난 일이라도 과거완료대신 과거시제를 쓸 수 있다.

After I **got** home, I took a shower. 나는 집에 도착한 후 샤워를 했다.

Before I **went** to bed, I gave him a call. 나는 잠자리에 들기 전 그에게 전화를 했다.

02 과거이전의 일이 과거의 일과 밀접한 관련이 있을 경우의 과거완료시제

When they got married, they **had known** each other for 10 years.
그들이 결혼했을 때 그들은 10년 동안 알고 지내왔었다.

03 과거완료문장의 다양한 쓰임

The movie **had already begun** when I got there. 내가 도착했을 때 영화는 이미 시작했다.

It **had rained** for three weeks when I got to Seattle.
내가 Seattle에 도착했을 때 3주동안 비가 왔었다.

"How was your trip to Florida?" "It was terrific. I **hadn't been** there before."
Florida 여행 어땠어? 정말 좋았어. 전에 가본 적이 없었거든.

I had to get back to the store because I **had left** my umbrella there.
나는 우산을 두고 와서 가게에 돌아가야 했다.

04 그 밖의 시제

■ 과거완료진행시제(past perfect progressive)

과거완료진행시제는 과거보다 그 이전부터 진행 중이던 일이 끝나지 않고 계속될 때 쓴다. 형태는 「주어+had+been+동사~ing」이다.

Sam fell ill because she **had been working** too hard. Sam은 너무 열심히 일해서 아팠다.

We **had been walking** since sunrise, and we were very hungry.
우리는 해뜰때부터 걸어서 몹시 배고팠다.

■ 미래완료시제(future perfect)

미래완료시제란 현재의 시점에서 미래 어느 시점까지 완료될 사건을 예상하여 표현하는 시제이다. 형태는 「주어+will+have+과거분사」이다.

He'll have finished the roof by Friday. 그는 지붕 일을 금요일까지 끝마칠 것이다.

We'll have been married for ten years on December 1st.
12월 1일이면 결혼한 지 10년이 되는거야.

Will he have arrived by the time we get there? 그가 우리가 갈 때까지 도착할까?

■ 미래완료진행시제(future perfect progressive)

미래완료진행시제란 현재의 시점에서 미래 어느 시점까지 계속될 일을 예상하여 표현하는 시제
이다. 형태는 「주어+will+have+been+동사~ing」이다.

Next month I'll have been teaching for ten years. 다음 달이면 10년 동안 가르치게 된다.

Next year I'll have been working at this company for twenty years.
내년이면 내가 이 회사에서 일한 지 20년이 된다.

Writing Pattern Practice

"문법학습의 최종목표는 문장을 만드는 것이다."

「주어 + had + 과거분사」 과거완료시제

▶ 내가 거기에 도착했을 때 Janet은 이미 떠났다.(When~)

「주어 + had + been + 동사-ing」 과거완료진행시제

▶ Sarah는 너무 열심히 일해서 아팠다.(fall ill, because)

▶ 우리는 해뜰 때부터 걸어서 몹시 배고팠다.(since sunrise, and)

「주어 + will + have + 과거분사」 미래완료시제

▶ 우리는 12월 1일에 결혼한 지 20년이 되는 거야.(be married)

「주어 + will + have + been + 동사-ing」 미래완료진행시제

▶ 다음 달이면 10년 동안 가르치고 있는 게 된다.

▶ 내년이면 내가 이 회사에서 20년 동안 일하고 있는 게 된다.

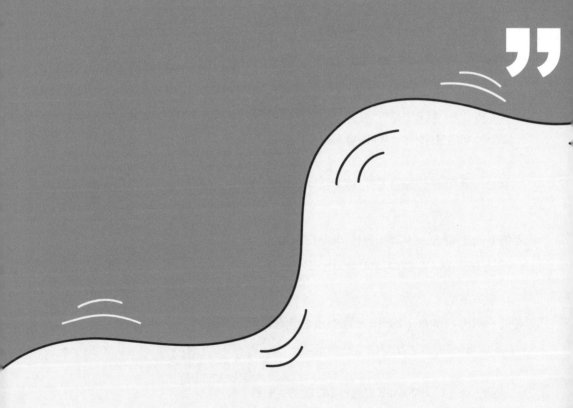

" to 부정사 혹은 부정사란

「to+동사원형」의 형태로,

문장 내에서 명사 · 형용사 · 부사의 역할을 할 때

사용되는데,

부정사는 그 형태에 따라서 **to부정사**와

원형 부정사 크게 둘로 나눌 수 있다. **"**

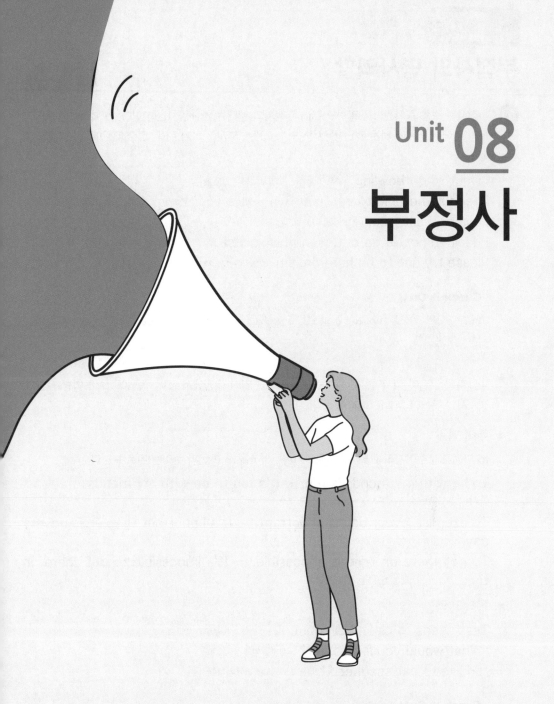

Unit 08
부정사

부정사의 명사역할

01 부정사란 보통 동사원형을 말하므로 to 부정사의 형태는 「to+동사원형」이다. to 부정사는 동사가 문장 안에서 명사(~하는 것), 형용사(~의, ~하는), 부사(~하기 위해서, ~ 때문에 등) 역할을 할 때 쓴다.

I want to go bowling. (명사 역할) 나는 볼링치러 가는 것을 원한다.
I need something to eat. (형용사 역할) 나는 먹을 것을 필요로 한다.
I came to see you. (부사 역할) 너를 보러왔다.
I decided not to go out. 나는 나가지 않기로 결정했다.
Please try not to be hard on him. 그를 너무 모질게 대하려하지마.

> **Check it Out!**
> to 부정사의 부정은 「not to+동사원형」이다. 혹은 구어체에서는 「to not+동사원형」을 쓰기도 한다.

02 「to+동사원형」이 명사역할을 할 때 일반 명사와 같이 문장에서 주어, 목적어, 보어 역할을 한다. 전치사의 목적어 역할은 하지 않는다.

■ **주어 역할**

to 부정사가 주어자리에 올 경우 주로 가짜주어 it을 쓰고 진짜 주어는 뒤로 보낸다.

To be with my friends is fun. → It's fun to be with my friends.
친구들과 함께 있는 것은 즐겁다.

To exercise every day is important. → It's important to exercise every day. 매일 운동하는 것은 중요하다.

To get there on time is impossible. → It's impossible to get there on time. 거기에 정각에 도착하기란 불가능하다.

■ **목적어 역할**

Tess needs to clean her room. Tess는 방을 치울 필요가 있다.
"What would you like to eat?" 무엇을 먹고 싶어요?
"I'd like to eat spaghetti." 나는 스파게티를 먹고 싶어요.

> **Check it Out!**
> 모든 동사가 to부정사를 목적어로 가질 수 있는 것은 아니다.

■ **보어역할**

My goal is to be a doctor. (주격보어) 내 목표는 의사가 되는 것이다.
My plan is to lose ten kilograms a month. (주격보어) 내 계획은 한 달에 10kg을 빼는 것이다.
I want you to come to my party. (목적격보어) 네가 내 파티에 왔으면 좋겠어.
I told you to come on time. (목적격보어) 내가 너한테 정각에 오라고 말했잖아.

"문법학습의 최종목표는 문장을 만드는 것이다."

주어 역할 '~하는 것은'

▶ 친구들과 함께 있는 것은 즐겁다.(fun) _____

▶ 영어를 배우는 것은 신난다.(exciting) _____

▶ 매일 운동하는 것은 중요하다. _____

▶ 스파게티를 만드는 것은 어렵다.(difficult) _____

▶ 여기서 택시를 잡는 것은 쉽지 않다.(catch a taxi)

_____

▶ 담배를 끊는 것은 어렵다.(hard, quit) _____

▶ 거기에 정각에 도착하기란 불가능하다.(get:도착하다)

_____

목적어 역할 '~하는 것을'

▶ 나는 볼링치러 가는 것을 원한다. _____

▶ Tess는 방을 치울 필요가 있다. _____

▶ Jane은 떠나지 않기로 결정했다. _____

▶ Rita는 가수가 되기를 희망한다. _____

▶ 나는 스파게티를 먹고 싶어요.('d like) _____

▶ 불을 끄는 것을 잊지마.(turn off) _____

▶ 비가오기 시작했다.(start) _____

▶ 나는 외식하는 것을 좋아한다. _____

▶ Jane은 방 치우는 것을 싫어한다. _____

▶ 나는 최선을 다하기 위해 노력했다.(do) _____

▶ 당신은 샌드위치 드실래요?(Would you like~) _____

보어 역할 '~하는 것이다'

▶ 내 꿈은 의사가 되는 것이다. _____

▶ 나는 너가 내 파티에 왔으면 좋겠어. _____

▶ 너는 내가 가수가 되었으면 좋겠어? _____

▶ 내가 너한테 정각에 오라고 말했잖아. _____

▶ 엄마는 항상 나에게 공부 열심히 하라고 말씀하신다.

_____

부정사의 형용사 역할

01 「to+동사원형」이 형용사 역할을 할 때는 수식하는 명사 뒤에 쓴다.

- 할 일: something to do

  I have something to do. 나는 할 일이 있다.

- 먹을 음식: food to eat

  There is no food to eat. 먹을 음식이 없다.

- 쓸 돈: money to spend

  He has a lot of money to spend. 그는 쓸 돈이 많이 있다.

- 만날 친구들: friends to meet

  I have some friends to meet today. 나는 오늘 만날 친구들이 좀 있다.

- 마실 물: water to drink

  Give me some water to drink. 마실 물 좀 줘.

02 수식 받는 명사가 전치사의 목적어인 경우, to 부정사 뒤에 전치사를 쓴다.

to부정사가 명사를 꾸밀 때, 명사가 to부정사의 목적어이고 to부정사의 동사가 자동사인 경우 '전치사'가 필요하다.

Give the children some toys to play.(x)
Give the children some toys to play with.(o) 아이들에게 가지고 놀 장난감을 줘라.

- 앉을 의자: a chair to sit on

  There are no chairs to sit on. 앉을 의자가 없다.

- 점심 같이 먹을 친구: a friend to have lunch with

  I want a friend to have lunch with. 나는 점심 같이 먹을 친구가 필요하다.

- 쓸 것(필기도구): something to write with

  I need something to write with. 나는 쓸 것이 필요하다.

- 쓸 것(종이): something to write on

  Please give me something to write on. 쓸 종이 좀 주세요.

- 말할 누군가: someone to talk to

  I need someone to talk to. 나는 말할 누군가가 필요하다.

03 「be+to부정사」

to부정사가 자동사의 보어역할을 한다.

- 예정 be going to, be supposed to

The plane is to take off tomorrow morning. 비행기가 내일 아침 이륙할 예정이다.

- 의무 should, must/ have to

  The medicine is to be taken after meals. 약은 식사 후 먹어야 한다.

- 가능 can, be able to

  Princess Stephanie was never to be seen. 스테파니 공주는 결코 볼 수 없었다.

- 운명 be doomed to

  You are never to see each other again. 너희들은 다시 만날 수 없다.

- 의도 would, intend to

  You need to improve your technique if you are to win.
  네가 이기고 싶으면 기술을 향상시켜야 한다.

Writing Pattern Practice

"문법학습의 최종목표는 문장을 만드는 것이다."

명사 + to부정사

▶ 할 일 _____

▶ 나는 할 일이 있다. _____

▶ 먹을 음식 _____

▶ 먹을 음식이 없다. _____

▶ 만날 친구들 _____

▶ 나는 오늘 만날 친구들이 있다. _____

명사 + to부정사 + 전치사

▶ 영어공부 같이 하는 친구 _____

▶ 나는 영어공부 같이 하는 친구가 필요해. _____

▶ 점심 같이 먹을 친구 _____

▶ 나는 점심 같이 먹을 친구가 필요하다. _____

▶ 쓸 것(종이) _____

▶ 내게 쓸 종이 좀 주세요.(Please~) _____

▶ 말할 누군가 _____

▶ 나는 말할 누군가가 필요하다. _____

부정사의 부사 역할

01 to+V가 문장에서 부사역할

「to+동사원형」은 문장 안에서 부사 역할을 하여 동사나 형용사 등을 꾸며주기도 한다.

02 목적: ~하기 위해서, ~하려고

I came here to see Henry. 나는 여기에 Henry보러 왔어요.
He did his best to win the game. 그는 게임에서 이기기 위해 최선을 다했다.

03 원인: ~하니까, ~해서

It's nice to meet you. 만나서 반가워요.
I'm glad to hear that news. 그 소식을 들으니 기뻐.

04 이유, 판단의 근거: ~하다니, ~을 보니

You were foolish to do something like that. 그런 행동을 하다니 너는 어리석었다.
You must be a genius to solve the problem. 그 문제를 해결하다니 너는 천재임에 틀림없다.

05 결과: ~해서 ...하다

He grew up to be a great singer. 그는 자라서 훌륭한 가수가 되었다.
Her mother lived to be eighty. 그녀의 어머니는 80세까지 사셨다.

06 형용사 수식: ~하기에

This book was fun to read. 이 책은 읽기에 재미있었다.
This river is very dangerous to swim in. 이 강은 수영하기에 매우 위험하다.

07 형용사 뒤에 쓰이는 to부정사

형용사 뒤에 쓰이는 to부정사는 보통 형용사를 꾸며주는 부사 역할을 한다. 부정사와 자주 쓰이는 형용사들은 다음과 같다.

nice	glad	pleased	sorry	afraid
lucky	likely	willing	ready	eager(간절히 원하는)

It was nice to hear from you. 네 소식을 듣게 되어 반가웠어.
I was glad to see you. 너를 봐서 반가웠어.
I was sorry to call so late. 너무 늦게 전화해서 미안했어.
Are you afraid to be alone in the dark? 어둠속에 혼자 있는 것이 두렵니?
It's likely to rain. 비가 올 것 같다.
Are you ready to order? 주문할 준비 되셨습니까?

"문법학습의 최종목표는 문장을 만드는 것이다."

목적: ~하기 위해서, ~하려고

▶ 나는 여기에 Henry를 보러 왔어요.

▶ 나는 늦지 않기 위해 서둘렀다.

▶ 그는 게임에서 이기기 위해 최선을 다했다.

▶ Mandy는 코트를 사기 위해 쇼핑 갔다.

▶ Charlie는 일본어를 배우기 위해 도쿄에 갔다.

원인: ~하니까, ~해서

▶ 당신을 만나서 반가워요.(It's nice~)

▶ 네 소식을 들으니 좋다.(good, hear from you.)

▶ 나는 그 소식을 들으니 기뻐.(glad)

▶ 나는 그것을 들으니 행복해.(hear that)

이유, 판단의 근거: ~하다니, ~을 보니

▶ 그런 행동을 하다니 너는 바보임에 틀림없다.

▶ 아빠가 새로운 직업을 구하시다니 행운이셨다.(get)

결과: ~해서 ...하다

▶ 그는 자라서 훌륭한 가수가 되었다.

▶ 그녀의 어머니는 80세까지 사셨다.

형용사 수식: ~하기에

▶ 이 책은 읽기에 재미있다.(fun)

▶ 이 강은 수영하기에 매우 위험하다.

▶ 그 영화는 이해하기 어렵다.

▶ 그는 비위맞추기 힘들다.(please)

▶ 네 소식을 듣게 되어 반가웠어.(nice)

▶ 비가 올 것 같다.(likely)

▶ 나는 곧 너를 기꺼이 보고 싶다.(willing)

▶ 너는 나갈 준비 되었니?

부정사의 의미상 주어

01 부정사의 의미상의 주어

to부정사는 동사의 변형된 형태로 동사처럼 to부정사 또한 그 동작의 주체가 있게 된다. 이를 부정사의 의미상의 주어라고 하는데 문장의 주어와 일치하거나 일반인일 경우 밝히지 않기도 한다.

■ 의미상 주어를 밝히는 경우

· 보통 「for + 목적격」 형태로 to부정사 앞에 쓴다.

It's difficult for me to get up early. 내가 일찍 일어나는 것은 어렵다.
It's unusual for him to joke. 그가 농담을 하는 것은 이례적인 일이다.

· 다음과 같이 사람의 성질을 나타내는 형용사가 사용된 경우 「of + 목적격」 형태로 쓴다.

brave	bad	careful	careless	clever
stupid	foolish	polite	nice	kind
cruel(잔인한)	sweet(다정한)	generous(관대한)	considerate(사려깊은)	

It was careless of you to say that. 그런 말을 하다니 부주의했어.
It was sweet of you to remember my birthday. 내 생일을 기억하다니 고마웠어.

02 의미상 주어를 밝히지 않는 경우

■ 의미상의 주어가 문장의 주어와 일치하는 경우

I want to be a singer. (의미상의 주어 : I) 나는 가수가 되고 싶다.

■ 의미상의 주어가 문장의 목적어와 일치하는 경우

I want you to be a singer. (의미상의 주어 : you) 나는 네가 가수가 되었으면 좋겠다.

■ 의미상의 주어가 일반인 주어일 경우

It's important to exercise regularly. (의미상의 주어 : everybody) 정기적으로 운동하는 것은 중요하다.

03 to+V의 시제와 부정

■ to부정사의 시제

· **단순시제** : 「to + 동사원형」

본동사의 시제와 같으나 나중(미래) 시제를 의미한다.

I want to see the manager. 나는 매니저를 만나고 싶어.

· **진행시제** : 「to + be + 동사-ing」

진행시제는 본동사와 같은 시점에 진행 중인 동작을 의미한다.

He seems to be studying in his room. 그는 방에서 공부 중인 것 같다.

- **완료시제** : 「to + have + pp」

  완료시제는 본동사보다 과거의 사실을 의미한다.

  I'm sorry to have kept you waiting. 기다리게 해서 미안합니다.

04 to부정사의 부정

to부정사 앞에 not, never 등의 부정어를 쓴다.

I tried not to bother my father. 나는 아버지를 귀찮게 해드리지 않기 위해 노력했다.

I'm sorry not to have called you. 너에게 전화 못해서 미안해.

Writing Pattern Practice

"문법학습의 최종목표는 문장을 만드는 것이다."

It's ~ for+목적격+to 부정사

▶ 이 바지는 너가 입기에 너무 크다. _____

▶ 이 물은 내가 마시기에 너무 뜨겁다. _____

▶ 그가 일찍 일어나는 것은 불가능하다. _____

▶ 그들이 당장 여기에 오는 것은 어렵다. _____

의미상의 주어: of+목적격 : It's kind, nice, sweet, stupid, careless, rude 등 + of+목적격+to 부정사

▶ 내 생일을 기억하다니 너는 다정하구나. _____

▶ 그런 말을 하다니 그는 부주의했어. _____

▶ 나를 도와주다니 너는 친절하다. _____

▶ 너가 내게 이메일을 보내서 좋았어.(nice) _____

▶ 그에게 고함지르다니 너는 무례했다.(yell at) _____

의미상 주어생략: 의미상 주어가 문장의 주어나 목적어와 같을 때

▶ 나는 나가고 싶다.(want) _____

▶ 나는 네가 정각에 오기를 원한다. _____

의미상 주어생략: 의미상 주어가 일반인이거나 이미 알고 있을 경우

▶ 부지런한 것은 좋은 것이다. _____

부정사를 주로 쓰는 동사들

01 「동사 + to부정사」

다음은 to부정사를 목적어로 가지는 동사들이다.

agree	ask	decide	expect	fail	hope
offer	promise	refuse	want	wish	plan

I want to go alone. 나는 혼자 가기를 원한다.
We expected to be late. 우리는 늦을 거라고 예상했다.
What made you decide to quit your job? 왜 회사를 그만둘 결심을 한 거야?
Do you promise to pay me back? 돈 갚는다고 약속하는 거지?

02 「동사 + 목적어 + to부정사」

다음은 to부정사 앞에 목적어를 써서 「동사+목적어+ to부정사」 형태로 쓸 수 있는 동사들이다.

advise	allow	ask	expect	force	get	invite
order	remind	teach	tell	want	would like	

I want you to come to my birthday party. 나는 네가 내 생일파티에 왔으면 좋겠어.
I didn't expect her to come this early. 나는 그녀가 이렇게 빨리 오리라고는 예상하지 못했다.
Who taught you to swim? 누가 너에게 수영하는 것을 가르쳐줬니?
Please remind me to call Ann tomorrow. 내일 Ann에게 전화할 것을 상기시켜줘.
Did you ask him to get your car? 차를 가지고 와 달라고 그 사람한테 부탁했니?

03 「의문사 + to부정사」

「의문사 + to부정사」는 명사역할을 하면서 문장에서 주로 목적어 역할을 한다. 의문사 중 why를 사용한 「why + to부정사」구문은 쓰지 않는다.

「what + to부정사」 무엇을 ~해야 할지	「how + to부정사」 어떻게 ~해야 할지
「when + to부정사」 언제 ~해야 할지	「where + to부정사」 어디에서 ~해야 할지
「who(m) + to부정사」 누구와/누구를 ~해야 할지	「whether + to부정사」 ~를 할지 혹은 하지말지

I don't know what to say. 나는 무엇을 말해야 할지 모르겠다.
(= I don't know what I should say.)
I don't know how to thank you! 이거 고마워서 어쩌지!
Do you know how to use this machine? 이 기계를 어떻게 사용해야하는 지 아니?
(= Do you know how I should use this machine?)
After the interviews he will get an idea of who to hire.
인터뷰 후에 그는 누구를 고용할지 알게 될거다.

"문법학습의 최종목표는 문장을 만드는 것이다."

「동사+to부정사」

▶ 나는 혼자 가기를 원한다. ------------------------------------

▶ 나는 네 소식을 듣고 싶다.(hope to hear) ------------------------------------

▶ 우리는 늦을 거라고 예상했다. ------------------------------------

▶ 우리는 유럽으로 갈 계획이다.(I'm planning~) ------------------------------------

「동사+목적어+to부정사」

▶ 나는 네가 내 생일파티에 왔으면 좋겠어. ------------------------------------

▶ 나는 그녀가 이렇게 빨리 오리라고는 예상하지 못했다.

▶ 누가 너에게 수영하는 것을 가르쳐줬니? ------------------------------------

▶ 내일 Ann에게 전화할 것을 상기시켜줘.(Please remind~)

「의문사+to부정사」

▶ 나는 무엇을 말해야 할지 모르겠다. ------------------------------------

▶ 너는 이 기계를 어떻게 사용해야하는 지 아니? ------------------------------------

▶ 나는 누구를 초대해야 할 지 모르겠어. ------------------------------------

▶ 그녀의 편지에 답장을 해야 할 지 결성 못하겠어.

독립부정사 및 기타

01 독립부정사

to 부정사를 포함한 어구가 하나의 의미로 문장전체를 꾸며 주는 경우가 있다. 이를 독립부정사라고 한다.

To make matters worse 설상가상으로
To make matters worse, I fell down on my way here. 설상가상으로 오는 길에 넘어졌어.

To tell the truth 사실을 말하자면
To tell the truth, I don't want to sell my house. 사실, 집을 팔고 싶지는 않아.

Strange to say 이상하게 들리겠지만
Strange to say, but I don't want to make much money.
이상하게 들리겠지만 돈을 많이 벌고 싶지는 않아.

02 「in order to + 동사원형」

「in order to~」는 '~하기 위하여'라는 목적을 나타내는 표현으로 주로 일상생활에서는 in order를 생략하고 to부정사만 쓴다. (in order) to는 「so that + 주어 + can(could)/won't (wouldn't)~」와 바꿔 쓸 수 있다.

I sat down (in order) to rest. 나는 쉬려고 앉았다.
(= I sat down so that I could rest.)
I studied English (in order) to have a better chance of getting a job.
나는 좀 더 좋은 직장을 구할 수 있는 기회를 얻으려고 영어를 공부했다.
(= I studied English so that I could have a better chance of getting a job.)

03 「too + 형용사/부사 + to + 동사원형」

'너무 ~해서 …할 수 없다'라는 뜻으로 「so + 형용사/부사 + that + 주어 + can't/couldn't~」로 바꿔 쓸 수 있다.

I was too tired to finish my work. 나는 너무 피곤해서 일을 끝마칠 수 없었다.
(=I was so tired that I couldn't finish my work.)
They spoke too fast for us to understand. 그들은 우리가 이해하기에 너무 빨리 말했다.
(=They spoke so fast that we couldn't understand.)

04 「형용사/부사 + enough + to + 동사원형」

'~하기에 충분히 …하다'라는 뜻으로 「so + 형용사/부사 + that + 주어 + can/could~」로 바꿔 쓸 수 있다.

Sally is old enough to do what she wants.
Sally는 자신이 원하는 것을 할 수 있을 만큼 충분히 나이를 먹었다.
(=Sally is so old that she can do what she wants.)

Benny was experienced enough to do the job.
Benny는 그 일을 하기에 충분한 경력이 있었다.

(=Benny was so experienced that he could do the job.)

05 「the last + 명사 + to + 동사원형」

'~할 마지막 …이다,' 즉 '결코 ~하지 않을 …이다'라는 뜻이다.

Shiela is the last one to know the truth.
Shiela는 진실을 알 마지막사람이다. → Shiela는 진실을 결코 모를 사람이다.

Tom is the last one to tell a lie.
Tom은 거짓말을 할 마지막 사람이다. → Tom은 결코 거짓말을 할 사람이 아니다.

Writing Pattern Practice

"문법학습의 최종목표는 문장을 만드는 것이다."

「(in order) to+동사원형」=「so that ~can(could)/won't(wouldn't)」

▶ 나는 공부하려고 앉았다.(rest) ----------------------------------

▶ 난 어젯밤 일을 사과하려고 기다리고 있었어. ----------------------------

「too+형용사/부사+to+동사원형」=「so+형용사/부사+that+주어+can't/couldn't~」

▶ 나는 너무 피곤해서 일 하러 갈 수 없었다. ----------------------------

▶ 내 의견을 말하자면, 너무 좋은 조건이라 믿기 힘든 걸.

「형용사/부사+enough to+동사원형」=「so+형용사/부사+that+주어+can/could~」

▶ Benny는 그 일을 하기에 충분히 경력이 있었다.

▶ 네가 충분히 이해하기에 시간이 분명 많이 걸렸다.

「the last+명사+to+동사원형」 …을 하지 않을 사람이다, …을 마지막으로 한 사람이다

▶ Shiela는 진실을 알 마지막 사람이다.(one) ------------------------

▶ Tom은 거짓말을 할 마지막 사람이다.(one) ------------------------

▶ 게일이 내 컴퓨터를 마지막으로 쓴 사람이야. ------------------------

"

동사원형에 ~ing를 붙인 형태로,
「...하는 것」이라는
명사적 의미를 갖게 된다.
또한 to 부정사와 달리 동명사는
주어, 목적어, 보어 등의 명사 자리에만 사용된다.

"

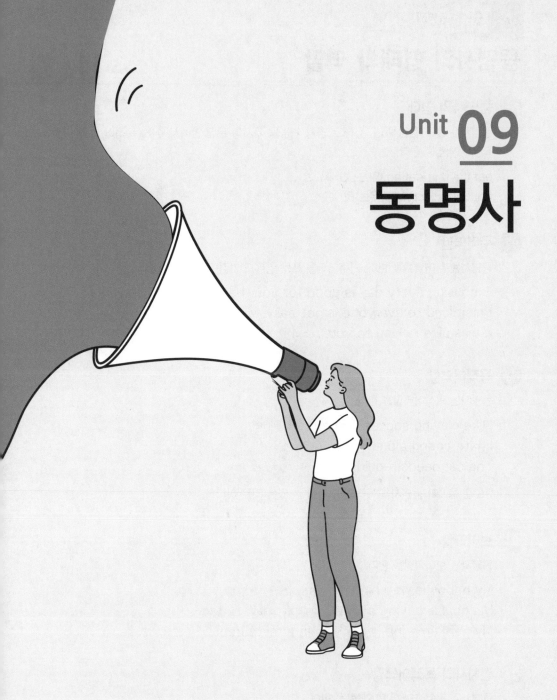

Unit 09

동명사

동명사의 형태와 역할

01 동명사의 형태

동명사는 「동사원형+ing」 형태로 명사 기능을 가지며 문장 안에서 주어, 목적어, 보어, 전치사의 목적어 역할을 한다.

eat (먹다) → eating (먹는 것)
cry (울다) → crying (우는 것)

02 주어역할

동명사는 주어역할을 한다. 가주어 it을 쓰는 경우도 가끔 있다.

Exercising every day is good for your health. 매일 운동하는 것은 건강에 좋다.
Being kind to everyone is not easy. 모두에게 친절하기란 쉽지 않다.
It was nice talking to you. 너와 이야기 한 것은 좋았어.

03 목적어역할

동명사는 목적어역할을 한다.

I like playing soccer. 나는 축구하는 것을 좋아한다.
I hate eating alone. 나는 혼자 먹는 것을 싫어해.
The car needs repairing. 그 차는 수리를 필요로 한다.

* 모든 동사가 동명사를 목적어로 가질 수 있는 것은 아니다.

04 보어역할

동명사는 보어역할을 한다.

My hobby is watching movies. 나의 취미는 영화를 보는 것이다.
His goal is buying a BMW. 그의 목표는 BMW를 사는 것이다.
My part time job is cooking in a restaurant. 내 부업은 식당에서 요리하는 것이다.

05 전치사의 목적어역할

동명사는 전치사의 목적어역할을 한다.

Thank you for helping me. 나를 도와줘서 고마워.
I feel like dancing. 나는 춤추고 싶은 기분이다.
I'm used to sleeping on the bus. 나는 버스에서 자는 데 익숙하다.

* 전치사가 to일 경우 to부정사의 to와 잘 구분해야 한다.

Writing Pattern Practice

"문법학습의 최종목표는 문장을 만드는 것이다."

주어역할

▶ 매일 운동하는 것은 건강에 좋다.

▶ 모두에게 친절하기란 쉽지 않다.

▶ 매일 일찍 일어나는 것은 어렵다.

▶ 너와 이야기 한 것은 좋았어.(nice)

▶ 거기에 한시간만에 도착한 것은 불가능해요.(get there)

목적어역할

▶ 나는 축구하는 것을 좋아한다.

▶ 나는 혼자 먹는 것을 싫어해.

▶ 그 차는 수리를 필요로 한다.

▶ 나는 모든 종류의 영화 보는 것을 즐긴다.(all kinds of movies)

▶ 그는 담배를 끊었다.

▶ 덜 먹는 것이 네 건강에 좋다.(eat less)

▶ 눈이 오기 시작했다.(start)

▶ 눈이 그쳤다.

보어역할

▶ 나의 취미는 영화를 보는 것이다.

▶ 그의 목표는 변호사가 되는 것이다.

▶ 중요한 것은 매일 운동하는 것이다.

▶ 내가 좋아하는 스포츠는 테니스치는 것이다.(favorite)

전치사의 목적어역할

▶ 나를 도와 준 것 고마워.(Thank you for~)

▶ 나는 춤추고 싶은 기분이다.(feel like)

▶ 나는 버스에서 자는 데 익숙하다.(be used to)

▶ 나는 너를 돕는 것을 꺼리지 않는다.

▶ 나는 너를 보는 것을 손꼽아 기다리고 있다.(look forward to)

동명사의 시제와 부정

01 동명사의 완료시제 「having + 과거분사」

완료시제는 본동사보다 과거의 사실을 말할 때 쓴다.

I'm ashamed of having been rude. 나는 무례하게 군 것이 부끄럽다.
He admitted having robbed the bank. 그는 은행을 턴 것을 시인했다.

02 동명사의 부정

동명사 앞에 not, never 등의 부정어를 쓴다.

Would you mind not turning on the TV? TV를 켜지 말아 주시겠어요?
Jerry is angry about not having been invited. Jerry는 초대받지 못한 것에 대해 화가 나있다.
I'm proud of never having cheated before. 나는 커닝을 해보지 않은 것이 자랑스럽다.

03 의미상의 주어를 밝히는 경우

동명사의 의미상 주어가 명사/ 대명사일 경우 소유격, 목적격 모두 사용한다. 보통 목적격을 사용할 경우 더 가벼운 표현이 되며(less formal) 의미상 주어가 무생물 명사일 경우 목적격을 사용한다는 점을 유의한다. 그리고 동사가 지각동사(see, hear, watch, feel 등)일 경우도 목적격을 주로 사용한다.

■ 의미상 주어로 소유격 사용

Does my smoking annoy you? 제가 담배 피워서 짜증나세요?
I was upset about Sarah's trying to lie to me. 나는 Sarah가 거짓말하려고 해서 화가 났다.

■ 의미상 주어로 목적격 사용

Do you mind me coming in? 제가 들어가도 될까요?
We're sure of the rumor being true. 우리는 그 소문이 사실일 것이라고 확신한다.
I saw him getting off the bus. (hear, watch, feel 등) 나는 그가 버스에서 내리는 것을 봤다.

04 의미상의 주어를 밝히지 않는 경우

■ 의미상의 주어가 주어나 목적어와 일치하는 경우

I feel like my(X) going for a walk. 나는 산책하고 싶다.

■ 의미상의 주어가 일반인 주어일 경우

Our(X) Exercising every day is good for health. 매일 운동하는 것은 네 건강에 좋다.

■ 누구나 알 수 있는 주어일 경우

Thank you for your(X) coming. 와줘서 고마워.

「동사-ing」 동명사의 명사역할

▶ 독서는 재미있다.(read)　　　　 ------------------------------------

▶ 나는 독서를 좋아한다.　　　　 ------------------------------------

▶ 내 취미는 독서이다.　　　　 ------------------------------------

▶ 나는 (지금) 영화보고 싶다.(feel like)　 ------------------------------------

「having+과거분사」 동명사의 완료시제

▶ 나는 무례하게 군것이 부끄럽다.(I'm ashamed of~, be rude)

「not, never+동사-ing」 동명사의 부정

▶ TV를 켜지 말아 주시겠어요?(Would you mind~)

▶ Jerry는 초대받지 못한 것에 대해 화가 나 있다.(angry about)

▶ 나는 전에 커닝을 해보지 않은 것이 자랑스럽다.(I'm proud of~, never)

의미상 주어로 소유격 사용

▶ 제가 담배 피워서 짜증나세요?(annoy)　 ------------------------------------

▶ 나는 Sarah가 거짓말하려고 해서 화가 났다.(upset about, try to lie)

의미상 주어로 목적격 사용

▶ 제가 들어가도 될까요?(Do you mind~)　 ------------------------------------

▶ 우리는 그 소문이 사실일 것이라고 확신한다.(We're sure of~)

▶ 나는 그가 버스에서 내리는 것을 봤다.(get off) ------------------------------------

의미상의 주어를 밝히지 않는 경우

▶ 나는 산책하고 싶다.(feel like, go for a walk)　 ------------------------------------

▶ 덜 먹는 것이 네 건강에 좋다.(eat less)　 ------------------------------------

▶ 기다려줘서 고마워.　　　　 ------------------------------------

동사+(목적어) ~ing

01 「동사 + 동사-ing」

다음은 동명사를 목적어로 갖는 동사들이다.

admit	appreciate	avoid	consider	delay
deny	dislike	enjoy	finish	forgive
give up	(can't) help	imagine	keep (on)	mind
suggest	(can't) stand	postpone(put off)		

I enjoy cooking. 나는 요리하는 것을 즐긴다.

He's finished repairing his car. 그는 차 수리하는 것을 끝마쳤다.

My uncle has given up smoking. 삼촌은 담배를 끊으셨다.

I can't help falling in love with you. 나는 너와 사랑에 빠지지 않을 수 없다.

The doctor suggested taking a long holiday. 의사선생님이 긴 여행을 떠나라고 제안하셨다.

I'm going to keep asking her until she says yes. 난 그녀가 좋다고 할 때까지 계속 조를 거야.

Would you mind explaining it to me? 이것 좀 설명해줄래?

I can't stand waiting in lines like this. 이렇게 줄서서 기다리는 건 못 참겠어.

02 「동사 + 목적어 + 동사-ing」

다음은 「동사 + 목적어 + 동명사」 형태를 취하는 동사들이다.

dislike	imagine	stop	spend	see	stop/prevent~(from)

I dislike people telling a lie. 나는 사람들이 거짓말하는 것을 싫어한다.

I can't imagine him cooking. 나는 그가 요리하는 것을 상상할 수 없다.

My grandpa spends all his time gardening. 할아버지는 정원일하면서 모든 시간을 보내신다.

I saw him getting out of the car. 나는 그가 차에서 내리는 것을 봤다.

This treatment will prevent cancer (from) developing.
이 치료가 암의 진행을 막을 것입니다.

We spend too much time commuting back and forth to work.
출퇴근에 너무 많은 시간이 걸리는 것 같아.

"문법학습의 최종목표는 문장을 만드는 것이다."

「동사+동사-ing」

▶ 나는 요리하는 것을 즐긴다.

▶ 그는 차 수리하는 것을 끝마쳤다.(repair)

▶ 삼촌은 담배를 끊으셨다.(My uncle has given up~)

▶ 나는 너와 사랑에 빠지지 않을 수 없다.

▶ 의사선생님이 긴 여행을 떠나라고 제안하셨다.(take a long holiday)

「동사+목적어+동사-ing」

▶ 나는 사람들이 거짓말하는 것을 싫어한다.(dislike)

▶ 나는 그가 요리하는 것을 상상할 수 없다.

▶ 할아버지는 정원일하면서 모든 시간을 보내신다.(all his time, gardening)

▶ 나는 그가 차에서 내리는 것을 봤다.(get out of)

▶ 이 치료가 암의 진행을 막을 것입니다.(This treatment~, developing)

동명사의 관용적표현들

01 「**There is no ~ing**」 ~하는 것은 불가능하다 (= It is impossible to~)

There is no telling what will happen in the future.

미래에 일어날 일을 말한다는 것은 불가능하다.

(= It is impossible to tell what will happen in the future.)

02 「**It is no use ~ing**」 ~해도 소용없다

It is no use crying over spilt milk. 엎질러진 우유를 놓고 울어봤자 소용없다.

03 「**cannot help ~ing**」 ~하지 않을 수 없다 (= cannot but + 동사원형)

I cannot help falling in love with you. 나는 너와 사랑에 빠지지 않을 수 없다.

(=I cannot but fall in love with you.)

04 「**be busy (in) ~ing**」 ~하느라 바쁘다

I've been busy working. (그동안) 일하느라 바빴다.

05 「**feel like ~ing**」 ~하고 싶다

I don't feel like going out tonight. 오늘 밤엔 외출할 기분이 나질 않는다.

06 「**go ~ing**」 ~하러 가다

Let's go hiking. 등산(하이킹) 가자.　　　Let's go dancing. 춤추러 가자.

Let's go fishing. 낚시하러 가자.　　　Let's go skiing. 스키타러 가자.

07 「**look forward to ~ing**」 ~하기를 손꼽아 기다리다

I look forward to seeing you. 뵙기를 손꼽아 기다릴게요.

08 「**get(=be) used to ~ing**」 ~에 익숙해지다 (= get(=be) accustomed to~)

I got used to driving a car after dark. 나는 저녁에 운전하는데 익숙해졌다

(=I got accustomed to driving a car after dark.)

I'm not used to living in Seoul. 나는 서울에 사는 것에 익숙하지 않다.

(=I'm not accustomed to living in Seoul.)

09 「**object to ~ing**」 ~하는 것을 반대하다

Do you object to working on Saturdays? 당신은 토요일 근무를 반대합니까?

⑩ 「have trouble ~ing」 ~에 문제가 있다

Did you have any trouble getting a visa? 비자를 받는데 문제가 있었니?

⑪ 「be worth ~ing」 ~할 가치가 있다

France is worth visiting. 프랑스는 방문할 가치가 있다.

⑫ 「What do you say to~?」 ~하는 게 어때? (= How about ~ing?)

What do you say to going on a picnic? 피크닉 가는 게 어때?
(=How about going on a picnic?)

⑬ 「On ~ing」 ~하자마자 (= As soon as 주어 + 동사)

On seeing the police officer, he ran away. 경찰관을 보자마자 그는 도망갔다.
(=As soon as he saw the police officer, he ran away.)

⑭ 「not(never) ... without ~ing」 ~하지 않고는 …하지 않는다

You can't make an omelette without breaking eggs.
〈속담〉 달걀을 깨지 않고 오믈렛을 만들 수는 없다.(희생없이 목적을 달성할 수 없다.)

Writing Pattern Practice

"문법학습의 최종목표는 문장을 만드는 것이다."

「There is no ~ing」 ~하는 것은 불가능하다/ 「It is no use ~ing」 ~해도 소용없다

▶ 미래에 일어날 일을 말한다는 것은 불가능하다.(tell, in the future)

「cannot help ~ing ~하지 않을 수 없다/ 「be busy (in) ~ing」 ~하느라 바쁘다

▶ 나는 웃지 않을 수 없었다.(laugh)   ---
▶ 나는 청소하느라 바쁘다.   ---

「feel like ~ing」 ~하고 싶다/ 「go ~ing」 ~하러 가다

▶ 등산(하이킹) 가자.   ---

부정사와 동명사에 따른 의미변화

01 to 부정사와 동명사 모두 목적어로 취하는 동사

to 부정사와 동명사 모두 목적어로 취하는 동사는 like, love, prefer, hate, start, begin, continue 등이다. 둘 사이의 의미 차이는 거의 없다.

It began to rain. = It began raining. 비가 오기 시작했다.

The children love swimming(=to swim) in the sea.
아이들은 바다에서 수영하는 것을 좋아한다.

Forgive my manners. I neglected introducing(=to introduce) myself.
죄송해요. 제 소개를 잘 못했네요.

02 동명사와 to 부정사 모두 목적어로 취하면서 서로 뜻이 달라지는 동사

동명사와 to 부정사 모두 목적어로 취하면서 서로 뜻이 달라지는 동사는 remember, forget, try 등이다.

- remember+동명사: ~한 것을 기억하다
- remember+to부정사: ~할 것을 기억하다

  Remember to go to see a doctor today. 오늘 병원 가는 거 기억해라.
  I remember seeing him once before. 지난번 그를 만난 거 기억한다.

- forget+동명사: ~한 것을 잊다(forget about ~ing의 형태로 주로 쓰인다)
- forget+to부정사: ~할 것을 잊다

  I forgot about calling you. 너에게 전화한 걸 잊었어.
  I forgot to call you. 너에게 전화할 것을 잊었어.

- try+동명사: 시험 삼아 ~해보다
- try+to부정사: ~하기 위해 노력하다

  I tried eating Mexican food. 나는 멕시코 음식을 먹어보았다.
  I tried to help him. 나는 그를 도우려 했다.

그 밖의 경우

- regret + 동명사 '~한 것을 후회하다'   regret+ to부정사 '~을 하게 되어 유감이다'
- need + 동명사 '~가 될 필요가 있다'   need + to부정사 '~할 필요가 있다'
- deserve + 동명사 '~가 될 자격이 있다'   deserve + to부정사 '~할 자격이 있다'

"문법학습의 최종목표는 문장을 만드는 것이다."

「동사+to부정사」와 「동사+동명사」가 의미가 같을 경우

▶ 나는 빗속을 걷는 것을 좋아한다.   ------------------------------------

▶ 또 비가 오기 시작했다.(It started~)   ------------------------------------

「동사+to부정사」와 「동사+동명사」가 의미가 다른 경우

▶ 나는 가능한 빨리 그것을 끝마치기 위해 노력했다.(~as quickly as I could.)

▶ 우리 같이 이 차를 밀어보면 어떨까?(Why don't we~)

▶ 나는 처음 자전거를 샀을 때를 기억한다.   ------------------------------------

▶ 나에게 이메일 보낼 것을 기억해라.(e-mail)   ------------------------------------

▶ 나는 Larry에게 전화할 것을 잊어버렸다.   ------------------------------------

▶ 나는 너를 만났던 것을 잊지 못할 거야.   ------------------------------------

▶ Sally는 그녀의 다른 문제들에 대해서 계속 얘기했다.(Sally went on to~)

▶ Cindy는 그녀의 남자친구에 대해서 몇 시간동안 이야기 했다.(for hours)

▶ 너는 운동을 더 할 필요가 있다.(get)   ------------------------------------

▶ 이 타이어는 교체될 필요가 있다.(changing)   ------------------------------------

▶ 그는 전부 A를 받을 자격이 있다.(get all As)   ------------------------------------

▶ 그의 기사가 읽혀질 가치가 있다고 생각하지 않는다.(I don't think~)

▶ 나는 쉬려고 멈췄다.   ------------------------------------

▶ 나는 뛰는 것을 멈추었다.   ------------------------------------

YES
you
CAN!

"

분사에는
「동사원형+~ing」꼴의 **현재분사**와
원칙적으로 「동사의 원형+~ed」형태인

과거분사가 있는데,
형용사처럼 명사를 서술해주거나
앞뒤에서 수식해주는 역할을 하게 된다.

"

Unit 10

분사

분사의 형태와 동사적 역할

01 현재분사와 과거분사

분사란 「동사-ing」 또는 「동사-ed」의 형태로 동사 본래의 성질을 가지고 있으면서 문장 안에서 본동사 또는 형용사 역할을 하는 것을 말한다.

	현재분사	과거분사
형태	동사-ing	동사-ed
의미	능동, 진행의 의미	수동, 완료의 의미
예	The news was really shocking. (능동) 그 소식은 정말 충격적이었다. We're dusting the furniture. (진행) 우리는 가구의 먼지를 털고 있다.	This house was built in 1950. (수동) 이 집은 1950년에 지어졌다. They've just got married. (완료) 그들은 방금 결혼했다.

02 분사의 동사적 역할

- 진행시제 : 「be동사 + 현재분사」 : ~하고 있는

  The water is boiling. 물이 끓고 있다.

  The population of the world is increasing very fast.

  세계인구가 매우 빠르게 증가하고 있다.

- 수동태 : 「be동사 + 과거분사」 : ~하여진

  English is used in many countries. 영어는 많은 나라에서 사용된다.

- 완료시제 : 「have + 과거분사」

  I've waited for Susie for an hour. 나는 Susie를 한 시간 동안 기다리고 있다.

Check it Out! 현재분사와 동명사의 차이

현재분사와 동명사는 동사에 -ing를 붙인 형태로 둘 다 모두 동사의 성질을 갖고 있다는 점에서 동일하나, 기능적으로 현재분사는 「진행」의 의미를 가지는 '형용사' 역할을, 동명사는 「용도」나 「목적」의 의미를 가지는 '명사' 역할을 한다.

[비교]

(현재분사) a **sleeping** baby 잠자고 있는 아기

(동명사) a **sleeping** pill 수면제 (취침하기 위한 약)

(현재분사) a **smoking** man 담배 피우고 있는 남자

(동명사) a **smoking** room 흡연실 (담배를 피우기 위한 방)

"문법학습의 최종목표는 문장을 만드는 것이다."

「be동사+현재분사」

▶ 물이 끓고 있다. ------------------------------------

▶ 세계인구가 매우 빠르게 증가하고 있다.(The population of the world~)

▶ 이번 주말에 존이 올라온데. ------------------------------------

▶ 귀사는 놀라울 정도로 참 잘 돌아가고 있군요! ------------------------------------

▶ 그가 탄 비행기가 정시에 도착하는지 알아봤니?

「be동사+과거분사」

▶ 영어는 많은 나라에서 사용된다.(many) ------------------------------------

▶ 다 용서했어요. ------------------------------------

▶ 어째서 지하실에 물이 가득찼니? ------------------------------------

▶ 초대손님으로 당신을 모시게 되어 저희도 영광입니다.

▶ 오늘밤 부모님댁에 가기로 돼있어. ------------------------------------

「have+과거분사」

▶ 나는 Susie를 한 시간 동안 기다려왔다. ------------------------------------

▶ 물론, 하지만 내가 레포트를 끝날 때까지는 안돼.

▶ 맙소사, 이번주에 나 정말 일 많이 했다. ------------------------------------

▶ 난 그녀와 헤어지기로 결정했어. ------------------------------------

▶ 일을 끝냈는지 알아볼게. ------------------------------------

분사의 형용사적 역할

01 명사 앞에서

명사 앞에서 수식하는 「분사 + 명사」. 분사가 단독으로 쓰였을 경우 명사 앞에서 수식한다.

A rolling stone gathers no moss. 구르는 돌은 이끼가 끼지 않는다.
Look at the dented car. 움푹 들어간 저 차를 봐라.

02 명사 뒤에서

명사 뒤에서 수식하는 「명사 + 분사」. 분사가 구를 동반할 경우 명사 뒤에서 수식한다.

The language spoken in Canada is English. 캐나다에서 사용되는 언어는 영어다.

03 주격보어 역할

「주어 + 동사 + 주격보어」의 형태로 현재분사는 주어와 능동적인 관계를, 과거분사는 주어와 수동적인 관계를 나타낸다.

Sally sat watching TV. Sally는 TV를 보면서 앉아 있었다.
That movie was so disappointing. 그 영화는 매우 실망스러웠다.
He sat surrounded by his fans. 그는 팬들에게 둘러싸인 채 앉아 있었다.

04 목적격보어 역할

목적격보어 역할하는 「주어 + 동사 + 목적어 + 목적격보어」. 현재분사는 목적어와 능동적인 관계를, 과거분사는 목적어와 수동적인 관계를 나타낸다. 「주어 + 동사 + 목적어 + 현재분사/과거분사」 형태를 취할 수 있는 동사는 see, hear, feel, watch, notice, smell, find 등이다.

I saw Jane standing at the bus stop. 나는 Jane이 버스 정류장에서 서있는 것을 봤다.
Have you ever heard a canary singing? 너는 카나리아가 노래 부르는 것 들어봤니?
I found her running away. 나는 그녀가 도망치는 것을 발견했다.
I heard my name called. 나는 내 이름이 불려지는 것을 들었다.

Grammar Point tiring vs. tired

과거분사, 현재분사는 모두 형용사의 역할을 할 수 있다. 하지만 tired와 tiring과 같은 단어는 해석을 할 때 주의해야 한다. 현재분사로 사용된 경우에는 능동적인 의미가 강조되어 「지치게 하는」으로 해석이 되고 과거분사인 tired는 무엇으로 인해 「지친」이라는 수동적인 의미로 쓰이게 된다. 아무 생각없이 쓰이면 문맥상 매끄럽게 해석되지 않으니 명심. 밤 늦게까지 야근을 하고나서 지쳤다는 뜻으로 "I'm tired"라고 할 것을 "I'm tiring"해버리면 「난 남을 지치게 만드는 사람입니다」라는 이상한 고백이 되는 것이다. 이외에도 헷갈리면 안되는 interested / interesting, bored / boring, excited / exciting도 같이 알아두면 유용할 것이다.

"문법학습의 최종목표는 문장을 만드는 것이다."

「분사+명사」

▶ 구르는 돌은 이끼가 끼지 않는다.(gather, no moss)

▶ 움푹 들어간 저 차를 봐라.(dented car) --

▶ 프레드와 정치에 대해 흥미진진한 토론을 나눴어.

▶ 길에 술취한 사람이 있다. --

「명사+분사」

▶ 캐나다에서 사용되는 언어는 영어다.(spoken) --

▶ 영어로 쓴 편지를 한 통 받았다 --

「주어+동사+분사(주격보어)」

▶ Sally는 TV를 보면서 앉아있었다. --

▶ 그 영화는 실망스러웠다.(That movie~) --

▶ 재미있는 영화였다. --

▶ 네 아버지와 얘기하던 여자애는 누구였어? --

「주어+동사+목적어+분사(목적격보어)」

▶ 나는 Jane이 버스 정류장에서 서있는 것을 봤다.

▶ 너는 카나리아가 노래 부르는 것 들어봤니?(a canary)

▶ 나는 그녀가 도망치는 것을 발견했다. --

▶ 확실하게 이해할 수 있겠니?(Can you make~, clearly)

▶ 나는 그가 콘서트홀에서 노래부르는 것을 보고 싶었어.

▶ 그렇게 싫은 소리만 해대는 데 나도 정말 진절머리나.

분사구문 만드는 법

01 분사구문

분사를 이용하여 부사절을 보다 간결한 부사구로 바꾼 것을 분사구문이라고 한다. 분사구문은 문장 중에서 때, 이유, 조건, 양보, 동시상황, 연속상황 등의 의미를 나타낸다.

02 분사구문 만드는 방법

1. 접속사를 없앤다.	As I got good grades, I was pleased. → ~~As~~ I got good grades, I was pleased. –①
2. 주절의 주어와 부사절의 주어가 같을 경우 부사절의 주어를 생략하고 *다를 경우 그대로 둔다.	→ ~~I~~ Got good grades, I was pleased. –② * As it was fine, we went out to walk. → It being fine, we went out to walk.
3. 주절의 주어와 부사절의 주어가 같을 경우 「동사원형+-ing」를 쓰고, *부사절의 시제가 주절의 시제보다 한 시제 앞설 경우 「Having+과거분사」형태를 쓴다.	→ <u>Getting</u> good grades, I was pleased. –③ * As I lost the money, I can't buy the book. → Having lost the money, I can't buy the book.
4. 부정어(never, not)는 분사구문 앞에 위치시킨다.	As I didn't get good grades, I was depressed. → Not getting good grades, I was depressed.

03 분사구문이 현재분사로 시작하지 않는 경우

분사구문은 보통 현재분사형으로 시작하는데, 예외도 있다.

■ **수동형 분사구문일 경우**

「being+pp」나 「having been+pp」에서 being이나 having been을 생략하는 경우가 많다.

(Being) Shocked at the news, I couldn't say a word.
그 소식에 놀라서 나는 아무 말도 할 수 없었다.

(Having been) Ripped off by the taxi driver, he got shocked.
택시 운전사에게 사기 당하고 그는 충격을 받았다.

(Being) Accepted for the job, I'll have to start at the beginning of next month. 일자리를 받아들여, 난 다음달 초에 일을 시작해야 될거야.

■ **완료형 분사구**

주절의 시제보다 앞선 때를 나타내는 경우 완료형(Having+p.p.~)을 쓸 수 있다.

Having seen him many times, I recognized him at once.(← As I had seen him many times,~) 몇 번 만난 적이 있으므로 나는 그를 금방 알아보았다.

- **부사절의 주어와 주절의 주어가 다를 경우**

  부사절의 주어를 생략하지 않는다.

  It being cold, **we didn't go out for dinner.** 추워서 외식하지 않았어.

  The teacher lecturing **to the class, I fell asleep.**(← While the teacher was lecturing to the class,) 선생님이 강의를 하고 계시는 동안 나는 잠이 들었다.

- **접속사의 의미를 분명하게 하고자 할 경우**

  분사 앞에 접속사를 생략하지 않을 수 있다.

  Though being **very sick, I went to school.**

  Before leaving **for work, I had breakfast.**(← Before I left for work,)

  > ### Check it Out! 분사구의 부정
  >
  > 분사앞에 not이나 never을 붙인다.
  >
  > **Not knowing** his e-mail address, I couldn't contact him.(← Since I didn't know his e-mail address,) 그의 이메일 주소를 알지 못했기 때문에 그에게 연락을 할 수 없었다.

Writing Pattern Practice

"문법학습의 최종목표는 문장을 만드는 것이다."

시간과 이유를 나타내는 분사구문

▶ 나를 봤을 때, 그는 도망갔다.(run away) _____

▶ 시간이 없었기 때문에, 나는 서둘렀다.(no time, hurry up)

_____

조건과 부대상황을 나타내는 분사구문

▶ 껌을 씹으면서, 그는 계속 말했다.(chew gum, keep talking)

_____

부정 분사구문

▶ 점심을 안 먹어서, 나는 배가 고팠었다.(have) _____

Being이 생략된 분사구문

▶ 직장에서 피곤해서, 나는 집에 일찍 왔다.(at work, come home)

_____

분사구문의 종류

01 때 : ~할 때

When you take a bath, you'd better not use a hair dryer.
→ Taking a bath, you'd better not use a hair dryer.
목욕할 때에는 드라이어를 사용하지 않아야 한다.

02 이유 : ~이므로

Because/ As I felt very tired, I went to bed early.
→ Feeling very tired, I went to bed early. 매우 피곤해서 일찍 잠자리에 들었다.

03 조건 : 만약 ~라면

If you turn to the left, you will find the bank.
→ Turning to the left, you will find the bank. 왼쪽으로 돌아가시면 그 은행을 찾으실 거예요.

04 양보 : ~일지라도

Although/ Though I understand why she did it, I still can't forgive her.
→ Understanding why she did it, I still can't forgive her.
그녀가 왜 그랬는지 이해는 되지만 그래도 난 그녀를 용서할 수가 없어요.

05 동시상황 : ~하면서(동시에)

Nina checked her e-mail while she was listening to the radio.
→ Jill checked her e-mail, listening to the radio. 질는 라디오를 들으면서 이메일을 확인했다.

06 연속상황 : ~하고 나서 이어

(Right) After I got dressed, I went out with my family.
→ Getting dressed, I went out with my family. 옷을 입고 나서 가족들과 밖에 나갔다.

07 분사구문의 위치

분사구문은 상황에 따라 문장의 맨 앞, 맨 뒤, 또는 문장의 중간에도 올 수 있다.

■ 문장의 앞, 중간 그리고 뒤에 오는 경우

Wearing dark glasses, the man could not see clearly.
어두운 안경을 써서 그 남자는 잘 볼 수 없었다.

The man, wearing dark glasses, could not see clearly.

The man could not see clearly, wearing dark glasses.

"문법학습의 최종목표는 문장을 만드는 것이다."

때 (~할 때)

▶ 목욕할 때에는 드라이어를 사용하지 않아야 한다.

▶ 길을 건널 때 조심해.(street)

이유 (~이므로)

▶ 매우 피곤해서 일찍 잠자리에 들었다.(feel)   --

▶ 돈이 없어서 그 집을 살 수 없다.   --

▶ 그 소식에 놀라 아무 말도 할 수 없었다.   --

조건 (만약 ~라면)

▶ 왼쪽으로 돌아가시면 그 은행을 찾으실 거에요.(turn to the left)

▶ 오른쪽으로 돌아서 2블럭 직진하세요.   --

양보 (~일지라도)

▶ 네가 하는 말을 이해는 하지만 나는 여전히 그것을 안 믿는다.(what you say)

동시상황 (~하면서 (동시에))

▶ Nina는 라디오를 들으면서 이메일을 확인했다. --

▶ 너 아무것도 안하고 거기 서 있을거야?   --

▶ 영화를 보면서 그는 잠이 들었다.   --

연속상황 (~하고 나서 이어)

▶ 옷을 입고 나서 가족들과 밖에 나갔다.(get dressed)

▶ 코트를 입고서 그는 외출했다.   --

분사구문의 부정

▶ 무엇을 해야 할지 몰라서 나는 그녀의 조언을 구했다.(what to do)

▶ 핸드폰이 없어서 전화를 걸 수 없었어.   --

독립분사구문

01 비인칭 독립분사 구문

분사구문의 의미상 주어가 we, you, they 등 일반인이 주어인 경우, 의미상 주어를 생략하고 쓰는 것이 보통이다. 이를 보통 「비인칭 독립분사구문」이라 한다.

02 자주 사용하는 비인칭 독립분사 구문

considering (that) ~을 감안한다면	judging from ~로 판단하건대
speaking of ~에 관해 말하자면	admitting that ~은 인정하지만
strictly speaking 엄밀히 말하자면	granted that ~은 인정하지만
compared with ~을 비교하면	frankly speaking 솔직히 말하자면
seeing that ~을 보면, ~이므로	provided that = providing that ~라면

Judging from his accent, he seems to be an American.
그의 억양으로 판단하건대 그는 미국인인 것 같다.

Speaking of bears, here is a story for you.
곰에 대해 말하자면 당신에게 해 줄 이야기가 있다.

Strictly speaking, she is not so good at math.
엄격히 말하면 그녀는 수학을 그렇게 잘하는 것이 아니다.

Granted that you were drunk, you should be responsible for your conduct.
술 취했다는 것을 인정한다 하더라도 당신은 당신 행동에 책임을 져야 한다.

Compared with last year, the birthrate in Korea has decreased.
작년과 비교해 한국의 출생률은 감소했다.

His English is not bad, **seeing that** he has learned it for six months.
영어를 배운지 겨우 6개월이라는 점에서 보면 그의 영어실력은 나쁘지 않다.

Provided that all your work is done, you may go home.
= **Providing that** all your work is done, you may go home.
일이 다 끝나면 당신은 집에 가도 좋다.

Grammar Point 독립분사구문

지금까지 우리가 공부한 분사구문들은 주절과 종속절의 주어가 같다는 전제하에 주어와 접속사를 생략하고 동사를 분사형으로 만들어줬다. 그렇다면, "While Susan came here, we were having dinner"와 같이 주절과 종속절의 주어가 다를 경우에는 어떻게 할까? 복잡하게 생각할 것 없이, "Susan coming here, we ~"와 같이 coming의 의미상 주어 Susan을 그대로 남겨 둔 「독립분사구문」을 만들면 된다.

그런데, "Frankly speaking ~"에서 보면 speaking하는 주체는 주절의 I가 아니라 「일반적인 사람들」이라고 할 수 있다. 따라서 원래대로라면 People frankly speaking ~이 되어야겠지만, we나 you, they, people 등과 같은 「일반인」이 분사구문의 의미상 주어인 경우에는 의미상 주어를 그냥 생략해버리는데, 이를 특히 「비인칭독립분사구문」이라고 하는데 하나의 숙어처럼 암기해두는 것이 좋다.

"문법학습의 최종목표는 문장을 만드는 것이다."

비인칭 독립분사 구문

▶ 그의 나이를 고려하면 그는 잘 보고 잘 듣는다.

▶ 그의 억양으로 판단하건대 그는 미국인인 것 같다.

▶ 당신이 술 취했다는 것을 인정한다 하더라도 당신 행동에 책임을 져야 한다.

▶ 솔직히 말해 나는 아직 숙제를 하지 않았다.

▶ 엄격히 말하면 그녀는 수학을 그렇게 잘하는 것이 아니다.

▶ 일이 다 끝나면 당신은 집에 가도 좋다.

▶ 영어를 배운지 겨우 6개월이라는 점에서 보면 그의 영어실력은 나쁘지 않다.

▶ 네가 공부를 열심히 하는 걸 보면 넌 잘 할거야.

▶ 그녀의 외모를 보건대 잠을 잘 못잤어.

--- ------------------------------

▶ 회의에 대해 말하자면, 우리는 오늘 오후에 하나 일정잡힌게 있어.

▶ 그가 돈을 훔친 것을 인정하지만, 그는 되돌려주겠다고 약속했어.

▶ 엄밀히 말해서, 난 내 학비를 낼 여유가 없어.

▶ 칼이 다정은 하지만 일을 잘 못해.

▶ 작년의 문제들에 비교해볼 때 금년은 대단할거야.

▶ 솔직히 말해서, 난 주식시장이 어려움에 처한 것 같아.

▶ 당신이 내 급여를 보장해준다면, 계약서에 서명하겠습니다.

----

with를 이용한 부대상황

01 with를 이용한 부대상황 「with + 명사 + 보어」

「with + 명사 + 보어」 구문은 '명사가 ~(보어)한 채로'라는 뜻으로 한꺼번에 두 가지 일을 말할
때 사용한다. 이때 보어가 분사일 경우, 명사와의 관계가 능동이면 현재분사, 수동이면 과거분사
를 사용한다.

■ 「with + 명사 + V-ing」

It was a misty morning, with little wind blowing. 바람이 거의 불지 않는 안개 낀 아침이었다.

■ 「with + 명사 + V-ed」

She is singing, with her eyes closed. 그녀는 눈을 감은 채로 노래를 부르고 있다.
With an eye bandaged, I could not read properly.
눈에 붕대를 감은 채 나는 제대로 읽을 수 없었다.

■ 「with + 명사 + 형용사/부사(구)」

Don't speak with your mouth full. 음식물을 입에 가득 넣은 채로 이야기하지 마라.
He was standing, with his hands in his pockets. 그는 손을 주머니에 넣은 채로 서 있었다.

02 자주 사용하는 with를 이용한 부대상황 표현

1. 「with + 명사 + V-ing」

with one's hair waving in the wind 머리카락을 바람에 날리면서
with one's dog following behind 개가 뒤에서 따르고
with one's jacket hanging on one's shoulder 상의를 어깨에 걸치고 *hang 매달리다, 걸리다

2. 「with + 명사 + V-ed」

with one's legs crossed(folded) 다리를 꼬고
with one's arms crossed 팔짱을 끼고
with one's eye bandaged 한쪽 눈을 붕대로 감고

3. 「with + 명사 + 형용사/부사(구)」

with a radio on/off 라디오를 켜놓은 채/꺼놓은 채
with one's mouth full 입안을 가득 채우고
with a smile on one's face 얼굴에 미소를 띠며
with a pipe in one's mouth 파이프를 입에 물고
with a hat on/off 모자를 쓴 채로/벗은 채로
with one's hand in one's pocket 손을 주머니에 찔러 넣은 채로

"문법학습의 최종목표는 문장을 만드는 것이다."

「with+명사+V-ing」

▶ 바람이 거의 불지 않는 안개 낀 아침이었다. _____

▶ 그녀는 머리카락을 바람에 날리며 오토바이에서 내렸다.

_____

▶ 나의 아들은 개가 뒤에서 따르면서 외출했다. _____

▶ Art는 상의를 어깨에 걸치고 방으로 들어왔다.

_____

「with+명사+V-ed」

▶ 그녀는 눈을 감은 채로 노래를 부르고 있다. _____

▶ 그 노인은 다리를 꼬고 지하철 의자에 앉았다. _____

▶ 그녀는 팔짱을 끼고 거기에 화나서 서 있었다. _____

▶ 나의 형은 한쪽 눈을 붕대로 감고 병원에서 나왔다.

_____

「with+명사+형용사/부사(구)」

▶ 음식물을 입에 가득 넣은 채로 이야기하지 마라.

_____

▶ 그는 손을 주머니에 넣은 채로 서 있었다. _____

▶ 그 택시기사는 라디오를 켜놓은 채로 정차하였다.

_____

▶ 그는 입안을 가득 채우고 우리에게 말하기 시작하였다.

_____

▶ 폴라는 얼굴에 미소를 띠며 문을 열었다. _____

▶ 그 교수는 파이프를 입에 물고 기숙사를 나왔다.

_____

▶ 추우니 모자를 쓰고 외출해라. _____

▶ 난 손을 주머니에 찔러 넣은 채로 혼자 서 있었다.

_____

" 수동(受動)이라는 말은
말그대로 동작을 「받는다」는 것.
그러므로 기본적으로 주어와 목적어가
동작을 주거니 받거니 상호작용을 할 수 있는
소위 타동사에 관해서만
얘기를 할 수 있는 개념이다. **"**

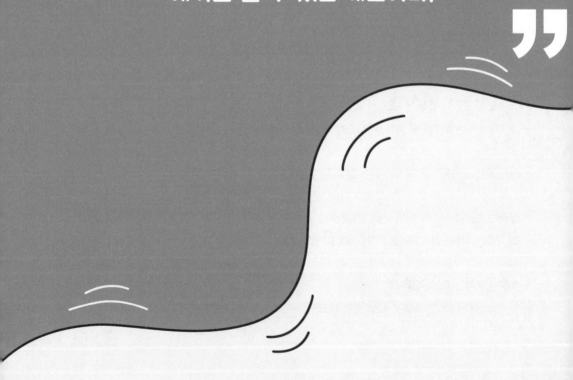

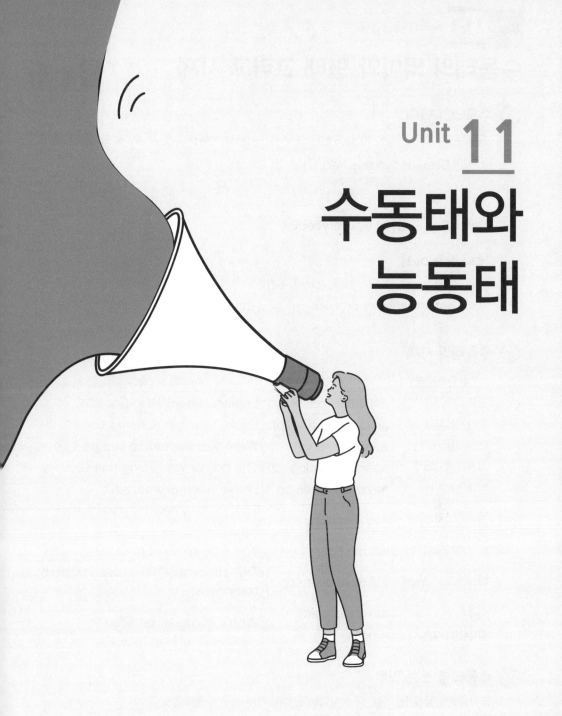

Unit 11
수동태와
능동태

수동태의 의미와 형태 그리고 시제

01 수동태의 형태

능동태는 행위의 주체가 주어로 표현된 형식이고 수동태는 행위의 대상이 주어로 표현된 형식이다.

능동태 : <u>Everybody</u> <u>loves</u> <u>her</u>.
           주어   동사   목적어

수동태 : <u>She</u> <u>is loved</u> <u>by everybody</u>.

> **Check it Out!**
>
> 수동태에서 「be+동사-ed」 대신 「get+동사-ed」를 쓰기도 한다.
>
> John **got arrested** for drunken driving yesterday. John은 어제 음주운전으로 체포되었다.

02 수동태의 시제

수동태시제	구조	예
현재시제	am/are/is+pp	English is spoken in Canada.
현재진행시제	am/are/is+being+pp	Look! Your car is being towed.
과거시제	was/were+pp	Were you invited to the party?
과거진행시제	was/were+being+pp	The house was being painted.
현재완료시제	have/has+been pp	I have been promoted.
과거완료시제	had+been+pp	The singer knew he had been forgotten.
미래시제(will)	will be+pp	You'll be told soon.
미래완료시제(will)	will have been+pp	This report will have been done by tomorrow.
미래시제 (be going to)	am/are/is going to be+pp	Who's going to be fired?

03 수동태를 쓰는 경우

행위에 영향을 받는 대상, 즉 목적어에 관심이 있는 경우 수동태를 쓴다.

Paper was invented **by the Chinese.** 종이는 중국사람들에 의해 만들어졌다.
Sally is being interviewed **now.** Sally는 지금 인터뷰를 받고 있다.

> **Check it Out!** 「by+행위자」를 생략하는 경우
>
> 행위자가 누구인지 중요하지 않거나 모르는 경우 또는 막연한 일반인인 경우에 생략한다.
>
> This building **was built** in 1960. 이 빌딩은 1960년에 지어졌다.
>
> Chinese **is spoken** in Singapore. 중국어는 싱가폴에서 쓰인다.

04 수동태를 쓰지 않는 경우

- 목적어를 취하지 않는 자동사는 수동태를 사용할 수 없다.

  I slept. → I was slept. (X)

  자동사라해도 전치사와 결합해 대상이 되는 명사가 생기면 수동태를 만들 수도 있다.

  〈능〉 Cindy is looking after her son. 신디는 자기 아들을 돌보고 있다.

  〈수〉 Her son is being looked after by Cindy.

- 수동태가 불가능한 타동사들도 있다. 주로 소유관계나 상태를 나타내는 동사들이다.

  have ~을 가지다   own ~을 소유하다   suit ~에 어울리다   resemble ~을 닮다 등

  He has a sense of humor. (O) 그는 유머감각이 있다.

  → A sense of humor is had by him. (X)

  This coat suits you very well. (O) 이 코트는 너에게 매우 잘 어울린다.

  → You are suited very well by this coat. (X)

Writing Pattern Practice

"문법학습의 최종목표는 문장을 만드는 것이다."

수동태 현재시제 「am/are/is+pp」/ 수동태 현재진행시제 「am/are/is+being+pp」

▶ 캐나다에서는 영어가 쓰인다.(speak)　　--

▶ 네 차가 견인되고 있다.　　--

수동태 과거시제 「was/were+pp」/ 수동태 과거진행시제 「was/were+being+pp」

▶ 그 파티에 초대되었니?　　--

▶ 그 집이 페인트칠해지고 있었다.　　--

현재완료시제 「have/has+been pp」/ 과거완료시제 「had+been+pp」

▶ Adam이 체포되었다.　　--

▶ 그 가수는 그가 잊혀졌다는 것을 알았다.　　--

미래시제(will) 「will be+pp」/ 미래완료시제(will) 「will have been+pp」

▶ 너는 곧 듣게 될거야.(tell)　　--

▶ 이 보고서는 내일까지 끝나게 될 거야.(do)　　--

다양한 수동태 만들기

01 명령문의 수동태

명령문은 주어를 쓰지 않는 것이 원칙이므로 수동태에서도 「by+행위자」를 쓰지 않는다.

- 긍정명령문 「Let+목적어+be+pp」

  〈능〉 Do it. → 〈수〉 Let it be done. 그것을 하게끔 해라.

- 부정명령문 「Let+목적어+not+be+pp」 또는 「Don't+let+목적어+be+pp」

  〈능〉 Don't do it. → 〈수〉 Let it not be done. (=Don't let it be done.)
  그것을 행해지지 않게 해라.

02 조동사가 있는 수동태

조동사 뒤에 be동사의 원형인 be를 쓴다. 「조동사+be+pp」

This report must be finished by tomorrow. 이 보고서는 내일까지 끝마쳐져야 한다.
May I be excused for a moment? 제가 잠시 실례해도 될까요?

03 to부정사의 수동태

to부정사 뒤에 be동사의 원형인 be를 쓴다. 「to부정사+be+pp」

I'm glad to be invited to the party. 나는 파티에 초대 되어서 기쁘다.
Most people like to be given presents. 대부분 사람들은 선물 받는 것을 좋아한다.

04 동명사의 수동태

be동사의 동명사 형태인 being을 쓴다. 「being+pp」

I hate being treated unfairly. 나는 불공평하게 취급받는 것이 싫어.
I don't like being told what to do. 나는 무엇을 할지 말 듣는 것을 좋아하지 않는다.

05 의문문의 수동태

- 의문사가 없는 의문문 「be동사+주어+p.p.」 「조동사+(주어)+be동사+p.p.」
  Was that sweater made by your mother? 그 스웨터는 어머니가 만드신 거니?
  Could Mr. Watson be fired? Watson 씨가 해고당할까?

- 의문사가 있는 의문문 「의문사+be+(주어)+p.p.」
  Who will be promoted? (← Who will they promote?(능))
  누가 승진할까요?

  Who was the house painted by? (← Who painted the house?(능))
  What is this called in English?(← What do *you call this in English?(능))
  이것을 영어로 뭐라고 부르죠? *you가 일반인이기 때문에 수동태문장에서 생략되었다.

"문법학습의 최종목표는 문장을 만드는 것이다."

「Let+목적어+be+pp」, 「Let+목적어+not+be+pp」 또는 「Don't+let+목적어+be+pp」 명령문의 수동태

▶ 그것을 하게끔 해라.(do) ------------------------------

▶ 그것을 행해지지 않게 해라.(do) ------------------------------

▶ 이 칼이 만져지지 않게 해라.(touch) ------------------------------

「조동사+be+pp」 조동사가 있는 수동태

▶ 이 보고서는 내일까지 끝마쳐져야 한다. ------------------------------

▶ 제가 잠시 실례해도 될까요?(for a moment) ------------------------------

▶ 너는 100달러를 받을 거야.(will, give) ------------------------------

「to 부정사+be+pp」 to 부정사의 수동태

▶ 나는 파티에 초대 되어서 기쁘다. ------------------------------

▶ 대부분 사람들은 선물 받는 것을 좋아한다. ------------------------------

「being+pp」 동명사의 수동태

▶ 나는 불공평하게 취급받는 것이 싫어.(unfairly)------------------------

▶ 나는 무엇을 할지 말 듣는 것을 좋아하지 않는다.(tell, what to do)

▶ 아무도 계속 기다리게 되는 것을 좋아하지 않는다.(Nobody, keep waiting)

「by+행위자」가 생략된 수동태

▶ 이 빌딩은 1960년에 세워졌다. ------------------------------

▶ 내 차는 어제 도난당했다. ------------------------------

▶ 중국어는 싱가폴에서 쓰인다. ------------------------------

by만 오는게 아냐

01 by 대신 사용되는 전치사

능동태 문장을 수동태 문장으로 전환할 때 능동태 문장의 주어는 수동태 문장에서 주로 전치사 by 뒤에 위치시킨다. 하지만 이때 내용상이나 관용적으로 by 이외에 다른 전치사를 쓰기도 한다.

- **전치사 to를 쓰는 경우: '~에게,' '~에'**

be known to ~에게 알려지다	be sent to ~에게 보내지다
be engaged to ~와 약혼하다	be accustomed to ~에 익숙해지다

Eric is known to everybody in this town. Eric은 이 마을의 모든 사람들에게 알려져 있다.
I'm not accustomed to making a speech in public.
나는 사람들 앞에서 이야기하는 것에 익숙하지 않다.

be known 다음에 항상 to가 오는 것이 아니라 상황에 따라 be known by(~에 의하여 알 수 있다), be known for(~로 유명하다), be known as(~로 알려져 있다) 등처럼 다양한 전치사 가 올 수 있다.

- **전치사 with를 쓰는 경우: '~로,' ' ~(상황)과 함께'**

be satisfied with ~에 만족하다	be pleased with ~에 기뻐하다
be covered with ~으로 가득 차 있다	be impressed with ~에 감명받다

I'm satisfied with my new job. 나는 내 새로운 일에 만족한다.
I was impressed with his speech. 나는 그의 연설에 감명받았다.

- **전치사 at을 쓰는 경우: '(어떤 정보)에'**

be surprised at ~에 놀라다	be shocked at ~에 충격받다
be disappointed at ~에 실망하다	

I was surprised at the news. 나는 그 소식에 놀랐다.

- **전치사 about을 쓰는 경우: '(어떤 상황)에 대해'**

be concerned about ~에 대해 걱정한다	be worried about ~에 대해 걱정한다

I'm worried about your health. 나는 네 건강을 걱정하고 있어.
We're concerned about rising gas prices. 우리는 휘발유 가격 상승에 대해 염려하고 있다.

02 동사구의 수동태

두 개 이상의 단어가 모여서 동사 역할을 하는 것을 동사구(「동사 + 부사/전치사」, 「동사 + 명사/부사 + 전치사」)라고 한다. 이때 동사구는 하나의 동사처럼 취급하여 수동태를 만든다.

〈능〉「주어+ 동사구+목적어」

→ 〈수〉「주어(능동태 문장의 목적어) + be동사 + 동사구(pp형태) (+ by + 행위자)」

〈능〉 Everybody laughed at me. 모두가 나를 비웃었다.

〈수〉 I was laughed at by Everybody. 나는 모두에게 비웃음을 당했다.

〈능〉 I always make a fool of Sally's big nose. 나는 항상 Sally의 큰 코를 놀린다.

〈수〉 Sally's big nose is always made a fool of by me.
Sally의 큰 코는 항상 나에게 놀림을 당한다.

"문법학습의 최종목표는 문장을 만드는 것이다."

「to, with, at, about+행위자」 by 대신 사용되는 전치사

▶ 나는 내 새로운 일에 만족한다. _____

▶ 나는 그 소식에 놀랐다. _____

▶ 나는 너에 대해 염려하고 있어.(concern) _____

▶ 제인은 마크와 결혼했다. _____

▶ 그 여자는 친절하기로 아주 유명하다. _____

▶ 창고가 책으로 가득 찼다. _____

▶ 그 사람들은 그 남자의 성공에 기뻐했다. _____

▶ 이 책상은 철로 만들어진 것이다. _____

▶ 거리가 낙엽투성이다. _____

▶ 단조로운 생활이 지긋지긋하다. _____

동사구 수동태

▶ 나는 모두에게 비웃음을 당했다.(laugh at) _____

▶ 내 아기는 Mary에 의해서 돌보아진다. _____

4·5형식 수동태

01 4형식 문장(목적어가 두개인 문장) 수동태

「주어 + 동사 + 간접목적어 + 직접목적어」 형태의 4형식 문장을 수동태로 만드는 경우에서는 어느 것이 강조되는 상황이냐에 따라 간접목적어와 직접목적어 모두를 주어로 취할 수 있다.

〈능〉「주어 + 동사(대부분의 4형식동사) + 간접목적어 + 직접목적어」

→ 〈수1〉「주어(간접목적어) + be동사 + pp + 직접목적어 (+ by + 행위자)」

→ 〈수2〉「주어(직접목적어) + be동사 + pp + 전치사(to/for~) + 간접목적어 (+ by + 행위자)」

〈능〉 Kevin gave me a present. Kevin은 나에게 선물을 줬다.

〈수1〉 I was given a present by Kevin. 나는 Kevin에게 선물을 받았다.

〈수2〉 A present was given to me by Kevin. 선물은 Kevin에 의해 주어졌다.

4형식 동사 중 make나 buy의 경우 간접목적어 앞에 to 대신 for를 쓰고 또한 직접목적어만 수동태 문장의 주어가 될 수 있음을 유의한다. 직접목적어만 수동태 문장의 주어가 될 수 있는 4형식 동사는 make, buy, send, pass, write 등이 있다.

〈능〉 My mother made me this sweater. 엄마가 이 스웨터를 내게 만들어주셨다.

〈수1〉 This sweater was made for me by my mother.
　　　　이 스웨터는 나를 위해 엄마에 의해 만들어졌다.

〈수2〉 I was made this sweater by my mother. (X)

02 5형식 수동태

5형식 문장(목적어와 목적보어가 있는 문장) 수동태. 「주어 + 동사 + 목적어 + 목적보어」 형태의 5형식 문장을 수동태로 만들기 위해서는 일반적으로 목적어를 수동태문장의 주어로 쓰고 목적격보어를 그대로 쓴다. 하지만 상황에 따라 보어가 to 부정사 등으로 바뀌는 경우도 있다.

〈능〉「주어 + 목적어 + 목적격보어」

→ 〈수〉「주어(능동태 문장의 목적어) + be동사 + pp + 목적격보어 (+ by + 행위자)」

〈능〉 Everybody calls him a fool. 모든 사람이 그를 바보라고 부른다.

〈수〉 He is called a fool (by everybody). 그는 (모든 사람에 의해) 바보라고 불린다.

〈능〉 I thought him a great singer. 나는 그를 훌륭한 가수라고 생각한다.

〈수〉 He was thought a great singer. 그는 훌륭한 가수라고 생각되어졌다.

〈능〉 My boss made me work overtime. 상사는 나를 초과근무시켰다.

〈수〉 I was made to work overtime by my boss. 나는 상사에 의해 초과근무시켜졌다.

Check it Out!

사역동사 make를 이용한 「make+목적어+동사원형」 문장을 수동태 문장으로 만들 경우 목적보어인 '동사원형'은 'to부정사' 형태가 된다는 점을 유의한다.

"문법학습의 최종목표는 문장을 만드는 것이다."

4형식 문장(목적어가 두개인 문장) 수동태

▶ 나는 Kevin에게 선물을 받았다.(be given) --

▶ 이 스웨터는 나를 위해 만들어졌다. --

▶ 상이 우승자에게 주어졌다.(A prize, be given) --

▶ 프랑스어가 Mrs. Lee에 의해 우리에게 가르쳐진다.

5형식 문장(목적어와 목적보어가 있는 문장) 수동태

▶ 그는 바보로 불려진다.(a fool) --

▶ 그는 훌륭한 가수로 간주되었다.(be thought) --

▶ 나는 나의 상사에 의해 초과근무를 하도록 만들어 졌다.(work overtime)

▶ 나는 매우 행복하게 만들어졌다.(I have been~) --

목적어가 명사절일 때 및 기타

01 목적어가 명사절일 때 수동태

목적어가 명사절일 경우 수동태 문장에서 가주어 it을 사용한다. It is thought that ~, It is believed that ~, It is expected that ~ 등이 이와 같은 구조이다. 또한 명사절의 주어를 문장의 주어로 쓰는 경우에는 that 절의 동사는 to부정사로 바꿔 쓴다.

〈능〉 「주어 + 동사 + 목적어(명사절)」
→ 〈수1〉 「It(가주어) + is/was + pp + that + 주어 + 동사」
　　　　「주어(능동태 문장의 목적어) + be동사 + pp (+ by + 행위자)」
→ 〈수2〉 「주어(명사절의 주어) + be동사 + pp + to + 동사원형」

〈능〉 They say that he is honest. 사람들은 그가 정직하다고 말한다.
〈수〉 That he is honest is said (by them) 그는 정직하다는 말은 듣는다.
　　→ It is said that he is honest. 가주어 It 사용
　　→ He is said to be honest. 명사절의 주어를 문장의 주어로 쓰는 경우

〈능〉 They expect that the strike will end soon. 그들은 파업이 곧 중단될 것이라고 예상한다.
〈수〉 That the strike will end soon is expected by them.
　　파업이 곧 중단될 것이라고 그들에 의해 예상된다.
　　→ It is expected that the strike will end soon. 가주어 It 사용
　　→ The strike is expected to end soon. 명사절의 주어를 문장의 주어로 쓰는 경우

02 능동수동태

- 형태는 능동형 동사이지만 의미는 〈수동〉인 경우가 있다.

bake 구워지다	sell 팔리다	read 읽혀지다	write 써지다
peel 벗겨지다	cut 잘리다	open 열리다	

Bread doesn't bake well in this oven. 이 오븐에서는 빵이 잘 구워지지 않는다.
This book sold a million copies. 그의 책은 백만 부 팔렸다.
This play reads better than it acts. 이 희곡은 상연된 것보다 책으로 읽는 편이 낫다.
This ball-point pen writes smooth. 이 볼펜은 글씨가 매끄럽게 잘 써진다.
Sunburnt skin will peel. 햇볕에 탄 살갗은 벗어진다.

- 형태는 능동형 부정사와 동명사이지만 의미는 〈수동〉인 경우가 있다.
You are to blame. 너는 비난을 받아야 한다.
This shirt needs ironing. 이 셔츠는 다리미질 되어야 한다.
My watch needs repairing. 내 시계는 고쳐져야 한다.

- 수동태로 쓸 수 없는 동사
타동사문장은 수동태로 만들 수 있는 것이 원칙이지만 다음과 같은 타동사는 수동태로 쓰지 않는다.

| have 소유하다 | resemble 닮다 | escape 도망가다 |
| become 어울리다 | lack ~이 없다 | |

The brothers resemble their father.
Their father is resembled by the brothers.(x) 그 형제들은 아버지를 닮았다.

They escaped serious injury.
Serious injury was escaped by them.(x) 그들은 심각한 부상은 면했다.

Writing Pattern Practice

"문법학습의 최종목표는 문장을 만드는 것이다."

목적어가 명사절일 때 수동태

▶ 그는 정직하다고 말 되어진다. _____

▶ 그 파업이 곧 끝날 거라고 예상된다. _____

▶ 그들은 실수했음을 인정했다. _____

▶ 일반적으로 돈이 행복을 가져온다고 생각된다.

_____

▶ 13일의 금요일은 불운의 날이다. _____

능동수동태

▶ 햇볕에 탄 살갗은 벗어진다. _____

▶ 그의 책은 백만 부 팔렸다. _____

▶ 이 볼펜은 글씨가 매끄럽게 잘 써진다. _____

▶ 이 오븐에서는 빵이 잘 구워지지 않는다. _____

▶ 이 희곡은 상연된 것보다 책으로 읽는 편이 낫다.

_____

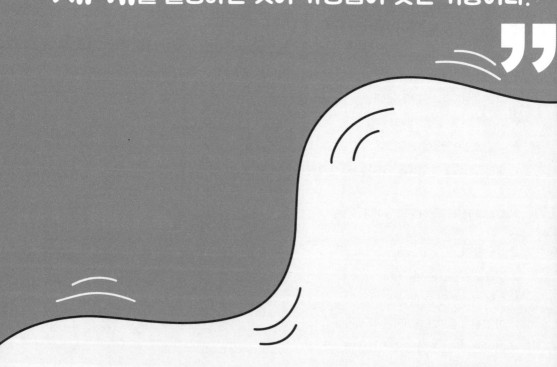

"

있는 사실을 가감없이 그대로 표현하는 것을
직설법이라고 했을 때
가정법은 주어진 사실에 대한 「상상」, 「소망」,
「후회」 따위를 표현하는, 말 그대로
「가정」의 표현이다. 다시말해 아직 실현되지 않은
미래의 불확실한 세계,
혹은 사실과 동떨어진 상상의
세계를 설명하는 것이 가정법이 갖는 기능이다.

"

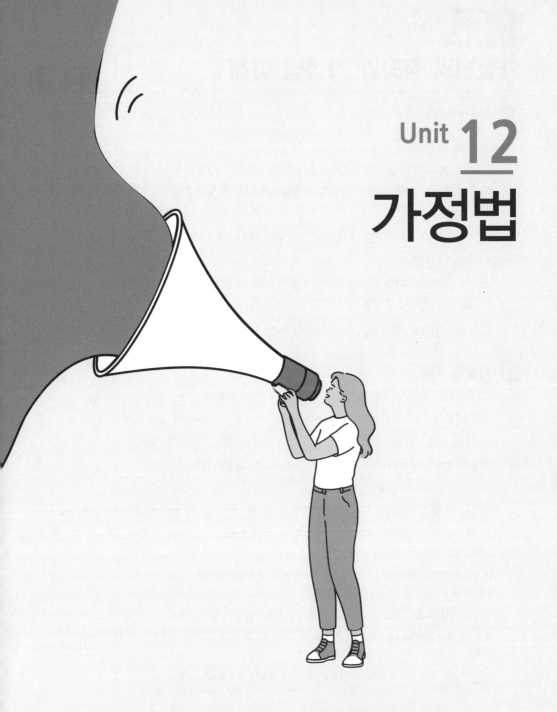

Unit 12

가정법

가정법의 정의와 가정법 미래

01 가정법이란

■ 조건의 가정법

어떤 조건이 주어졌을 때 앞으로 일어나게 될 상황을 나타내는 경우 '조건의 가정법'을 쓴다. 이때 if절 동사는 현재, 앞으로 벌어질 상황을 나타내는 주절은 보통 미래동사 또는 「can+동사원형」을 쓴다.

If you stop smoking, I'll marry you. 담배 끊으면 결혼할게.

■ 상상의 가정법

조건의 가정법을 제외하면 나머지는 보통 '상상의 가정법'에 해당된다. 실제상황과 다른 불가능한 일을 상상하거나 소망할 때 사용한다.

If I had more money, I would travel to Europe. 돈이 더 있으면 유럽으로 여행갈텐데.

02 가정법 미래

미래에 어떤 일이 일어날 가능성이 있을 때 가정법미래를 쓰는데, 어떤 일이 일어날 가능성이 적을 경우 if절에 should를 쓰고 불가능한 것을 가정할 때는 were/was to를 쓴다.

● 「If + 주어 + 현재형동사, 주어 + will/can + 동사원형」 '~하면 …할 거야'

If you get here before eight, we can catch the train.
네가 8시 전에 여기에 도착하면, 우리는 기차를 탈 수 있을 텐데.

● 「If + 주어 + should + 동사원형, 주어 + will/can + 동사원형」 '혹시~하면 …할 거야'
● 「If + 주어 + were/was to + 동사원형, 주어 + would/could + 동사원형」 '혹시~하면 … 할 거야'

If you should run into Ted, tell him to call me.
혹시 Ted를 우연히 만나면, 내게 전화하라고 말해.

If you should happen to finish early, give me a ring. 혹시 일찍 끝마치게 되면, 전화 줘.

If she should come back early, be sure to tell her I'm on my way.
그녀가 혹시 일찍 돌아오면 내가 가는 중이라고 말해줘.

If I were to be a student again, I would study music.
만약 다시 학생이 된다면, 음악을 공부할 텐데.

If you were to win one million dollars, what would you do?
백만 달러가 생기면 어떻게 할래?

● 가정법 미래의 경우 주절에 will/can 대신, 상황에 따라 would, should, could, might 등을 쓸 수 있다.

If you jog every day, you might lose your weight. 네가 매일 조깅을 하면 몸무게가 줄 거야.

「If + 주어 + 현재형동사, 주어 + will/can + 동사원형」 '~하면 ...할 거야'

▶ 네가 8시 전에 여기에 도착하면, 우리는 기차를 탈 수 있을 텐데.

▶ 내가 버스를 놓치면 난 지각할거야.   --------------------------------------

「If + 주어 + should + 동사원형, 주어 + will/can + 동사원형」 '혹시~하면 ...할 거야'

▶ 혹시 네가 Terry를 우연히 만나면, 나에게 전화하라고 말해.(run into, tell~to)

「If + 주어 + were/was to + 동사원형, 주어 + would/could + 동사원형」 '혹시~하면 ...할 거야'

▶ 내가 만약 다시 학생이 된다면, 음악을 공부할 텐데.

▶ 내가 아프지 않다면 너하고 놀텐데.   --------------------------------------

▶ 수잔이 여기 있다면 우리는 기쁠거야.   --------------------------------------

▶ 내가 의사선생님이라면, 너를 도와줄 수 있을 텐데.

▶ 내가 부자라면 그 차를 살 수 있을 텐데.   --------------------------------------

---

Grammar Point 직설법과 가정법

직설법(조건문) 문장은 '만약 ~라면 ...할 것이다'라는 뜻으로 현실가능성이 비교적 높을 때 쓴다. 가정법문장은 현재나 과거의 사실과 다르게 가정하면서 '아쉬움', '불안감'을 나타낼 때 사용한다. 가능성이 희박한 미래에 대해 상상할 때 쓰기도 한다.

If you marry John, you will be happy. (직설법(조건문): 현실성 있음)
현재   미래

If you married John, you would be happy. (가정법과거: 현재 사실과 반대거나 현실성 희박함)
과거 *조동사+동사원형 *조동사: would/should/could/might

If you had married John, you would have been happy. (가정법과거완료: 과거사실의 반대)
과거완료 *조동사 have+p.p. *조동사: would/should/could/might

가정법 과거와 과거완료

01 가정법 과거

가정법 과거시제는 '현재'의 사실에 반대되거나 어긋날 때 사용된다. if절의 be동사는 대부분 were을 쓰지만 was를 쓰는 경우도 있다.

> 「**If + 주어 + 과거형동사, 주어 + would/could + 동사원형**」 '(현재에)~라면 …할 텐데'

If I were rich, I would spend all my time travelling.
(= As I'm not rich, I can't spend all my time travelling)
내가 부자라면 모든 시간을 여행하면서 보낼 텐데.

If I had an umbrella, I could go out now.
(→ As I don't have an umbrella, I can't go out now.)
내가 우산이 있다면 지금 밖에 나갈 수 있을 텐데.

If I were you, I would not say so. 내가 너라면 그렇게 말하지 않을 텐데.

If he became a doctor, he could help many people.
그가 의사가 되었다면 많은 사람들을 도울 수 있을 텐데.

* If I were you~는 상대방에게 충고할 때 주로 쓴다.

If I were you, I'd get that car serviced.
내가 너라면 자동차 점검 받을 텐데. *would나 could를 'd로 쓰거나 말하기도 한다.

02 가정법 과거완료

가정법과거시제는 '과거'의 사실에 반대되거나 어긋날 때 사용된다.

> 「**If + 주어 + 과거완료, 주어 + would/could+have + 과거분사**」
> '(과거에)~했다면 …했을 텐데'

If John had played well, the team would have won.
(=As John didn't play well, the team didn't win.)
John이 잘 뛰었다면 팀이 승리했을 텐데.

If I had studied hard, I would have passed the exam.
(→ As I didn't study hard, I didn't pass the exam.)
내가 열심히 공부했더라면 시험에 합격할 수 있었을 텐데.

If you had not been late, you could have seen that movie.
네가 늦지 않았더라면 그 영화를 볼 수 있었을 텐데.

If I had taken a subway, I would have arrived here on time.
내가 지하철을 탔더라면 제시간에 올 수 있었을 텐데.

03 혼합 가정법

형태상 if절에는 과거완료 동사가, 주절에는 과거동사가 오는 것을 혼합 가정법이라고 한다. 따라서 '과거'의 사실에 반대되거나 어긋나는 가정을 하고, 그 결과 '현재'의 사실과 다른 상상을 하는 상황으로 내용상 과거와 현재가 혼합된 형태이다.

> **「If + 주어 + 과거완료, 주어 + would/could + 동사원형」**
> '(과거에)~했다면 …(현재) 할 텐데'

If I had finished my report yesterday, I could hang out with my friends now. (= As I didn't finish my report yesterday, I can't hang out with my friends.) 어제 보고서를 끝냈더라면 지금 친구와 놀 수 있을 텐데.

Writing Pattern Practice

"문법학습의 최종목표는 문장을 만드는 것이다."

가정법 과거:「If + 주어 + 과거형동사, 주어 + would/could + 동사원형」'(현재에)~라면 …할 텐데'

▶ 내가 부자라면, 저 차를 살 수 있을 텐데.   ------------------------------------

▶ 내가 너라면 거기에 안갈 텐데.   ------------------------------------

▶ 그가 여기에 있다면 나는 행복할거야.   ------------------------------------

▶ 그가 담배를 끊는다면 건강할 텐데.(quit smoking, would, healthy)

가정법 과거완료 :「If + 주어 + 과거완료, 주어 + would/could + have + 과거분사」'(과거에)~했다면 …했을 텐데'

▶ 내가 너의 전화번호를 알았더라면 네게 전화할 수 있었을 텐데.

▶ 내가 숙제를 끝마쳤더라면, 거기에 갈 수 있었을 텐데.(finish, could)

▶ 그가 서둘렀으면 제시간에 여기에 도착 할 수 있었을 텐데.(hurry, arrive, on time)

혼합가정법 :「If + 주어 + 과거완료, 주어 + would/could +동사원형」'(과거에)~했다면 …(현재) 할 텐데'

▶ 내가 어제 보고서를 끝냈더라면 지금 친구와 놀 수 있을 텐데.(hang out with)

I wish~ 가정법

01 I wish + 가정법

■ **I wish + 가정법 과거**

'현재' 사실과 다른 상황을 소원할 때 사용하며 「I wish + 주어 + 동사의 과거형」 형태로, 뜻은 '~한다면 좋을 텐데'이다.

I wish I could speak Chinese. 중국어를 할 수 있다면 좋을 텐데.
(= I'm sorry that I can't speak Chinese.)
I wish I were in your shoes. 네 입장이라면 좋을 텐데.
(= I'm sorry that I'm not in your shoes.)

■ **I wish + 가정법 과거완료**

'과거' 사실과 다른 상황을 소원할 때 사용하며 「I wish + 주어 + had + p.p」 형태로, 뜻은 '~했다면 좋았을 텐데'이다.

I wish Jane had come to my birthday party yesterday.
(=I'm sorry that Jane didn't come to my birthday party yesterday.)
어제 Jane이 내 생일 파티에 왔다면 좋았을 텐데.
I wish I had been there. 내가 거기에 있었더라면 좋았을 텐데.
(=I'm sorry that I wasn't there.)

02 as if 가정법

■ **as if + 가정법 과거**

'현재' 사실과 다른 상황을 가정할 때 사용하며 「as if + 주어 + 동사의 과거형」 형태로, 뜻은 '마치~인 것처럼'이다.

He talks as if he knew everything. 그는 (현재) 마치 자기가 모든 것을 아는 것처럼 말한다.
He talked as if he knew everything. 그는 (과거 당시에) 마치 자기가 모든 것을 아는 것처럼 말했다.

■ **as if + 가정법과거완료**

'과거' 사실과 다른 상황을 가정할 때 사용하며 「as if + 주어 + had + p.p」 형태로, 뜻은 '마치 ~였던 것처럼'이다.

He talks as if he had dated Mary. 그는 (전에) 마치 Mary와 데이트 했던 것처럼 말한다.
He talked as if he had dated Mary. 그는 (그 이전에) 마치 Mary와 데이트 했었던 것처럼 말했다.

03 It's time~ 구문

「It's (about) time (that) + 가정법 과거」 '~할 시간이다'와 「It's time+가정법과거」는 '~해야 할 때다'라는 뜻이다. 「It's about/ high/ highest time~」이라고 써서 뜻을 약하게 또는 강하게 표현하기도 한다. 가정법과거 대신 「주어+should+동사원형」이 오기도 하는 데 이때 「for+목적어+to동사원형」으로 바꿔 쓸 수 있다.

It's time that **you went to bed.** (지금은) 잠자리에 들 시간이다. (왜 안가고 있니?)

It's time **you went to bed, David.** David, 자야할 시간이야.

I think it's about time **I was leaving.** 가야할 시간인 것 같아.

It was high time **they came to a conclusion.** 결론에 도달할 때였다.

Check it Out! It's time to+V

It's time 다음에 과거시제가 아닌 to부정사가 오는 경우 '유감'을 나타내기 보다 단순히 '~할 시간이다'라는 의미로 쓰인다.

It is time to have dinner. 저녁먹을 시간이다.

It's time to tighten our belts and work harder. 허리띠를 졸라매고 더 열심히 일해야 할 때야.

Writing Pattern Practice   "문법학습의 최종목표는 문장을 만드는 것이다."

「I wish+주어+동사의 과거형」 '~라면 좋을 텐데'

▶ 내가 너라면 좋을 텐데.

▶ 내가 키가 크다면 좋을 텐데.   _____

▶ 내가 애완동물이 있다면 좋을 텐데.(a pet)   _____

「I wish+주어+had+p.p」 '~했다면 좋았을 텐데'

▶ 내가 거기에 있었더라면 좋았을 텐데.   _____

▶ 내가 답을 알았다면 좋을 텐데.(know)   _____

「as if+주어+동사의 과거형」 '마치 ~인 것처럼'

▶ 마치 자기가 공주님인 것처럼 행동한다.   _____

▶ 그는 모든 것을 알고 있는 것처럼 행동한다.   _____

「as if+주어+had+p.p」 '마치 ~였던 것처럼'

▶ 그녀는 마치 숙제를 끝마친 것처럼 말한다.   _____

「It's (about) time (that)+가정법과거」 '~할 시간이다'

▶ 잠자리에 들 시간이다.   _____

가정법 if의 생략

01 if의 생략

if절에서 if가 생략되면, be동사나 조동사는 도치되어 문장의 맨 앞에 오게 된다.

- 「If + 주어 + be동사」→ 「Be동사 + 주어」
  If I were you, → Were I you,

- 「If + 주어 + 조동사」→ 「조동사 + 주어」
  If I should fail the test, → Should I fail the test,

- 「If + 주어 + 일반동사」→ 「Do(es)/ Did+ 주어 + 본동사」
  If I had a car, → Did I have a car,

02 if를 제외한 다른 표현

- 「Unless + 주어 + 동사~」 '~않는다면'(if~ not)
  Unless you do your best,~ 네가 최선을 다하지 않는다면
  (= If you don't do your best)

- 「Provided(Providing) + 주어 + 동사~」 '~하기만 한다면', '~라면'
  Provided(Providing) he doesn't come with his dog,~ 그가 그의 개와 함께 오지만 않는다면
  (= As long as he doesn't come with his dog,~)

- 「Suppose(Supposing) + 주어 + 동사~」 '가령 ~하면'
  Suppose(Supposing) you picked up 10,000 dollars,~ 네가 만약 10,000달러를 줍는다면
  (= If you picked up 10,000 dollars, ~)

> ### Check it Out! 그밖의 if 대용어구
> - granted(granting) (that) ~ '가령 ~라 할지라도'
> - unless ~ '만약 ~하지 않으면'
> - once ~ '일단 ~하면'
> - even if ~ '~한다 할지라도'
> - as(so) long as ' ~하는 한'
> - in case '~하는 경우에는"
> - if only ~ '~하기만 하면'
>
> **In your place,** I would not do so. (숨은 if절 → If I were in your place) 네 입장이라면 그렇게 하지 않을 거야.
> **To hear** him speak English, you would think he was American. (숨은 if절 → If you should hear him speak English) 그가 영어하는 거 듣는다면 미국인이라고 생각하게 될거야.

03 숨은 if절

if절 없이 귀결절만 드러나 있지만, if절 내용이 문장 안에 포함되어 있거나 유추해낼 수 있는 경우가 있다.

She hurried up, otherwise, she would have missed the bus.
(숨은 if절 → if she hadn't hurried up) 그녀는 서둘렀다. 그렇지 않았으면 버스를 놓쳤을 것이다.

I could have gone with her, but I didn't want to. (숨은 if절 → if I wanted to)

I should say she is over thirty. (숨은 if절 → if I thought about it) 아마 그녀는 30세가 넘었을 거야.

Writing Pattern Practice

"문법학습의 최종목표는 문장을 만드는 것이다."

if를 제외한 다른 표현

▶ 비가 안 오면, (Unless+주어+동사~) -------------------------------

▶ 그가 늦게 오지만 않는다면,(Provided(Providing) (that)+주어+동사~)

▶ 네가 만약 10,000달러를 준다면,(Suppose(Supposing)+주어+동사~)

▶ 백만달러 복권추첨에서 당첨되었다고 상상해보아라. 좋지 않을까?

▶ 감독관님이 동의하시면 허락할게. -------------------------------

▶ 네 입장이라면 그렇게 하지 않을 거야. -------------------------------

▶ 그가 영어하는 거 듣는다면 미국인이라고 생각하게 될거야.

▶ 비가 오기 않는다면 내일 야외파티를 할거야. -------------------------------

▶ 네가 해고당한다고 해보자, 어떻게 할거야? -------------------------------

▶ 더 질문있는 사람이 없다면 회의는 휴정될 겁니다. (be adjourned)

숨은 if 절

▶ 그녀는 서둘렀다. 그렇지 않았으면 버스를 놓쳤을 것이다.

▶ 그녀와 같이 갈 수도 있었지만 그러고 싶지 않았어.

▶ 아마 그녀는 30세가 넘었을 거야. -------------------------------

전치사는

문장에 추가정보를 덧붙일 때
필요한 접착제로 뒤에는 명사와 동명사 등

명사처럼 쓰이는 **명사상당어구**가

오게 된다.

Unit 13
전치사

[전치사]

전치사란

01 전치사

전치사의 목적어로는 명사, 대명사, 동명사, 명사절 등이 올 수 있다.

■ 「전치사 + 명사」

I'm looking for Janet. 나는 Janet을 찾고 있다.

■ 「전치사 + 대명사」

A good-looking man sat by me. 잘 생긴 남자가 내 옆에 앉았다.

■ 「전치사 + 동명사」

I feel like going out. 나는 나가고 싶다.

■ 「전치사 + 절」

Tell me about what happened yesterday. 어제 있었던 일에 대해 말해.

Check it Out!

전치사의 목적어는 주로 전치사 다음에 오지만 상황에 따라 목적어가 전치사 앞에 위치하는 경우도 있다.

1. wh- 의문문일 경우

   Who are you waiting **for**? 누구를 기다리고 있어?

2. 부정사 구문일 경우

   I need some friends to hang around **with**. 나는 같이 어울릴 친구가 필요하다.

3. 관계사절일 경우

   This is the book that I told you **about**. 내가 말했던 책이야.

"문법학습의 최종목표는 문장을 만드는 것이다."

▶ 나는 Jack을 지난 크리스마스에 만났다.(last Christmas)

▶ 너는 토요일에 일하니?(work on) ---

▶ Lisa는 너를 금요일 밤에 봤다.(Friday night) ---

▶ 나는 그를 토요일 저녁에 못 만나.(Saturday evening)

▶ Paul은 9월 22일에 떠나.(September 22nd) ---

▶ 그 영화는 3시 반에 시작해.(at) ---

▶ 나는 하루 종일 너의 전화를 기다려왔다.(wait for)

▶ 박스에 책이 좀 있어요. ---

▶ "David은 어디 있어요?" "방에 있어요." ---

▶ 누가 문에 왔어요. ---

▶ Sally는 책상에서 전화통화하고 있다. ---

▶ Jack은 직장에서 영어가 필요하다. ---

▶ 나는 파티에서 좋은 시간을 보냈다. ---

▶ 친구들과 난 Jane집에서 숙제를 했다. ---

▶ 지금 시원한 맥주가 당기는데. ---

▶ 실례합니다만 존스 씨를 찾아 왔는데요. ---

▶ 누구를 기다리고 있어? ---

▶ 나는 같이 어울릴 친구가 필요하다. ---

▶ 내가 말했던 책이야. ---

시간 전치사

01 at, in, on

at	in	on
at + 시각(clock time) 공휴일(명절), 짧은 시간	in + 월, 년 계절 비교적 긴 시간	on + 특정한 날(날짜, 요일) 날의 일부분

I usually get up at 7 o'clock. 나는 보통 7시에 일어난다.
What do you usually do at Thanksgiving? 추수감사절에 주로 뭐 하니?
I was born in July. 나는 7월에 태어났다.
I walk my dog in the morning. 나는 아침에 개를 산책시킨다.
I'm leaving on May 1. 나는 5월 1일에 떠나.
See you on Thanksgiving Day. 추수감사절 날에 봐.
We have a meeting on Monday morning. 우리는 월요일 아침에 회의가 있어.

Check it Out!

next, last, this, every, tomorrow, yesterday 앞에는 시간 전치사 at, in, on 등을 생략한다.
See you **next Friday**. 다음 금요일에 봐요.
Last Christmas I went to Australia. 지난 크리스마스에 나는 호주에 갔었다.

02 by, until

by	until
'~까지'라는 기한을 말할 때	'~까지 계속'이라는 뜻으로 동작이나 상태가 ~까지 지속될 때

This book must be returned by January 4. 이 책은 1월 4일까지 반납해야 합니다.
Can I stay until this weekend? 주말까지 머물러도 될까?

03 for, during, through

for	during	through
for + 구체적인 숫자를 이용한 기간 '~동안'	during + 행사나 사건 또는 특정 기간 '~동안'	'~동안 내내'

I'll stay here for about a week. 나는 여기에 일주일 정도 머무를 거야.
During the weekend someone broke into the building. 주말동안 누가 건물에 침입했다.

* How long ~?에 대한 답일 경우에는 for, When ~?에 대한 답일 경우에는 during을 각각 사용한다고 생각하면 쉽게 이해할 수 있다.

I've been busy all through the week. 나는 한주 내내 바빴다.

04 before, after, in, within

before	after	in	within
'~전에'	'~후에'	말하는 시점으로부터 '~후에', '~만에'	'~이내에'

I usually go jogging before I go to work. 나는 보통 출근하기 전에 조깅을 한다.
I'll be there in ten minutes. 내가 10분 후에 거기에 갈게.
I hope to get a job within the next two months. 나는 두 달 안에 직장을 구하기를 희망한다.

05 since, from

since	from
'~이래 줄곧' 주로 완료시제와 함께 사용	'~로부터' 완료시제를 제외한 시제와 함께 사용

I've been here since the end of June. 나는 6월 말부터 여기에 있었다.

Writing Pattern Practice

"문법학습의 최종목표는 문장을 만드는 것이다."

「at, in, on + 명사」

▶ 너는 크리스마스에 주로 뭐 하니?

「by, until(till) + 명사」

▶ 내가 주말까지 머물러도 될까?(Can I~?)

「for, during, through + 명사」

▶ 나는 여기에 일주일 정도 머무를 거야.
▶ 우리는 여름방학동안 하와이에 갔었다.

「before, after, in, within + 명사」

▶ 내가 10분 후에 거기에 갈게.(I'll be~)

「since, from + 명사」

▶ 나는 2016년부터 여기에 있었다.(I've been)
▶ 나는 9시부터 5시까지 일한다.

장소전치사

01 **장소전치사** 장소, 위치, 또는 운동방향을 나타내는 다양한 전치사들이다.

02 **in(into), out of**

> in(into) '~안에', '~안으로'
> out of '~의 밖으로'

What do you have in your hand? 손에 무엇이 있니?
Get in(into) the car. 차에 타.

03 **at, on, off**

> at '~(지점)에'   on '~(표면) 위에'   off '~(표면에서) 떨어져'

Turn left at the crossroads. 사거리에서 좌회전해요.
I sat on the chair. 나는 의자에 앉았다.
Take off your jacket. 재킷을 벗어.

04 **over, above, under, below**

> over '~바로 위에'   above '~보다 높이,' '~위에'
> under '~바로 아래'   below '~보다 아래,' '~아래'

Look at the bridge over the river. 강 위에 있는 다리를 봐.
He lifted his hands above his head. 그는 그의 손을 머리 위로 들었다.
A boat passed under the bridge. 보트가 다리 아래로 지나갔다.
The sun had already sunk below the horizon. 해는 이미 수평선 아래로 졌다.

05 **by(beside), between, among**

> by(beside) '옆에'   between '(둘) 사이에'   among '~(셋) 이상 사이에'

Emma was by the door. Emma는 문 옆에 있었다.
Come and sit between Mary and Sally. 와서 Mary과 Sally 사이에 앉아라.

06 **from, to, for**

> from '~로부터'   to '~로'   for '~를 향해'

Are you from Canada? 너는 캐나다 출신이니?
I'm going to France. 나는 프랑스에 간다.
I'm leaving for New York. 나는 뉴욕으로 떠난다.

07 up, down

up '～위로'   down '～아래로'

The sun came up. 해가 떴다.
A man came down the stairs. 어떤 남자가 계단을 내려왔다.

08 along, across, through

along ' ～을 따라서'   across ' ～건너에', ' ～을 가로질러'   through ' ～을 관통하여'

He was walking along the street. 그는 거리를 따라 걷고 있었다.
We passed through a tunnel. 우리는 터널을 통과했다.

Writing Pattern Practice

"문법학습의 최종목표는 문장을 만드는 것이다."

「in(into), out of + 명사」

▶ 네 손 안에 무엇이 있니?   --

▶ 차에서 내려.   --

「at, on, off + 명사」

▶ 신호등에서 멈추세요.   --

▶ 네 모자를 벗어라.(take off)   --

「by(beside), between, among + 명사」

▶ 와서 Tom과 Mary 사이에 앉아라.   --

▶ 나무들 사이에 있는 집을 봐라.   --

「from, to, for + 명사」

▶ 너는 미국 출신이니?   --

중요전치사 in/at/on

01 중요 장소 전치사 in, at, on

전치사	영역을 나타내는 IN	한 점을 나타내는 AT	접촉의 ON
쓰임	1. in은 폐쇄되어 있는 3차원 공간 안을 나타낼 때 쓴다. **Tom is sleeping in his room.** Tom은 그의 방에서 자고 있다. 2. 도시나 국가 등의 비교적 넓은 장소를 나타낼 때 쓴다. **I grew up in France.** 나는 프랑스에서 자랐다. 3. in이 건물 앞에 쓰일 경우 '~안에 있다'는 것을 강조할 때 쓴다. **I first met Sam in a shop.** 나는 Sam을 상점 안에서 처음 만났다. 4. 탈 것과 함께 쓸 경우 작은 교통수단일 때 안으로 들어가는 느낌의 in을 쓴다.(자동차, 택시 등) **He got in the car.** 그는 차에 탔다.	1. at은 어떤 지점을 나타내므로 마을, 건물 등의 대체로 좁은 장소를 나타낼 때 쓴다. **Let's meet at the club.** 클럽에서 만나자. 2. 도시나 국가 등의 넓은 장소일지라도 출발지, 경유지 등의 지점의 뜻으로 쓰였을 경우 at을 쓰기도 한다. **Does this train stop at Daegu?** 이 기차는 대구에 서나요? 3. 건물 앞에 쓰일 경우 건물이 어떤 위치나 지점의 역할을 할 때 쓴다. **I'm at the post office.** 나는 우체국에 있다.	1. on은 표면에 닿은 위에 있을 때 쓴다. **There's some bread on the table.** 테이블 위에 빵이 좀 있다. 2. 탈 것과 함께 쓸 경우 비교적 큰 교통수단이나 위에 올라타는 느낌으로 쓸 때 on을 쓴다.(버스, 기차, 비행기, 배, 자전거, 오토바이, 말 등) **There was no room on the bus.** 버스에는 여유공간이 없었다. **I'll go down to the shop on my bike.** 나는 상점에 자전거를 타고 갈 거야.
in, at, on 과 함께 쓰이는 외워두면 좋은 표현들	in bed/ jail(prison)/ the hospital in the sky/ rain/ sun in the middle of ~	at home/ work/ school/ college at the party/ meeting at the traffic light(s) at the door/ window	on the left/ right on the wall/ ceiling/ table on one's stomach/ back/ side

"문법학습의 최종목표는 문장을 만드는 것이다."

▶ 내가 1시간 후에 거기 갈께.(be) ------------------------------------

▶ Jason이 여기에 30분 후에 도착할 거야.(get) ------------------------------------

▶ 박스에 책이 좀 있어요. ------------------------------------

▶ 그는 자기 방에 있어요. ------------------------------------

▶ 나는 태어나면서부터 서울에 살아왔다.(I've) ------------------------------------

▶ 사람들이 수영장에서 수영하고 있다. ------------------------------------

▶ 나는 공원에서 개를 산책시켰다.(walk) ------------------------------------

▶ 이 빌딩이 이 도시에서 가장 높다. ------------------------------------

▶ 나는 집에 있다. ------------------------------------

▶ 누가 문에 왔어요.(Somebody is~) ------------------------------------

▶ Sally는 책상에서 전화 통화하고 있다. ------------------------------------

▶ 나는 파티에서 좋은 시간을 보냈다.(have a great time)

▶ 친구들과 나는 Jane 집에서 숙제를 했다.(Jane's)

▶ 나는 버스정류장에서 버스를 기다리고 있다.(at the bus stop)

▶ 너의 핸드폰은 테이블 위에 있어. ------------------------------------

On

Under

그밖의 전치사

01 방향전치사

- into '…안으로'
  It's too hot. Let's jump into the water. 너무 덥다. 물속으로 들어가자.

- out of '…으로부터'
  He went out of the room. 그는 방 밖으로 나갔다.

- up '…위쪽으로'
  We went up the hill. 우리는 언덕을 올라갔다.

- down '…아래쪽으로'
  We came down the hill. 우리는 언덕을 내려왔다.

02 가격, 속도 표시 전치사

- for '… (얼마)에'
  I bought the DVDs for $20. 나는 그 DVD를 모두해서 20달러에 샀다.

- at '… (속도)로'
  Slow down. You're driving at 110 km an hour. 속도를 줄여. 너 시속 110킬로로 달리고 있어.

03 도구, 수단 전치사

- by …로, …를 타고
  I'll pay by check. 수표로 지불할게요.
  Karen goes to school by bus. Karen은 학교에 버스타고 다닌다.

04 그 외 전치사

- with +사람: …와 함께
  I live with my parents. 나는 부모님과 함께 살아요.
  I need someone to talk with. 나는 얘기 나눌 누군가가 필요해.

- with +사물: …를 가지고
  Eat that fish with your chopsticks. 생선을 젓가락으로 먹어라.

- between: 둘의 '…사이'
  I sat between John and Mary. 나는 John과 Mary 사이에 앉았다.

- among: 셋 이상의 '…사이'
  There is a cottage among the trees. 나무에 둘러싸인 오두막집이 있다.

"문법학습의 최종목표는 문장을 만드는 것이다."

into ' …안으로'

▶ 물속으로 들어가자.(jump)

▶ 뭔가 내 눈 속에 들어갔다.(get)

----

out of '…으로부터'

▶ 차에서 내려.(get)

▶ 그는 방 밖으로 나갔다.(go) .

----

up '…위쪽으로'

▶ 우리는 언덕을 올라갔다.

----

down '…아래쪽으로'

▶ 우리는 언덕을 내려왔다.

----

for ' …(얼마)에'

▶ 나는 그 DVD들을 20달러에 샀다.

----

by '…로,'' …를 타고'

▶ 나는 수표로 지불할게요.

▶ Karen은 학교에 버스타고 다닌다.

----

with + 사람: …와 함께

▶ 나는 부모님과 함께 살아요.

▶ 나는 얘기 나눌 누군가가 필요해.(someone)

----

with +사물: …를 가지고

▶ 생선을 젓가락으로 먹어라.(the chopsticks)

▶ 나는 쓸 것(필기도구)이 필요해.(to write with)

----

between: 둘의 '…사이'

▶ 나는 John과 Mary 사이에 앉았다.

----

among: 셋 이상의 '…사이'

▶ 나무들에 둘러싸인 오두막집이 있다.(a cottage)

전치사의 활용 -1

01 「명사 + 전치사」

- cause of something …의 원인

  Carelessness is often a cause of accident. 부주의는 흔히 사고의 원인이 된다.

- reason for something …의 이유

  There is a reason for every important thing that happens.
  발생하는 중요한 일은 모두 이유가 있다.

- difference between two things …사이의 차이

  There are some differences between you and me. 너와 나 사이에는 차이점이 좀 있다.

02 「형용사 + 전치사」

- mad/ upset/ angry about something …에 대해서 화난

  Susie is mad about what you said to her. Susie는 네가 그녀에게 한 말에 대해 화가 나있어.

- mad at somebody ~에게 화난/ angry at/ with somebody …에게 화난

  Are you mad at me? 나한테 화났니?
  I'm not angry at(with) you. 나는 너에게 화나지 않았어.

- worried/ nervous/ excited about something …에 걱정하는/ 긴장한/ 신나는

  I'm worried about his health. 그의 건강이 걱정이다.

- engaged/ married to somebody …와 약혼/ 결혼하다

  Liz got married to a Japanese. Liz는 일본인과 결혼했다.

- tired/ sick of somebody/ something …에 싫증을 느끼다

  I'm sick of eating the same food. 나는 같은 음식 먹는 것에 질렸다.

- proud/ ashamed/ jealous of somebody/ something …를 자랑으로 여기는/ 부끄러운/ 질투하는

  I'm ashamed of what I did at the party. 파티에서 내가 한 일에 대해 부끄럽다.

03 「동사 + 전치사」

- apply for a job/ something …에 지원하다, …를 신청하다

  Are you going to apply for the open position in Sales? 그 영업부 자리에 지원할 거예요?

- belong to somebody …에게 속하다

  Does this blue coat belong to you? 이 파란 코트는 네 것이니?

- care about somebody/ something …를 상관하다/ 관심 갖다

She has never cared about her appearance. 그녀는 외모에 전혀 신경 쓰지 않아왔다.

- care for somebody/ something …를 좋아하다, …를 돌보다
  I don't care for coffee that much. 난 커피를 그리 좋아하지 않아요.

- complain about somebody/ something …에 대해 불평하다
  She complained about the high cost of visiting Europe.
  그녀는 유럽을 방문하는데 드는 비싼 비용에 대해 불평했다.

- consist of something …로 이루어져 있다
  This book consists of 14 chapters. 이 책은 14장으로 이루어져 있다.

- depend on(upon) somebody/ something …에 달려있다
  How much it costs depends upon how much you buy.
  비용이 얼마냐는 네가 얼마나 사느냐에 달려있다.

- hear about somebody/ something …에 대해서 듣다
  Did you hear about what happened last night? 어젯밤 무슨 일이 있었는지 들었니?

- hear of somebody/ something …(의 존재)에 대해서 들어보다
  I've never heard of the restaurant. Where is it?
  나는 그 음식점에 대해 들어본 적이 없어. 어디 있니?

Writing Pattern Practice

"문법학습의 최종목표는 문장을 만드는 것이다."

「명사+전치사」

▶ 너는 네 부모님과 사이가 좋니?(have a good relationship)

「형용사+전치사」

▶ 모두에게 친절해라. --

▶ 너는 나에게 화났니?(mad) --

▶ 그녀는 백만장자와 결혼했다.(a millionaire) --

「동사+전치사」

▶ 나는 그 일에 지원할 거야. --

▶ 커피 한 잔 드실래요?(Would you like~) --

전치사의 활용-2 동사구의 경우

01 동사구(phrasal verbs)

동사구는 「동사 + in, out, up, down, away, around, about, over, by, out, off, back, through, along 등」의 형태이다.

02 동사구 + 목적어

목적어가 있는 동사구(동사 + 부사)일 경우, 동사구와 목적어의 어순이 중요하다. 목적어가 명사일 때 동사구 사이에 오거나 동사구 뒤에 위치할 수 있지만 대명사일 때 동사구 사이에 와야 한다.

목적어가 명사일 경우 : I put on my pants. (O) I put my pants on. (O)

목적어가 대명사일 경우 : I put them on. (O) I put on them. (X)

03 흔히 쓰는 동사구

put on	I put on my hat. 나는 모자를 썼다.	wake up	It's time to wake up. 일어날 시간이야. Wake him up. 그를 깨워라.
take off	Take off your coat. 코트를 벗어라.	get up	I get up at 7. 나는 7시에 일어난다.
come in	He came in the room. 그는 방에 들어왔다.	make up	Make up your face. 화장해.
come out	The sun came out. 해가 나왔다.	look out/ watch out	Look out for cars. 차 조심해.
go in	He went in the meeting room. 그는 회의장에 들어갔다	see off	I'm going to the airport to see off my friend. 친구 배웅차 공항에 갈거야.
go out	The lights went out. 전기가 나갔다.	fill out	Could you fill out this form? 이 양식을 작성해 주실래요?
get in	He got in the car. 그는 차에 탔다.	show up	He didn't show up at the meeting. 그는 회의에 나타나지 않았다.
get out	Get out of the car. 차에서 내려.	put out	Please put out your cigarette. 담배를 꺼주세요.
get on	I got on the elevator. 나는 엘리베이터에 올랐다.	pick up	Pick me up at 6. 6시에 나를 데리러와.
get off	They got off the bus. 그들은 버스에서 내렸다.	drop off	Drop me off over there. 나를 저쪽에서 내려줘.

「동사 + in, out, up, down, away, around, about, over, by, out, off, back, through, along 등」

▶ 네 안경을 써.(put on) ------------------------------------

▶ 네 양말을 벗어.(take off) ------------------------------------

▶ 그가 방에 들어왔다.(come in) ------------------------------------

▶ 저 영화에는 Brad Pitt이 나왔다.(come out) ------------------------------------

▶ 우리는 저녁식사 하러 나갔다.(go out) ------------------------------------

▶ 택시에 타라.(get in) ------------------------------------

▶ 그녀는 차에서 내렸다.(get out) ------------------------------------

▶ 나는 버스를 탔다.(get on) ------------------------------------

▶ 우리는 기차에서 내렸다.(get off) ------------------------------------

▶ 네 여동생을 깨워라.(wake up) ------------------------------------

▶ 조심해! There is a car coming.(look out/watch out) ------------------------------------

▶ 나는 친구를 배웅할 예정이다.(see off) ------------------------------------

▶ 그는 회의에 나타나지 않았다.(show up) ------------------------------------

▶ 담배를 꺼주세요.(put out) ------------------------------------

▶ 나는 그를 데리러 갈거야.(I'll~, pick up) ------------------------------------

▶ 나를 저쪽에서 내려줘요.(drop off) ------------------------------------

그밖에 알아두면 좋은 전치사 상식

01 전치사+명사류

전치사는 대체로 명사류(명사상당어구) 앞에 와서 그것들과 문장 속의 다른 말과의 관계를 나타낸다. 전치사 뒤에 오는 명사류를 그 전치사의 목적어라고 하며, 격을 쓰는 경우 목적격을 쓴다. 전치사와 그 목적어로 만들어지는 구를 '전치사구' 또는 전치사와 명사의 결합이라 해서 '전명구'라고 하는데 그 역할에 따라서 보통 형용사구 또는 부사구로 나뉜다.

The picture <u>on the wall</u> was painted by Monet. 벽에 걸린 그림은 모네작품이다.
　　　　　　　　형용사구: 명사 수식

The building is <u>on fire</u>. 빌딩이 불타고 있다.
　　　　　　　　형용사구: 주격보어

I found myself <u>at a loss</u> for words of consolation. 뭐라고 위로의 말을 해야 할지 몰랐다.
　　　　　　　　형용사구: 목적격보어

Turn left <u>at the crossroads</u>, and go straight for 10 miles.
　　　　　　　　부사구: 동사수식

사거리에서 좌회전해서 10마일을 쭉 가세요.

<u>In other words</u>, he's a self-centered person. 다시 말해서 그는 자기중심적인 사람이다.
　　　　형용사구: 문장전체 수식

02 전치사+형용사, 부사, 부정사, 전치사구, 절

전치사 뒤에 보통 명사류가 오지만 형용사, 부사, 부정사, 전치사구, 절 등이 오는 경우도 있다.

■ 「전치사+형용사」

in particular 특히　　　　in general 일반적으로　　　in short 요약해서 말하자면

before long 오래지 않아　　take it for granted that~ ~을 당연하게 여기다

■ 「전치사+부사」

from abroad 해외로부터　　till late 늦게까지

■ 「전치사+부정사」

부정사 앞에는 but, except, than 등의 전치사가 올 수 있다.

I had no choice but to turn down his proposal. 그의 제안을 거절할 수밖에 없었다.

■ 「전치사+전치사구」

We were in agreement as to the essential points. 본질적인 부분에서는 의견이 일치했다.

■ 「전치사+절」

in that '~라는 점에서'를 제외하면 that절 앞에는 전치사를 보통 쓰지 않는다. 하지만 wh-절 앞에는 전치사를 쓸 수 있다.

I'd better make a list of what we need. 우리가 필요한 것이 무엇인지 리스트를 만들어야겠다.

Tom can be said to be a distinguished student in that he has excellent academic records. Tom은 학업성적이 좋다는 점에서 뛰어난 학생이라고 말할 수 있다.

03 전치사의 후치

전치사는 명칭이 보이는 바와 같이 목적어의 바로 앞에 놓여 함께 쓰는 것이 원칙이지만 전치사가 그 목적어랑 분리되어 후치되는 경우가 있다.

- 의문사가 전치사의 목적어인 경우
  Who did you go to the party with?
- 관계대명사가 전치사의 목적어인 경우
  This is Mr. Johnson who I'm working for.
- 형용사적으로 쓰인 부정사구에 전치사가 포함되어 있는 경우
  I've got a tape for you to listen to.
- 전치사를 포함한 동사구가 수동태로 쓰인 경우
  War reporters sometimes get shot at.

04 전치사 ↔ 부사/접속사

몇몇 전치사는 부사나 접속사로도 쓰인다.

I waited for Mike outside the bank. (전치사)
Mike went into the bank and I waited outside. (부사)

We haven't seen Julia since last summer. (전치사)
We saw Julia last summer, but we haven't seen her since. (부사)

There was no lift. We had to walk up the stairs. (전치사)
There was no lift. We had to walk up. (부사)

We must be ready before their arrival. (전치사)
We must be ready before they arrive. (접속사)

I always take a shower after breakfast. (전치사)
It always rains after I've washed my car. (접속사)

05 두 단어 이상으로 이루어진 전치사

한 단어가 아닌 두 단어 이상으로 이루어진 전치사구가 있다.

in front of	because of	in the middle of	in spite of(= despite)
thanks to	instead of	owing to	next to
by means of	along with	according to	to the left/right side of

According to the weather report, it's hot and humid today.
기상예보에 따르면 오늘 덥고 습할거래.

"

접속사란

전치사와 마찬가지로 접착제 역할을
하지만 이름 그대로

단어와 단어, 구와 구,

절과 절을 잇는

역할을 한다.

"

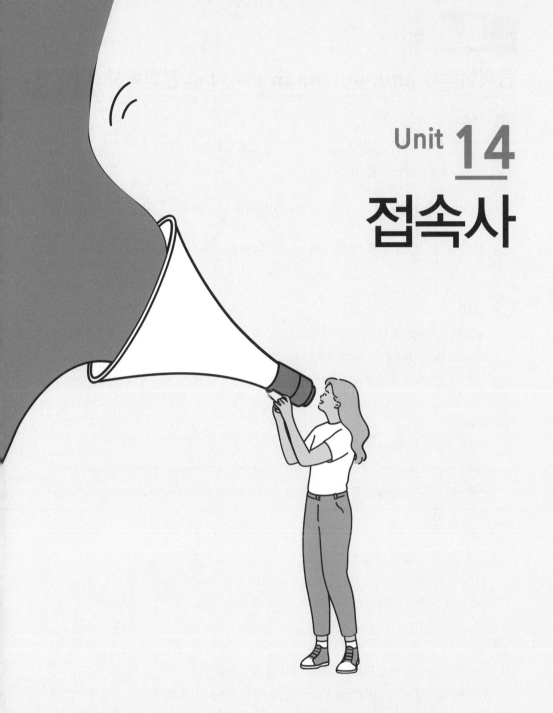

Unit 14
접속사

등위접속사 and, but, or and so와 상관접속사

01 접속사

단어와 단어, 구와 구, 문장과 문장을 이어주는 것을 접속사라고 한다.

It's hot and humid. 덥고 습기 차다.
　　　단어　　　단어

You can go there by bus or by subway. 너는 버스 또는 지하철을 타고 거기에 갈 수 있어.
　　　　　　　　　　구　　　　　　구

Jack is young, but he is very smart. Jack은 어리지만 매우 영특하다.
　　　절　　　　　　　　　　절

02 and

and는 서로 비슷한 내용을 이어준다.

My father loves fishing and hiking. 아버지는 낚시와 등산을 좋아하신다.
I like Coke, and my sister does, too. 나는 콜라를 좋아하는데 여동생도 그렇다.

03 but

but은 서로 반대되는 내용을 이어준다.

I like watching movies, but Paul doesn't. 나는 영화 보는 걸 좋아하지만 Paul은 그렇지 않다.
Maria is rich, but she isn't happy. Maria는 부자지만 행복하지 않다.

04 or

or은 둘 중 하나를 선택할 때 쓴다.

She may become a model or an actress. 그녀는 아마 모델이나 배우가 될거야.
Do you want to stay or go? 너는 있고 싶은 거야, 가고 싶은 거야?

05 so

so는 원인과 결과를 말할 때 쓰고 so 뒤에 결과가 온다.

I stayed up all night, so I am very tired. 잠을 못자서 정말 피곤하다.

06 both A and B A와 B 둘 다

either A or B A와 B 둘 중 하나

neither A nor B A 와 B 둘 다 아닌

Both she and I are from Canada. 그녀와 나 모두 캐나다 출신이다.
Either Jane or I am going to attend the meeting. Jane이나 내가 회의에 참석할 예정이다.
They can speak neither English nor Korean. 그들은 영어와 한국말 모두 못한다.

Writing Pattern Practice "문법학습의 최종목표는 문장을 만드는 것이다."

「A and B」: 「명령문+and」, and = to(~하러) 「both A and B」

▶ 나는 야채와 우유를 샀다. _____

▶ Tom과 Jane은 둘 다 미국 출신이다.(Both~) _____

▶ Mandy는 예쁘고 똑똑하다.(both, clever) _____

「A but B」: 「not A but B」, 「not only A but (also) B」

▶ 그는 잘생겼지만 지루하다. _____

▶ Cindy가 아니라 네가 와야 한다.(should) _____

▶ Cindy 뿐만 아니라 너도 와야 한다. _____

「A or B」: 「명령문, or」, 「either A or B」, 「neither A nor B」

▶ 커피 마실래, 차 마실래?(Would you like~) _____

▶ 지금 일어나, 그렇지 않으면 버스 놓칠 거야. _____

▶ Sam과 Amy 모두 거기에 없었다.(Neither~) _____

「절+so+(결과)절」

▶ 그는 늦어서 서둘렀다. _____

▶ 나는 시계가 없어서 시간을 몰랐다. _____

문장의 병렬구조

01 문장의 병렬구조

접속사는 문법적 기능이 동일할 경우 형태가 같은 단어와 구, 절을 연결한다. 항상 병렬구조를 취하는 접속사는 and, but, or, not only~ but also…, not~ but…, both~ and…, either~ or…, neither~ nor… 등이다.

■ 단어+ 접속사+ 단어

He was <u>poor</u> but <u>honest</u>. 그는 가난하지만 정직했다.
　　　형용사　　　　형용사

I like both <u>reading</u> and <u>sleeping</u>. 나는 독서와 잠자는 것을 좋아한다.
　　　　　동명사　　　　　동명사

■ 구+ 접속사+ 구

People swim not only <u>in summer</u> but also <u>in winter</u>.
　　　　　　　　　　전치사구　　　　　　　　전치사구

사람들은 여름뿐만 아니라 겨울에도 수영한다

■ 절+ 접속사+ 절

<u>We brought the food</u> and <u>they supplied the drink</u>.
　　　　　문장　　　　　　　　　　　　　　　　문장

우리는 음식을 가져왔고 그들은 음료수를 제공했다

02 반복을 피하기 위한 생략

불필요한 반복을 피하기 위해 접속사를 중심으로 앞에 언급되었던 단어들은 생략할 수 있음을 유의한다.

I have taught English in Seoul, (in) Busan, and (in) Daegu.
나는 서울에서, 부산(에서) 그리고 대구(에서) 영어를 가르쳐왔다.

Charlie not only <u>bought a new car</u> but also <u>(bought) a new motorbike</u>.
Charlie는 새 차뿐만 아니라 새 오토바이도 (샀다).

"문법학습의 최종목표는 문장을 만드는 것이다."

단어 + 접속사 + 단어

▶ 나는 셔츠와 바지를 샀다. _____

▶ 나는 독서와 잠자는 것을 좋아한다. _____

▶ 그는 천천히 하지만 분명하게 말했다.(talk) _____

▶ 커피를 드실래요, 차를 드실래요?(Would you like~)

_____

▶ Mary 또는 내가 거기에 갈 거야.(Either~, or) _____

▶ 나는 그를 좋아하지도 않고 싫어하지도 않는다.(neither~ nor, dislike)

_____

구 + 접속사 + 구

▶ 나는 스키와 스케이트 타는 것을 좋아한다.(to ski, to skate)

_____

▶ 사람들은 여름뿐만 아니라 겨울에도 수영한다.(in summer)

_____

절 + 접속사 + 절

▶ 우리는 음식을 가져왔고 그들은 음료수를 제공했다.(supply the drink)

_____

▶ 두 소년은 외모에서 닮았지만 성격에서 다르다.(alike in looks, in personality)

_____

반복을 피하기 위한 생략

▶ 나는 서울에서, 부산(에서) 그리고 대구(에서) 영어를 가르쳐왔다.

_____

▶ Charlie는 새 차를 샀을 뿐만 아니라 새 오토바이도 (샀다).(not only~, but also)

_____

▶ Erin은 피아노를 칠 뿐만 아니라 바이올린도 (켠다).

_____

명사절을 이끄는 접속사

01 절

절(주어, 동사를 포함한 문장)이 하나의 그룹을 이루어 명사역할을 할 수 있다. that은 '…라는 것'의 의미로 명사절을 이끈다.

- **주어역할** : that 명사절이 주어자리에 오는 경우는 거의 없다. 이때는 가주어 it을 사용한다.

  It is true that he passed the test. 그가 시험에 합격한 것은 사실이다.

- **목적어역할** : that을 생략할 수 있다.

  I think (that) he is a liar. 나는 그가 거짓말쟁이라고 생각한다.

- **보어역할** : that을 생략하지 않는다.

  The problem is that I have no money. 문제는 내가 돈이 없다라는 것이다.

02 if와 whether

if와 whether가 '…인지, 아닌지'라는 의미로 명사절을 이끈다. 이 때 if 명사절 경우 주어역할은 하지 않는다.

- **주어역할**

  Whether you like me or not isn't important. 네가 나를 좋아하는지 그렇지 않은지는 중요하지 않다.

- **목적어역할**

  Do you know whether(or if) Mary won the game or not?
  너는 Mary가 게임에 이겼는지 아닌지 아니?

- **보어역할**

  The question is whether(or if) Tom got fired or not.
  문제는 Tom이 해고당했는지 그렇지 않은 지다.

03 간접의문문

의문사(what, where, when, how, why, who)가 간접의문문의 형식으로 명사절을 이끈다.

- **주어역할**

  How you study English is important. 네가 어떻게 영어를 공부하느냐가 중요하다.
  Where he lives shows that he is very rich. 그가 어디에서 사느냐는 그가 매우 부자라는 것을 보여준다.

- **목적어역할**

  Do you know what it means? 그것이 무엇을 의미하는지 아세요?
  I don't know when he came back last night. 나는 그가 어젯밤 언제 돌아왔는지 모른다.

- **보어역할**

  The question is why he stole it. 문제는 그가 왜 그것을 훔쳤냐 이다.

「that+주어+동사」 '~하는 것'

▶ 그가 시험에 합격한 것은 사실이다.(주어역할, It is true that~)

▶ 나는 그가 거짓말쟁이라고 생각한다.(목적어역할, a liar)

▶ 문제는 내가 돈이 없다라는 것이다.(보어역할) --------------------------------------

「if/ whether+주어+동사」 '~인지 아닌지'

▶ 네가 나를 좋아하는지 그렇지 않은지는 중요하지 않다.(주어역할)

▶ 너는 Mary가 게임에 이겼는지 아닌지 아니?(목적어역할)

▶ 문제는 Tom이 해고당했는지 아닌지이다.(보어역할, The question is~)

「의문사(what, where, when, how, why, who)+(주어)+동사」 '무엇이(무엇을)/어디에서/언제/어떻게/왜/누가(누구를) ~하는 것'

▶ 네가 어떻게 영어를 공부하느냐가 중요하다.(주어역할)

▶ 그가 어디에서 사느냐는 그가 매우 부자라는 것을 보여준다.

▶ 너는 그것이 무엇을 의미하는지 아니?(목적어역할)

▶ 나는 그가 어젯밤 언제 돌아왔는지 모른다. --------------------------------------

▶ 문제는 그가 왜 그것을 훔쳤냐이다.(보어역할)

▶ 중요한 것은 그녀가 누구를 사랑하느냐이다.(보어역할)

부사절을 이끄는 접속사

01 부사절

절(주어, 동사를 포함한 문장)이 하나의 그룹을 이루어 부사역할을 할 수 있다. 이 때 접속사를 포함한 절이 앞이나 뒤에 모두 올 수 있다.

Because it was very hot, we opened a window. 매우 더워서 우리는 창문을 열었다.
(= We opened a window because it was very hot.)
When you cross the street, look out for cars. 길 건널 때 차 조심해라.
(= Look out for cars when you cross the street.)
If it rains, what will we do? 비가 오면 우리 뭐하지?
(= What will we do if it rains?)

02 시간 접속사: when, while, before, after, until

When I went out, it was cold. 밖에 나갔을 때 추웠다.
While you were sleeping, Kate called. 네가 잠들어 있는 동안 Kate가 전화했다.
Brush your teeth before you go to bed. 자러가기 전에 이 닦아라.
After I got home, I had dinner. 집에 도착한 후 저녁을 먹었다.
I'll be here until you come back. 네가 돌아올 때까지 여기 있을게.

03 원인, 이유 접속사: because, since, as

원인, 이유 접속사: because, since, as 등이며 이때 as와 since는 이미 알만한 이유를 나타내며 because는 듣는 사람이 잘 알지 못할 이유를 나타낼 때 주로 쓴다.

As Ted is underage, he can't drink at bars.
Ted는 미성년자이므로 그는 술집에서 술을 마실 수 없다.

Since I had a big lunch, I don't feel hungry. 나는 점심을 거하게 먹어서 배고프지 않다.
Because Susie was sick, she couldn't sing well.
Susie가 아팠기 때문에 그녀는 노래를 잘 부를 수 없었다.

04 조건, 양보 접속사: if, although

If we take the bus, it will be cheaper. 만약 우리가 버스를 탄다면 더 저렴할 거야.
Although my brother is young, he is wise. 내 동생은 젊지만 현명하다.

〈시간과 조건을 나타내는 부사절에서는 현재가 미래를 대신한다.〉

When you come back, I'll be at home. 네가 돌아 올 때 나는 집에 있을 거야.
If it rains, we won't go on a picnic. 비가 오면 우리는 피크닉 안 갈 거야.

"문법학습의 최종목표는 문장을 만드는 것이다."

「시간 접속사: when, while, before, after, until+주어+동사」 '~할 때/~하는 동안/~하기 전에/~한 후에/~할 때까지'

▶ 내가 밖에 나갔을 때 추웠다.(When~)   _____

▶ 당신이 돌아올 때 나는 집에 있을 거예요.(When~)

_____

▶ 너 잠들어 있는 동안 Kate가 전화했다.(While you were~)

_____

▶ 내가 샤워하는 동안 남동생이 집에 왔다.(While I was~)

_____

▶ 너 자러가기 전에 이 닦아라.(Before~)   _____

▶ 너 나가기 전에 불 꺼라.(Before~, turn off the lights.)

_____

▶ 나는 집에 도착한 후 저녁을 먹었다.(After~)   _____

▶ 나는 저녁을 먹고 TV를 봤다.(After~)   _____

▶ 네가 돌아올 때까지 나는 여기 있을게.(I'll~)   _____

「원인, 이유 접속사: because, since, as+주어+동사」 '~ 때문에/이라서'

▶ 매우 더워서 우리는 창문을 열었다.(Because~) _____

▶ Susie가 아팠기 때문에 그녀는 노래를 잘 부를 수 없었다.(Because~)

_____

▶ Ted는 미성년자이므로 그는 술집에서 술을 마실 수 없다.(As~)

_____

▶ 나는 점심을 거하게 먹어서 배고프지 않다.(Since~)

_____

「조건, 양보 접속사: if, although+주어+동사」 '~에도 불구하고'

▶ 만약 우리가 버스를 탄다면 더 저렴할 거야.(If~)

_____

▶ 만약 비가 오면 우리는 피크닉 안 가요.(If~) _____

▶ 만약 비가 오면 우리 어떻게 해야 하지?(If~) _____

▶ 만약 네가 여기에 오면, 나는 행복할 거야.(If~) _____

▶ 내 동생은 젊지만 현명하다.(Although~)   _____

▶ 그는 겨우 15살이지만 5개 국어를 말 할 수 있다.(Although~)

_____

" 명사란

어떤 사람이나 사물 그리고 장소 등의 이름을
나타내는 말이다.

주로 **주어**나 **목적어** 혹은 **보어**로

사용된다.

"

Unit 15

명사

명사의 역할과 소유격 만들기

01 명사란

명사란 사람이나 사물, 장소 등의 이름을 나타내는 말이다.

Jenny stayed at the **Hilton** in **Hawaii**. Jenny는 Hawaii에서 Hilton 호텔에 머물렀다.
My favorite **sport** is **soccer**. 내 좋아하는 스포츠는 축구이다.

02 명사의 역할

명사는 문장 안에서 주어, 목적어, 보어, 전치사의 목적어 역할을 한다.

■ **주어 역할**

The **weather** is nice. 날씨가 좋다.
My **sisters** are twins. 여동생들은 쌍둥이다.

■ **목적어 역할**

People watch **television** a lot. 사람들은 TV를 많이 본다.
Jane loves **her parents**. Jane은 부모님을 사랑한다.

■ **보어 역할**

Today is **Monday**. (주격보어) 오늘은 월요일이다.
People call me **a fool**. (목적격보어) 사람들은 나를 바보라고 부른다.

■ **전치사의 목적어**

Look at **that girl**. 저 소녀를 봐.
We're waiting for **the bus**. 우리는 버스를 기다리고 있다.

03 명사의 소유격

1. 명사의 소유격은 살아있는 생물체의 경우 명사에 's를 붙이는 것이 원칙이다.
   These are **women's** clothes. 이것들은 여성의류이다.
   The **men's** room is right there. 남자 화장실은 바로 저기예요.
   David has a **driver's** license. David은 운전면허증이 있다.

2. -s로 끝나는 복수명사일 경우, 뒤에 apostrophe(')만 붙인다.
   a **girls'** school 여학교
   my **parents'** car 부모님 차
   This is my **parents'** car. (parents's → X) 이것은 부모님 차다.

3. 무생물의 소유격은 A의 B일 때 〈B of A〉 형태로 쓴다.
   명사가 무생물일 경우 주로 's 대신 of를 사용한다.
   the name **of** this street 이 거리의 이름
   the title **of** this song 이 노래의 제목

the principal of the school 학교의 교장
What's the title of this song? 이 노래 제목이 뭐지?

4. 시간이나 단위를 나타내는 명사일 경우 이중소유격 대신 's를 사용하여 소유격을 만든다.

last Saturday's match 지난 토요일의 경기
three dollars' worth of popcorn 3달러어치의 팝콘
We need at least seven hours' sleep a night. 우리는 하루에 적어도 7시간의 수면이 필요하다.

5. 명사 없이 소유격만 썼을 때는 소유대명사 '~의 것'이라는 뜻이다.

This computer is Mike's (computer). 이 컴퓨터는 Mike의 것이다.
We'll meet at Mary's (house). 우리는 Mary 집에서 만날 거야.

Writing Pattern Practice

"문법학습의 최종목표는 문장을 만드는 것이다."

「명사(주어) + 동사 / 주어 + 동사 + 명사(목적어)」, 「주어 + 동사 + 명사(주격보어)」

▶ Jenny는 Hilton 호텔에서 머물렀어.　-------------------------------

▶ 내 좋아하는 스포츠는 축구야.(favorite)　-------------------------------

「주어 + 동사 + 목적어 + 명사(목적격보어)」, 「~전치사 + 명사(전치사의 목적어)」

▶ 나를 David이라고 불러줘.　-------------------------------

▶ 나는 음악에 관심이 있어.(interested)　-------------------------------

「명사(사람)'s + 명사」 'A의 B'

▶ 저것은 Tom의 자동차니?　-------------------------------

▶ 이것은 Tim의 핸드폰이야.　-------------------------------

「명사 + of + 명사(무생물)」 'A의 B'

▶ 이 노래 제목이 뭐지?　-------------------------------

▶ 이 책의 작가를 나에게 얘기해줘.　-------------------------------

「명사's」 'A의 것'

▶ 이 컴퓨터는 Mike의 것이다.　-------------------------------

▶ 너는 Mary의 것을 써도 좋아.(can)　-------------------------------

셀 수 있는 명사 -1

01 셀 수 있는 명사

명사는 '하나, 둘…'로 셀 수 있는 명사와 개체수가 많거나 모양이 일정하지 않아 셀 수 없는 명사로 대분된다.

셀 수 있는 명사	셀 수 있는 명사 단독으로 쓰이지 않고 관사 'a(n) 또는 the'를 붙이거나 복수형 '-(e)s'으로 쓴다. [셀 수 있는 명사의 예] a chair - chairs　　　an idea - ideas　　　a boy - boys a woman - women　a child - children　　a tooth - teeth 등
셀 수 없는 명사	복수형을 쓰지 않으며 정관사 'the'는 상황에 따라 붙여 쓸 수 있지만 부정관사 'a(n)'는 쓸 수 없다. [셀 수 없는 명사의 예] English, water, bread, love, money, happiness 등

[셀 수 있는 명사와 셀 수 없는 명사 모두 가능한 명사]

- paper (종이) Paper is made from wood.
- a paper (신문) I'm going out to buy a paper.

- coffee (커피) I drink coffee a lot. [tea/beer/Coke]
- a coffee (커피 한잔–주문할 때) I'll have a (cup of) coffee, please. [a tea/a beer/a Coke]

- glass (유리) This vase is made of glass.
- a glass (유리잔) I need a glass.

- chicken (닭고기) Do you want chicken or beef? [fish/lamb/turkey]
- a chicken (닭) There's a chicken in the garden. [a fish/a lamb/a turkey]

- wine (와인) Jane never drinks wine.
- wines (와인의 종류) France produces some wonderful wines.

- time (시간) Time flies when you're having fun.
- times (~번) I called him more than ten times yesterday.

02 셀 수 있는 명사의 복수형 만들기

규칙	
대부분의 명사에 -s를 붙인다	day → days, week → weeks, month → months, year → years
-s, -x, -sh, -ch, -o로 끝나는 명사는 -es를 붙인다	bus → buses, box → boxes, dish → dishes, potato → potatoes, tomato → tomatoes 예외: pianos, photos, radios 등
「자음+y」로 끝나는 명사는 y를 i로 고치고, -es를 붙인다. 단, 「모음+y」로 끝나는 명사는 -s만 붙인다는 점을 유의한다	century → centuries, baby → babies, lady → ladies, dictionary → dictionaries 예외: keys, guys, boys 등
-f, -fe는 v로 바꾸고 -es를 붙인다	life → lives, shelf → shelves, leaf → leaves, wife → wives, thief → thieves 예외: belief → beliefs, proof → proofs 등
불규칙	
모음이 변한다	tooth → teeth, man → men, woman → women, foot → feet, mouse → mice, crisis → crises
어미에 -(r)en을 붙인다	child → children, ox → oxen
단수, 복수가 같다	fish → fish, deer → deer, sheep → sheep, Japanese → Japanese, Swiss → Swiss

Writing Pattern Practice   "문법학습의 최종목표는 문장을 만드는 것이다."

셀 수 있는 명사와 셀 수 없는 명사의 경우

▶ 난 돈이 좀 필요해. .   --

▶ 일자리를 찾고 계세요?   --

셀 수 있는 명사와 셀 수 없는 명사 모두 가능한 명사 α+명사/ 명사

▶ 나는 커피를 많이 마신다.(a lot)   --

▶ 저는 커피 한잔을 마실 거예요.(have)   --

셀 수 있는 명사 - 2 복수형

03 복수형(-(e)s)이지만 단수 취급하는 명사

- **-ics로 끝나는 명사**

  economics(경제학), electronics(전자학), mathematics(수학), politics(정치학) 등

  Mathematics is my favorite subject. 수학은 내가 좋아하는 과목이다.

- **돈의 액수, 기간, 거리 등을 하나로 볼 때**

  Two weeks wasn't enough holiday. 두 주는 충분한 휴가가 아니었다.

  Ten miles is a long way to walk. You'd better take the bus.
  10마일은 걷기에 멀어. 버스를 타는 게 좋아.

- **news, the United States(미국), Athens(아테네), 「one of+복수명사」 등**

  The news was so shocking. 그 뉴스는 충격적이었다.

  The United States is smaller than Canada. 미국은 캐나다보다 작다.

  One of my friends works for IBM. 친구 중 하나가 IBM에서 일한다.

04 항상 복수형(-(e)s)이고 복수 취급하는 명사

pants, jeans, slacks, shorts, trousers, pajamas, glasses, scissors 등은 짝이 있어야 하나의 사물이 되는 명사로 a pair of, two pairs of로 센다.

My jeans are too tight. 내 청바지가 너무 껴.

"Where are my glasses?""They are on the desk." 내 안경 어디 있지? 책상위에 있어.

05 단수형이지만 복수 취급하는 명사

(the) police, people, cattle 등

Do you think the police are well paid? 경찰이 월급을 많이 받을 것 같니?

Most people are interested in movies. 대부분의 사람들은 영화에 관심이 있다.

06 의미에 따라 단수, 복수 취급하는 명사

family, team, club, staff 등의 단어는 하나의 단위로 쓸 경우 단수취급, 그 안에 속한 하나하나의 개인이나 사물을 가리킬 경우는 주로 복수취급한다.

How are your family?(복수) 가족들은 어때?

The average family has 3.5 members. It's smaller than 50 years ago.
(단수) 평균 가족은 3.5명이다. 50년 전보다 줄어들었다.

Check it Out!

미국영어에서는 명사를 하나의 단위로 쓰거나 하나하나의 개인으로 보거나 모두 단수취급을 하기도 한다.

How is **your family**? 가족들은 어때?　　　　**My family** is my life. 내 가족은 내 삶이다.

복수형이지만 단수취급 명사: 명사(e)s + is~

▶ 수학은 내가 좋아하는 과목이다.

▶ 10마일은 걷기에 먼 길이야.(to walk)

▶ 그 뉴스는 충격적이었다.(shocking)

▶ 미국은 캐나다보다 더 작다.(smaller)

▶ 내 친구들 중 하나가 IBM에서 일한다.(work for)

함상 복수형이고 복수취급 명사: 명사(e)s + are~

▶ 내 청바지가 너무 껴.

▶ 내 안경 어디 있지?

단수형이지만 복수취급 명사: 명사 + are~

▶ 경찰이 한 남자를 심문하고 있다.(question)

▶ 대부분의 사람들은 영화에 관심이 있다.(movies)

의미에 따라 단수/ 복수취급 명사: 명사 + is~/ 명사 + are~

▶ 네 가족은 어때?(가족구성원 모두의 안부를 물을 때)

▶ 평균 가족은 3.5명이다.(The average~)

단복수 동사 알아맞추기

▶ 네 청바지는 드라이어기에 있어.

▶ 토마토는 맛이 좋다.

▶ 일주일에는 7일이 있다.

▶ 너희 손은 아름답구나.

▶ 내 이빨들이 정말 아파.

▶ 이 바지들은 너무 타이트해.

▶ 네 안경은 너하고 잘 어울려.

▶ 사과는 건강에 좋다.

▶ 쥐들은 개보다 작다.

Unit 15-4 명사

셀 수 없는 명사 - 1

01 셀 수 없는 명사

셀 수 없는 명사는 보통 부정관사(a/an)를 붙이지 않고 복수형으로도 쓰지 않는다.

02 고유명사

특정한 사람이나 장소 또는 사물의 이름을 말하며 첫 글자를 대문자로 시작한다. Africa, Iraq, September, Sunday, Christmas, Easter, Central Park 등

Katie left for Las Vegas on September 20. Katie는 9월 20일에 Las Vegas로 떠났다.

> **Check it Out!**
> 고유명사는 보통 관사 a/an/the를 붙이지 않지만 예외가 있다.
> 1. the Bushes 복수형인 경우 가족을 나타내는 집합적인 의미이므로 the를 붙임.
> 2. the United States 여러 주를 합쳐놓은 국가로 복수형으로 쓰이는 집합적인 의미를 가진 국가
>   명은 the를 붙임. the Philippines, the Netherlands, the Bahamas 등

03 집단(한 덩어리) 명사

특정한 명사를 지칭하지 않고 여러 개를 포함하는 덩치가 큰 명사를 가리키는 경우로 셀 수 없는 명사이다. 단 각 집단 안에 속하는 특정한 명사는 셀 수 있는 명사이다.

전체(셀 수 없음)	부분(셀 수 있음)
furniture(가구)	desks, chairs, tables, beds 등
mail(우편물)	letters, postcards, parcels(소포) 등
luggage/baggage(짐)	suitcases, bags 등
clothing(의류)	shirts, pants, vests 등
fruit(과일)	apples, bananas, grapes 등

04 물질 명사

물질의 이름을 나타내며 한개, 두개로 단위를 나누어 세기 애매하거나 작은 것이 모여서 전체를 이루는 것들이 이에 속한다.

water, coffee, tea, ice, smoke, weather, meat, cheese 등

"What would you like to drink?" "I'd like some water."
뭐 마시고 싶어요? 물마시고 싶어요.

> **Check it Out!**
> 일상 회화에서 일부 셀 수 없는 명사를 복수형으로 쓰기도 한다.
> We'll have two hamburgers and two coffees. 우리는 햄버거 두 개와 커피 두 잔 먹을게요.

"문법학습의 최종목표는 문장을 만드는 것이다."

고유명사

▶ 12월 25일은 크리스마스이다. --

▶ Tom과 Mary는 파리에서 만났다. --

▶ Kate는 아프리카를 향해 떠났다. --

▶ 모짜르트는 위대한 작곡가였다. --

▶ 나는 연세대에서 한국어를 공부하고 있어. --

집단(한 덩어리) 명사

▶ 포도와 사과는 과일이다.(grapes) --

▶ 의자와 테이블은 가구다. --

▶ 편지와 엽서는 우편물이다.(postcards) --

▶ 나는 과일을 좀 샀다. --

물질명사

▶ Jack은 맥주 두 병을 마셨다. --

▶ 내게 종이 한 장 줘.(piece) --

▶ 빵 한 덩어리와 우유 한 잔이 내 아침식사이다. --

▶ 케익은 설탕과 밀가루로 만들어진다. --

▶ 물 좀 마실테야? --

▶ 우유로 치즈를 어떻게 만드는지 아니? --

Great

셀 수 없는 명사 - 2

05 추상명사

구체적인 모양이 없는 것으로 감정, 개념, 운동, 질병 등을 나타내는 말이다.

beauty, luck, experience, shame(부끄러움), happiness, courage(용기), advice, information, intelligence, measles(홍역) 등

Beauty is but skin-deep. 미모는 단지 겉모습일 뿐이다.

It wasn't your **fault**. It was bad **luck**. 네 잘못이 아니야. 운이 나빴어.

Experience teaches. 경험은 가르침을 준다.

06 a + 셀 수 없는 명사

셀 수 없는 명사지만 일반적인 경우가 아니라 특정한 상황이라면 부정관사(a/an)를 사용한다. 보통 명사 앞에 꾸며주는 형용사가 있는 경우가 많다.

■ 셀 수 없는 명사

추상적 개념 – peace, art, beauty, death 등

액체 – water, oil, gasoline, blood 등

고체 – ice, gold, iron, silver, glass, paper, wood, cotton 등

기체 – steam, air, oxygen, nitrogen, smoke, smog, pollution 등

음식 – coffee, tea, soup, bread, butter, cheese, meat 등

자연 – weather, dew, fog, hail, heat, humidity, lightning, rain, snow, wind 등

범주 – furniture, food, clothing, money 등

I don't usually have **a big lunch**. 나는 보통 점심을 거하게 먹지 않는다.

Have **a good time**. 좋은 시간 보내.

You've been **a great help**. 네가 도움이 많이 되었어.

My parents wanted me to have **a good education**.
부모님은 내가 좋은 교육을 받기를 원하셨다.

07 셀 수 없는 명사를 셀 수 있게 해주는 어구

■ 셀 수 없는 명사는 직접 세지 못하고 담는 용기나 단위를 통하여 센다.

We bought a furniture (X)   some furnitures (X)   two piece of furnitures (X)
a piece of furniture (O)   some furniture (O)   two pieces of furniture (O)

a piece/slice (two pieces/slices) of cake

a bar (two bars) of chocolate   a loaf (two loaves) of bread

a glass (two glasses) of water/juice   a cup (two cups) of coffee/tea

a bottle (two bottles) of beer/soda   a jar (two jars) of jam

a carton (two cartons) of milk   a bag (two bags) of flour

a box (two boxes) of cereal   a pound (two pounds) of butter

"문법학습의 최종목표는 문장을 만드는 것이다."

추상명사

▶ 경험은 가르침을 준다.(teach) --

▶ 저는 당신의 친절에 감사합니다.(appreciate) --

▶ 그것은 나쁜 운이었다.(운이 나빴어) --

▶ 그가 우리에게 조언을 좀 해줄지 몰라. --

▶ 좋은 생각이야. 걔네들 잘못 알고 있는 게 너무 많았잖아.

「a + 셀 수 없는 명사」

▶ 나는 보통 점심을 거하게 먹지 않는다.(usually, big)

▶ 좋은 시간 보내.(good) --

▶ (그동안) 네가 도움이 많이 되었어.(a great help)

▶ 너는 잘 자야해.(need, good) --

▶ 넌 하루에 커피 3잔 이상을 마시면 안좋다. --

Grammar Point: two cups of coffee or two coffees?

coffee는 셀 수 없는 거니까 "A cup of coffee"나 "Two cups of coffee"라고 해야 되는데 네이티브들은 그냥 커피를 주문할 때 거의 대부분이 "A coffee" 또는 "Two coffees"와 같이 말한다. 외국인들과 직접 부딪히다 보면 우리가 열심히 갈고 닦은 교실영어와는 다른 생활영어 때문에 당황하는 경우가 많은데 이 경우도 그런 경우에 해당하는 것이다. 물론 coffee는 물질 명사이고 그것을 담는 용기에 따라 모양과 양이 달라지기 때문에 a cup of coffee와 같이 단위명사의 도움을 받아야 하는 게 사실이다. 하지만 커피점이나 음식점들의 메뉴판을 보면 대부분 「잔」(cup)을 기준으로 제공하고 있기 때문에, 번거롭게 a cup of라는 단위명사를 붙이지 않아도 「커피 한잔」을 가리킨다는 것을 알 수가 있게 된다. 이는 coffee 뿐만이 아니라 water, milk, juice 등의 여타 음료에 대해서도 마찬가지이며 a piece of나 a roll of 따위의 단위명사로 구분해줘야 한다고 배운 bread 종류에도 함께 적용된다. 이처럼 음식을 주문할 때는(when they order) 굳이 말하지 않아도 뻔히 알 수 있는 단위명사는 생략해 버리고 간단히 a coffee, a water, a milk, a bread 등과 같이 표현하는 게 보통이다.

수량을 나타내는 표현 - 1

01 수를 나타내는 few/ a few/ a couple of/ several/ many/ a number of

few 거의 없는	There were few people in the park. 공원에 사람이 거의 없었다.
a few 약간의	There are a few things you have to know. 네가 알아야 할 것이 몇 가지 있어.
a couple of 둘 셋의	Can you stay a couple of days longer? 이삼일 더 머물 수 있어?
several 몇몇의	Several students didn't come to class. 몇몇 학생이 출석하지 않았다.
many 많은	"Are there many opera houses in Korea?""No, not many." 한국에는 오페라 하우스가 많이 있나요? 아니오, 많이 없어요.
a number of 수많은	A number of people disagree. 많은 사람들이 반대한다.

Check it Out!

1. few

   few는 '(수가) 거의 없는'이라는 뜻으로 셀 수 있는 명사 앞에 오면서 부정의 뜻을 지니고 있음.

   There are **few** eggs in the fridge. 냉장고에 계란이 거의 없다.

   Few people think that prices will get stabilized. 물가가 안정될 거라고 생각하는 사람들은 거의 없다.

2. a number of(많은 수의: 복수)와 the number of(~의 수: 단수) 비교

   A number of languages **are** used in the world. 세계적으로 많은 언어가 쓰여시고 있다.

   The number of languages used in the world **is** not known exactly.
   세계적으로 쓰이는 언어의 수는 정확히 알려지지 않았다.

02 양을 나타내는 little/ a little/ much/ a great deal of

little 거의 없는	Cactuses need little water. 선인장은 물이 거의 필요 없다.
a little 약간의	Give the roses a little water every other day. 그 장미꽃은 이틀에 한 번 물을 조금씩 주어라.
much 많은	I didn't eat much breakfast. 나는 아침식사를 많이 먹지 않았다.
a great deal of 다량의	We need a great deal of time to finish the project. 그 프로젝트를 완성하기 위해 우리는 많은 시간이 필요하다.

Check it Out!

1. much는 부정문에서 더욱 자연스럽다. 긍정문에는 a lot of(lots of)를 주로 쓴다.

   [비교]

   I spent **a lot of** money. 나는 많은 돈을 썼다.

   I didn't spend **much** money. 나는 많은 돈을 쓰지 않았다.

2. a great deal of는 딱딱한 표현으로 자주 쓰이는 표현은 아니다.

03 수와 양을 모두 나타내는 no/ some/ any/ a lot of/ lots of/ plenty of

no/ not a/ not any	Sorry, I've got no time. 미안하지만, 시간이 없어. He has no brothers. 그는 형제가 없다.
some 약간의 (긍정문, 상대방에게 Yes라는 대답을 기대하는 의문문) any 약간의 (부정문, 의문문, 조건문) *긍정문에서 '어떤 ~라도'라는 강조의 의미로 any를 사용할 수 있다.	Mary has got some interesting ideas. Mary는 흥미로운 의견을 가지고 있다. Could I have some coffee? 제가 커피 좀 마실 수 있을까요? I don't need any help. 나는 아무런 도움도 필요하지 않다. Do you know any good jokes? 재미있는 농담 좀 아니? If you find any mistakes, let me know. 실수를 발견하면 알려줘요. I'm prepared to take any advice. 나는 어떤 충고라도 받아들일 준비가 되어 있다.
a lot of/ lots of 많은	I have a lot of friends to hang around with. 나는 어울리는 친구들이 많다. You have lots of work to do. 너는 할일이 많아.
plenty of 많은	Have you got plenty of time? 시간 많이 있니?

Writing Pattern Practice
"문법학습의 최종목표는 문장을 만드는 것이다."

「수를 나타내는 표현 + 셀 수 있는 명사(복수형)」

▶ 몇몇 학생이 수업에 오지 않았다.(Several~) ------------------------------

▶ 많은 사람들이 반대한다.(a number of) ------------------------------

「양을 나타내는 표현 + 셀 수 없는 명사」

▶ 나는 약간의 시간이 필요하다. ------------------------------

▶ 나는 아침식사를 많이 하지 않았다.(eat much) ------------------------------

「수와 양을 나타내는 표현 + 셀 수 있는/ 셀 수 없는 명사」

▶ 미안하지만, 시간이 없어.(Sorry,~no) ------------------------------

▶ 너는 재미있는 농담 좀 아니?(good jokes) ------------------------------

▶ 나는 아무런 도움도 필요하지 않다. ------------------------------

수량을 나타내는 표현 -2

04 both (of)/ either (of)/ neither (of)

*ⓓ determiners – a, the, my, this와 같은 명사 앞에 붙는 한정사를 뜻함.

「both (of) + ⓓ + 복수명사」 둘 다	Both (of) my parents were born in Seoul. 우리 부모님 두 분 모두 서울에서 태어나셨다.
「either + 단수명사」 「either of + ⓓ + 복수명사」 둘 중 하나	Come on Monday or Tuesday. Either day is OK. 월요일이나 화요일에 와요. 아무 날이나 좋아요. You can use either of the phones. 두 전화 중 아무거나 사용해도 좋아요.
「neither + 단수명사」 「neither of + ⓓ + 복수명사」 둘 다 ~아니다	"Can you come on Saturday or Sunday?" "I'm afraid neither day is possible." 토요일이나 일요일에 올 수 있니? 유감이지만 둘 다 안돼. Neither of my friends came to see me. 내 친구들 중 아무도 나를 보러 오지 않았다.

05 another/ other

「another + 단수명사」 (또) 다른~(= additional, extra)	Another day has gone. 또 하루가 지나갔다. Could I have another piece of bread? 빵 한 조각 더 먹을 수 있을까요?
「other + 복수명사」 다른~ * other 앞에 one, every 등이 오는 경우 단수명사와 같이 쓰기도 한다	Can you show me some other shoes? 다른 신발 보여줄래요? Where are the other people? 다른 사람들은 어디 있어? We meet every other week. 우리는 격주로 만난다.

06 all/ every/ half/ each

「all + 셀 수 있는/없는 명사」 모든 「all (of) + ⓓ + 셀 수 있는/없는 명사」 ~의 모두 *명사에 따라 단수/복수취급	All men are equal. 모든 사람은 평등하다. I drank all (of) the milk. 나는 우유를 다 마셨다.
「every + 셀 수 있는 명사의 단수형」 모든 *항상 단수취급	Every light was out. 모든 전기가 나갔다. Every room is being used. 모든 방이 사용 중이다.
「half (of) + ⓓ + 셀 수 있는/없는 명사」 절반의	Half (of) my friends got married. 내 친구 중 절반은 결혼했다. *양이나 거리를 나타낼 때는 of를 쓰지 않는다. Give me half a glass of water. 물 반잔 줘. Give me half of a glass of water.(X)

「each + 단수명사」 「each of + ⓓ + 복수명사」 각각(의) *항상 단수취급	I enjoy each moment. 나는 매순간을 즐긴다. I write to each of my friends a couple of times a month. 나는 한 달에 두 세 번씩 각각 친구에게 편지를 쓴다.

07 most (of)

「most +셀수있는/없는 명사」 대부분(의) 「most of + ⓓ + 셀 수 있는/없는 명사」 ~의 대부분	Most cheese is made from cow's milk. 대부분의 치즈는 소의 젖으로 만들어진다. Most of my friends live in San Francisco. 내 친구들 중 대부분은 샌프란시스코에 산다. We've eaten two sandwiches and most of a cold chicken. 우리는 샌드위치 두개와 식은 닭고기를 거의 다 먹었다.

Check it Out!

보통 수량표현 all이나 most는 뒤에 불특정한 명사가 오면 of를 붙이지 않고 the, this, that, my, your 등의 한정을 받는 특정한 명사가 와서 의미가 제한되는 경우 of를 붙인다.

All children like chocolate. 모든 아이들은 초콜릿을 좋아한다.

All of the children like chocolate. 그 아이들 모두는 초콜릿을 좋아한다.

Most people like shopping. 대부분의 사람들은 쇼핑을 좋아한다.

Most of the people like shopping. 그 사람들 중 대부분이 쇼핑을 좋아한다.

Writing Pattern Practice

"문법학습의 최종목표는 문장을 만드는 것이다."

「either + 단수명사」, 「either of + ⓓ + 복수명사」 둘 중 하나

▶ 당신은 두 전화 중 아무거나 사용해도 좋아요.(You can~)

- -

「neither + 단수명사」, 「neither of + ⓓ + 복수명사」 둘 다 ~아니다

▶ 내 남동생들 중 아무도 여기에 오지 않았다. - - - - - - - - - - - - - - - - - - -

「another + 단수명사」 (또) 다른~, other + 복수명사」 다른~

▶ 내게 다른 것으로 보여줘요. -

▶ 나는 다른 약속은 없어.(no, appointments) -

대명사는 특정명사를 대신하는 단어로

태생적으로 명사의 일종으로
타동사나 전치사의 목적어가 될 수 있다.

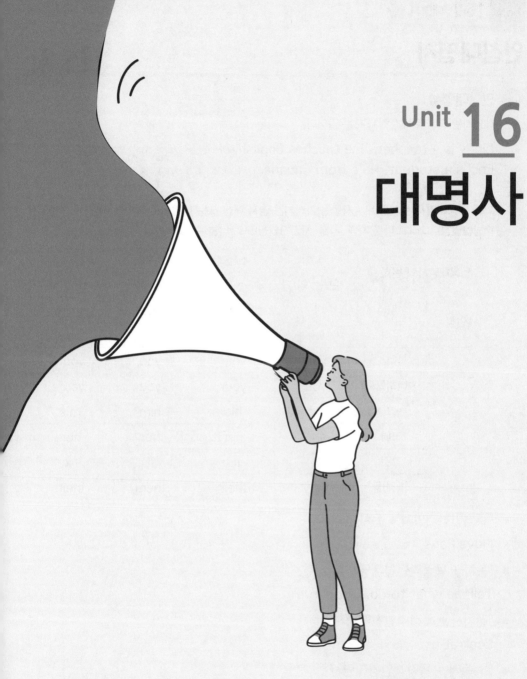

Unit 16
대명사

인칭대명사

01 인칭대명사

대명사는 명사를 대신해서 쓰는 말이다.

Cindy is a teacher. She teaches English. Cindy는 선생님이다. 그녀는 영어를 가르친다.
Eric is a student. He's from Canada. Eric은 학생이다. 그는 캐나다 출신이다.

그중 인칭대명사는 사람이나 사물을 가리키는 명사 대신 쓰는 대명사로 말하는 사람(1인칭)과 상대방(2인칭), 그리고 다른 사람, 사물, 사건(3인칭)으로 나눌 수 있다.

인칭대명사의 변화		주격	소유격	목적격	소유대명사
		~은/는/이/가	~의	~을, 에게	~의 것
1인칭	나	I	my	me	mine
	우리	we	our	us	ours
2인칭	너	you	your	you	yours
	너희들	you	your	you	yours
3인칭	그	he	his	him	his
	그녀	she	her	her	hers
	그것	it	its	it	x
	그(것)들	they	their	them	theirs

- 「주격인칭대명사 + 동사」

  I love Paris. 나는 파리를 좋아한다.

- 「동사 + 목적격인칭대명사」

  Tell me what to do. 무엇을 할 지 말해줘.

- 「전치사 + 목적격인칭대명사」

  Look at us. 우리를 봐.

- 「be동사 + 목적격인칭대명사」

  "Who is it?" "It's me." 누구세요? 저예요.

02 인칭대명사의 순서

대명사 또는 명사를 두 개 이상 열거할 경우 상대방을 존중하는 의미로 2, 3인칭을 1인칭보다 먼저 쓴다.

Jack and I are close friends. Jack과 나는 친한 친구다.
My sister and I have a lot of things in common. 언니와 나는 공통점이 많다.

"문법학습의 최종목표는 문장을 만드는 것이다."

인칭대명사 연습하기

▶ 너희들은 길을 잃었구나.(lost) --

▶ 우리에게 돈 좀 줘. --

▶ 나는 그의 전화번호를 몰라. --

▶ 그녀는 영어공부를 열심히 해. --

▶ 너의 오빠는 학생이니? --

▶ 나는 내 여자친구에게 그것을 받았어.(get) --

▶ 이 차는 우리 것이 아니야. --

▶ 그 생각은 그녀의 것이었다. --

주격 인칭대명사, 목적격 인칭대명사

▶ 나는 그녀를 그리워한다. --

▶ 무엇을 할 지 내게 말해줘.(what to do) --

▶ 우리를 봐. --

▶ "Who is it?" 저요. --

「I/me를 제외한 인칭대명사 + I/me」

▶ Jack과 나는 가까운 친구다. --

▶ 그것은 Peter와 나의 문제야.(That's a matter for~)

YOU ARE STRONGER
than you think

대명사 It

01 시간, 날씨, 요일, 날짜, 거리, 상황 등을 나타내는 비인칭 주어 It

'it'이 시간, 날씨, 요일, 날짜, 거리, 상황 등을 나타내는 경우 비인칭 또는 무인칭 주어라고 하는데 이 때 it은 해석하지 않는다.

It's nine thirty. 9시 30분이다.
It's freezing out there. 밖이 몹시 춥다.
It's Monday again. 또 다시 월요일이다.
It's January 1st. 1월 1일이다.
It's ten miles to the nearest bank. 가장 가까운 은행까지 10마일이다.
"How is it going?" "Terrific." 어떻게 지내니? 아주 좋아.

02 가주어, 가목적어 역할을 하는 it

주어나 목적어 자리에 부정사 또는 절 형태가 와서 길어질 때 it을 대신 쓰고 진짜 주어나 목적어를 뒤로 보낸다. 이때 it 역시 해석하지 않는다.

It's nice to talk to you. 너랑 얘기해서 좋아.
It was surprising you made it to the first class. 네가 1교시 제때에 갔다니 놀랍다.
We found it strange that she was absent for two weeks.
우리는 그녀가 두 주 동안 결석한 것은 이상하다고 생각했다.
Jack made it very clear that he was in love with her.
Jack은 그가 그녀와 사랑에 빠져 있는 것을 매우 확실하게 했다.

03 It ~ that 강조구문

문장에서 주어, 목적어, 부사(구, 절)을 강조하기 위해 it~that 구문을 쓴다.

• I ran into Tom on the street yesterday. 나는 어제 거리에서 Tom을 우연히 만났다.
It was I that(who) ran into Tom on the street yesterday.
어제 길에서 Tom을 우연히 만난 사람은 바로 나였다. – 주어강조

It was Tom that(whom) I ran into on the street yesterday.
어제 길에서 내가 만난 사람은 바로 Tom 이었다. – 목적어강조

It was on the street that(where) I ran into Tom yesterday.
내가 어제 Tom을 만난 곳은 바로 길에서였다. – 부사구강조

It was yesterday that(when) I ran into Tom on the street.
내가 길에서 Tom을 만난 것은 바로 어제였다. – 부사강조

It's Jane that is to blame. 바로 Jane의 탓이다.
It was at the party that I first met Katie. Katie를 처음 만난 곳은 파티에서였다.
"What is it that he wants?" "It is the laptop computer that he wants."
그가 원하는 것은 뭐지? 그가 원하는 것은 노트북이야.

04 it을 이용한 관용표현

「it's worth ~ing」「it's no use ~ing」 각각 '~할 가치가 있다',' ~해도 소용없다'라는 뜻으로 이 때 it은 가주어역할을 한다.

It's worth visiting Italy. 이탈리아는 방문할 가치가 있다.

It's worth buying that car. 그 차를 살 가치가 있다.

It's no use crying over spilt milk. 지나간 일은 후회해도 소용없다.

Writing Pattern Practice

"문법학습의 최종목표는 문장을 만드는 것이다."

시간, 날씨, 요일, 날짜, 거리, 상황 등을 나타내는 it

▶ 9시 30분이다. _____

▶ 밖이 몹시 춥다. _____

▶ 다시 월요일이다. _____

▶ 1월 1일이다. _____

▶ 가장 가까운 은행까지 10마일이다.(the nearest) _____

▶ 어떻게 지내니?(it) _____

▶ 지난 주 새로 고용한 비서는 어때? _____

가주어, 가목적어 역할을 하는 it

▶ 너랑 얘기해서 좋아.(nice, talk) _____

▶ 우리는 그녀가 두 주 동안 결석을 한 것은 이상하다고 생각했다. (find, absent)

_____

▶ 크리스가 그 제안서를 검토해 보려면 시간이 걸려서 뭐라고 말하기가 어려워.

_____

「it's worth ~ing」,「it's no use ~ing」

▶ 이탈리아는 방문할 가치가 있다. _____

▶ 지나간 일 후회해도 소용없다.(cry over the milk)

_____

소유격과 소유대명사

01 인칭대명사의 소유격

인칭대명사의 소유격 my/your/his/her/its/our/their는 명사구의 맨 앞에 위치한다.

This is **my** younger sister. 얘가 내 여동생이야.
May I ask **your** phone number? 전화번호를 여쭤 봐도 될까요?
I don't know **his** phone number. 나는 그의 전화번호를 몰라.
What's **your** name? 너의 이름은 뭐니?

02 이중소유격

a/an, some, this, that, no 등이 명사 앞에 올 경우 소유격을 같이 쓰지 않는다. 이때는 「a/an, some, this, that, no+명사+of+소유대명사」 형태의 이중소유격을 쓴다.

Laura is **a friend of mine.** (a my friend → X) Laura는 내 친구 중 하나이다.
(=Laura is one of my friends.)
Can I borrow **some books of yours?** (some your books → X)
(=Can I borrow some of your books?)   네 책들 중 몇 권을 빌릴 수 있을까?

03 소유대명사

소유대명사 mine/yours/his/hers/ours/theirs는 「소유격+명사」를 대신 쓰는 말이다. 명사의 소유대명사인 경우 명사's 를 쓴다.

That's my car. → That's **mine.**
Which is your bag? → Which is **yours?**
Those are Karen's shoes. → Those are **Karen's.**
Can I use your phone? I can't find **mine.** 네 전화 써도 되니? 내 것을 찾을 수가 없어.
This isn't my pen. It's **Selly's.** 이것은 내 펜이 아니야. Selly 거야.
Are these shoes **yours?** 이 신발이 너의 것이니?
My house is bigger than **his.** 나의 집은 그의 것보다 크다.

"문법학습의 최종목표는 문장을 만드는 것이다."

인칭대명사의 소유격 「my/ your/ his/ her/ its/ our/ their + 명사」

▶ 얘가 내 여동생이야. _____

▶ 전화번호를 여쭤 봐도 될까요? _____

▶ 나의 이름은 Sonia야. _____

▶ 너의 오빠는 학생이니? _____

▶ 나는 그녀의 미소가 좋아. _____

이중소유격 「a/an, some, this, that, no + 명사 + of + 소유대명사」

▶ Laura는 내 친구 중 하나이다. _____

▶ 네 것들 중 책 몇 권을 빌릴 수 있을까?(Can I~, some)

_____

소유대명사 「mine/yours/his/hers/ours/theirs 또는 명사's」

▶ 그것은 내거야. _____

▶ 어느 것이 네것이니? _____

▶ 그것들은 Karen 거야. _____

▶ 그것은 내거야. _____

▶ 이 차는 우리 것이 아니야. _____

▶ 그 생각은 그녀의 것이었다.(That idea~) _____

▶ 이 차는 그들의 것이니? _____

지시대명사

01 지시대명사 this/these, that/those

this/those는 가까이, that/those는 멀리 있는 사람/사물/상황을 가리키거나 소개할 때 쓴다.

This is my cap. 이것은 내 모자다.
These are sunglasses. 이것은 선글라스다.
This is my wife. 이 사람은 내 처입니다.
That is my computer. 저것은 내 컴퓨터야.
What are those? 저것들은 뭐니?
That is my daughter. 쟤가 내 딸이야.
What's this? It's a rose. 이것은 무엇이니? 그것은 장미야.
What are these? They are lilies. 이것들은 무엇이니? 그것들은 백합들이야.

> ### Check it Out!
> 지시대명사 that/those는 명사의 반복을 피하기 위해 쓰기도 한다.
> The population of China is much larger than **that** of Korea. 중국의 인구는 한국(의 인구)보다 훨씬 많다.
> Prices in New York are higher than **those** in Texas. 뉴욕의 물가는 텍사스(의 물가) 보다 높다.

02 지시형용사 this/these, that/those

명사를 꾸며주는 형용사 역할을 하기도 한다.

I'll be busy this weekend. 이번 주말에는 바쁠 거야.
These scissors are awfully heavy. 이 가위가 매우 무겁다.
What is that loud noise? 저 시끄러운 소리는 뭐야?
I want this book. 나는 이 책을 원한다.
I want these books. 나는 이 책들을 원한다.
That girl is my daughter. 저 여자애가 내 딸이다.
Those girls are my daughters. 저 여자애들이 내 딸들이다.

03 부사 this, that

this는 '이만큼,' 이 정도로'의 뜻으로 that은 '그만큼', 그 정도로'의 뜻으로 쓴다.

I didn't expect you to come this early. 네가 이렇게 일찍 오리라 예상하지 못했어.
I can't eat that much. 나는 그렇게 많이 못 먹어.
His English is not that good. 그의 영어는 그렇게 훌륭하지 않아.
I have never seen anyone drink that much. 그렇게 마셔대는 사람은 처음 봤다니까.
I wish my garden looked this good. 우리 집 정원도 이렇게 멋있으면 좋을텐데.

"문법학습의 최종목표는 문장을 만드는 것이다."

지시대명사 this/these, that/those

▶ 이것은 내 모자다.(cap)

- -

▶ 이것은 선글라스다.

- -

▶ 이 사람은 내 처입니다.

- -

▶ 저것은 내 컴퓨터야.

- -

▶ 저것들은 뭐니?

- -

▶ 쟤가 내 여자친구야.

- -

지시형용사 this/these, that/ those

▶ 나는 이번 주말에 바쁠 거야.

- -

▶ 이 모델은 2016년도에 나왔다.(come out)

- -

▶ 이 가위가 매우 무겁다.

- -

▶ 저 시끄러운 소리는 뭐야?(loud)

- -

▶ 그 셔츠는 나에게 맞지 않는다.(fit)

- -

▶ 저 스커트들을 봐.

- -

▶ 그 문제들은 꽤 어렵다.(quite)

- -

부사 this, that

▶ 네가 이렇게 일찍 오리라 예상하지 못했어.(I didn't expect you to~)

- -

▶ 네게 이렇게 늦게 전화해서 미안해.(I'm sorry to~)

- -

▶ 나는 그렇게 많이 못 먹어.

- -

▶ 나는 그렇게 빨리 못 달려.

- -

▶ Sarah는 그렇게 예쁘지는 않아.(pretty)

- -

▶ 그의 영어는 그렇게 훌륭하지 않아.(good)

- -

Unit 16-5 대명사

재귀대명사

01 재귀대명사

재귀대명사는 「인칭대명사의 소유격/목적격-self/selves」형태로 '~자신'이라는 뜻으로 쓴다.

	단수	복수
1인칭	myself	ourselves
2인칭	yourself	yourselves
3인칭	himself/herself/itself	themselves

02 「재귀」의 의미

재귀대명사를 사용하는 가장 흔한 경우로 문장 안에서 주어와 목적어가 같을 때 쓴다.

John cut himself shaving this morning. John은 오늘 아침 면도를 하다가 베었다.
We took a bath and dried ourselves. 우리는 목욕하고 몸을 말렸다.
Look at yourself in the mirror. 거울로 자신을 봐.

03 「강조」의 의미

강조할 경우 '다른 사람/것'이 아니라 '바로 그 사람/것'이라는 뜻으로 재귀대명사를 문장 끝이나 강조하고자 하는 명사 뒤에 쓴다. 이때 재귀대명사는 생략 가능하다.

It's cheaper if you do it yourself. 네가 직접 하면 더 저렴해.
The shirt itself looks nice, but it's too expensive.
그 셔츠 자체는 멋있어 보이는데 너무 비싸.

04 재귀대명사가 포함된 관용표현

by oneself 홀로	say(talk) to oneself 혼잣말하다
of itself(= by itself) 저절로	enjoy oneself 즐기다
help oneself 마음껏 먹다	come to oneself 의식을 회복하다
be proud of oneself ~를 자랑스럽게 여기다	devote oneself to …에 열중하다
present oneself at …에 참석하다	absent oneself from …에 불참하다
make oneself at home 편히 있다(= make oneself comfortable)	
make oneself understood 자신의 생각을 남에게 이해시키다	

The window opened of itself. 창문이 저절로 열렸다.
I have been doing this job by myself for the past three weeks.
지난 3주간 나는 이 일을 혼자 해왔다.

"문법학습의 최종목표는 문장을 만드는 것이다."

재귀의 의미

▶ John은 오늘 아침 면도를 하다가 베었다. _____

▶ 우리는 목욕하고 몸을 말렸다.(take a bath) _____

▶ 거울로 네 자신을 봐.(Look~) _____

▶ 우리는 우리 자신을 탓해야 해.(should blame) _____

강조의 의미-생략가능

▶ 네가 직접하면 더 저렴해.(It's cheaper~) _____

▶ 그 셔츠 자체는 멋있어 보이는데 너무 비싸. _____

재귀대명사가 포함된 관용표현

▶ Cindy는 멕시코에 혼자 갔다. _____

▶ Linda는 가끔 혼잣말을 한다.(talk) _____

▶ 우리는 파티에서 즐거웠다.(enjoy) _____

▶ 마음껏 먹어.(yourself) _____

▶ 편안히 있어.(yourself at home) _____

▶ 너는 네 자신이 자랑스러움에 틀림없어.(must) _____

부정대명사-1

01 부정대명사

특정하게 정해지지 않은 막연한 대상을 가리키는 대명사를 부정대명사라고 한다.

02 you/we/they

You can't learn Spanish in a month. (you: 일반적인 사람) 스페인어를 한 달 만에 배울 수는 없다.
We dial 911 in an emergency. (we: 일반적인 사람) 비상시에는 911을 누른다.
They speak English and French in that state. (they: 말하는 사람과 듣는 사람을 제외한
제3의 집단인 경우. 또는 '사람들이 ~라고 말하다'라고 말하는 경우) 그 주에서는 영어와 프랑스를 사용한다.
* you나 we 대신 one을 쓸 수 있지만 딱딱한 표현이다.

03 one/ones

I have three roses; a red one and two white ones. (one: a+명사, ones: one의 복수형)
나는 장미 세 송이가 있다. 빨간 장미 한 송이와 하얀 장미 두 송이다.

I need a pen. Do you have one? 나는 펜이 필요해. 하나 있니?
* one은 「a+명사」로 불특정한 명사를 가리키고, it은 「the+명사」로 특정한 명사를 가리킨다.

You can turn off the radio. I'm not listening to it. (it: the radio)
라디오를 꺼도 돼. 듣고 있지 않아.

04 one/another/other

■ one~the other… (둘 중에서) 하나는~ 나머지 하나는…
I have two caps. One is blue, and the other is white.
나는 모자가 두개 있다. 하나는 파란색이고 다른 하나는 하얀색이다.

■ one~another…the other- (셋 중에서) 하나는~ 다른 하나는… 나머지 하나는-
She has three sons. One is five years old, another is eight, and the
other is eleven. 그녀는 아들이 셋 있다. 하나는 5살이고 다른 하나는 8살이고 나머지 하나는 11살이다.

■ some~others… (여럿 중에서) 어떤 것들은~ 다른 어떤 것들은…
People are having a party here. Some of them look happy, and others
look bored. 사람들이 여기에서 파티를 하고 있다. 몇몇은 행복해 보이고 다른 몇몇은 지루해 보인다.

■ some~the others… (정해진 여럿 중에서) 어떤 것들은~나머지 것들은…
There are ten apples here. Some of them are green, and the others
are red. 여기에 10개의 사과가 있다. 어떤 것들은 초록색이고 나머지 것들은 붉은 색이다.

"문법학습의 최종목표는 문장을 만드는 것이다."

You/We~ 일반적인 사람, They~제3의 집단

▶ 스페인어를 한 달 만에 배울 수는 없다.(You~) ----------------------------------

▶ 비상시에는 911을 누른다.(We~, in an emergency)

▶ 그 주는 영어와 불어를 쓴다.(They~, speak) ----------------------------------

one/ones

▶ I need a pen. 너 하나 있니? ----------------------------------

▶ 제게 빨간 거로 두개 주세요.(ones) ----------------------------------

one~the other... (둘 중에서) 하나는~ 나머지 하나는...
one~another...the other- (셋 중에서) 하나는~ 다른 하나는... 나머지 하나는-
some~others... (여럿 중에서) 어떤 것들은~ 다른 어떤 것들은...
some~the others... (정해진 여럿 중에서) 어떤 것들은~나머지 것들은...

▶ 하나는 파란색이고 나머지 하나는 하얀색이다.

▶ 하나는 다섯 살이고, 다른 하나는 여덟 살이고, 나머지 하나는 11살이다.

▶ 그들 중 몇몇은 행복해보이고 다른 몇몇은 지루해 보인다.(Some of them~)

▶ 그것들 중 어떤 것들은 초록색이고, 나머지 것들은 빨간색이다.(Some of them~)

부정대명사 -2

05 each other/ one another

each other는 둘 사이에 '서로서로'이고 one another는 셋 이상 사이에 '서로서로'이다. 큰 구별 없이 쓰기도 한다.

How long have you and Sally known each other? 너와 Sally는 서로 얼마나 오래 알아 왔니?

06 somebody(someone)/ anybody(anyone)/ nobody(no one)

somebody와 anybody는 '누군가'의 뜻으로 긍정문은 some-을, '누구든지'라고 강조하거나 부정문과 의문문은 any-를 주로 쓴다. nobody는 '아무도 ~않다'라는 뜻이다. 모두 단수취급한다.

Someone is here to see you. 누군가 너를 보러 여기에 왔어.

The exam was very easy. Anybody could have passed.
시험은 매우 쉬웠다. 누구라도 합격할 수 있었을 것이다.

Has anyone seen Katie? 누구 Katie 본 사람 있어?

Nobody tells me anything. 아무도 내게 얘기해주지 않는다.

07 all/ none

All I want is money. 내가 원하는 것은 단지 돈이다.

Are you all ready? 여러분 모두 준비 됐어요?

* all의 단수취급: (총괄적으로) 모두, 만사, 일체

* all의 복수취급: (복수의 사람이나 물건을 합쳐서) 전부, 모두

None of us have a question. 우리 중에 아무도 질문이 없다.

* none은 주로 복수 취급하지만 none of 다음에 단수대명사나 셀 수 없는 명사가 오는 경우 단수취급한다.

Grammar Point all

「all (of)+복수명사」는 복수취급하고 「all (of)+셀 수 없는 명사」는 단수취급한다.

All of my friends came to my birthday party.
내 친구 중 모두가 생일파티에 왔다.

All foreigners have much difficulty in spelling the words in English.
모든 외국인들은 영어 철자를 익히는 데 많은 어려움을 겪고 있다.

All knowledge rests on experience.
모든 지식은 경험에 의존한다.

each other/ one another

▶ 너와 Sally는 서로 얼마나 오래 알아왔니?　--------------------------------------

somebody(someone)/ anybody(anyone)/ nobody(no one)

▶ 누군가 너를 보러 여기에 왔어.(be here)　--------------------------------------

▶ 누구라도 합격할 수 있었을 것이다.(could have p.p)

▶ 누구 Katie 본사람 있어?　--------------------------------------

▶ 아무도 내게 아무 것도 얘기해주지 않는다.(Nobody~)

----

all/ none

▶ 내가 원하는 것은 단지 돈이다.(All I want~)　--------------------------------------

▶ 여러분 모두 준비 됐어요?　--------------------------------------

▶ 우리 중에 아무도 질문이 없다.　--------------------------------------

Grammar Point each, every

each와 every는 비슷한 상황에서 쓰이지만 each는 어떤 수의 집합체에 대해 '그 개개의 것을 강조'하고, every는 포괄적으로 '하나 빠짐없이 모두'의 의미를 말할 때 쓰인다.

Each of the people have very different personalities.
사람들은 각각 매우 다른 성격을 가지고 있다.

At airports, porters usually get a dollar for **each** bag.
공항에서 짐꾼들은 대개 가방 한 개당 1달러를 받는다.

I enjoyed **every** minute of my stay in Paris.
내가 파리에서 머무르는 동안 순간순간이 즐거웠다.

「every+기수+복수명사」와 「every+서수+단수명사」는 '~마다'의 뜻을 가진다.

The Olympic Games take place **every four years**.(=The Olympic Games take place **every forth year**.
올림픽 대회는 4년마다 개최된다.

부정(不定; indefinite) **관사**는
말 그대로 「특별히 정해지지 않은」
명사 앞에 오는 관사이고,

정관사는 「특정한(definite)」
명사 앞에 오는 관사로,

이미 앞에 한번 나온 명사나 문장 전후로 보아
무엇을 가리키는 지가 분명한 명사일 때
사용된다.

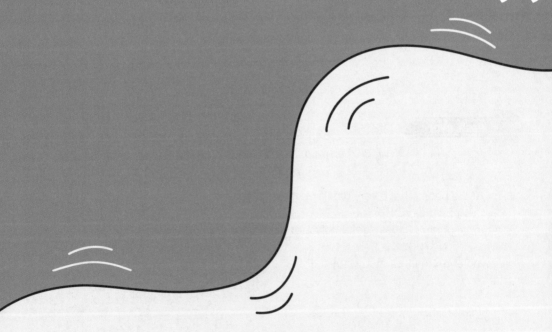

관사

부정관사

01 부정관사 a, an

부정관사 a는 셀 수 있는 명사의 단수형 앞에 쓴다. 이 때 명사의 발음이 a, e, i, o, u로 시작하면 부정관사 an을 붙인다. 철자가 모음으로 시작하더라도 발음이 모음이 아닐 경우 부정관사 a를 써야 하는 것을 유의한다.

an umbrella, an interesting book, an hour, an honest boy, an MP(Military Police 헌병), an SOS, a useful book, a university, a one-way conversation 등

02 막연한 '하나' 또는 분명한 '하나'

We live in an old house. 우리는 오래된 집에 산다.
I have a sister and two brothers. 나는 언니가 한명 오빠가 두명이다.

03 종족의 대표

A fox is a very cunning animal. 여우는 매우 교활한 동물이다.

Check it Out!

대표명사를 나타내는 방법은 주로 「a+단수명사」, 「복수명사」, 「무관사+셀 수 없는 명사」 등이다.

04 '~마다'

Heather works eight hours a day, five days a week.
Heather는 하루에 여덟 시간, 일주일에 5일 일한다.

05 직업이나 종류

Mark is a mechanic. Mark는 기계 수리공이다.
A glider is a plane with no engine. 글라이더는 엔진이 없는 비행기이다.
Tennis is a sport. 테니스는 스포츠의 한 종류이다.

06 특정한 상황의 명사 앞에

I had a big lunch. 나는 점심을 많이(잘) 먹었다.
We had a wonderful time. 우리는 멋진 시간을 보냈다.

막연한 '하나'와 분명한 '하나'의 「a/an+명사」

▶ 우리는 오래된 집에 산다.   ------------------------------------

▶ 영화 보러 가자.(see)   ------------------------------------

▶ 나는 언니가 하나 있다.   ------------------------------------

종족의 대표의 「a/an+명사」

▶ 여우는 매우 교활한 동물이다.   ------------------------------------

▶ 악어는 수영을 잘 할 수 있다.(Crocodiles~)   ------------------------------------

▶ 개는 충직한 동물이다.(faithful)   ------------------------------------

'~마다'의 「a/an+명사」

▶ 나는 일 년에 한번 씩 여행을 한다.(travel)   ------------------------------------

▶ 나는 한 달에 두세 번 영화를 본다.(a couple of times)

▶ Heather는 하루에 여덟 시간, 일주일에 5일 일한다.

직업이나 종류의 「a/an+명사」

▶ Mark는 기계 수리공이다.   ------------------------------------

▶ 글라이더는 엔진이 없는 비행기이다.   ------------------------------------

▶ 테니스는 스포츠의 한 종류이다.   ------------------------------------

▶ 그녀는 영어선생님이다.   ------------------------------------

특정한 상황의 명사 앞에 「a/an+명사」

▶ 나는 점심을 많이(잘) 먹었다.(have, big)   ------------------------------------

▶ 우리는 멋진 시간을 보냈다.(wonderful)   ------------------------------------

▶ 정말 더운 날이다.(It's~, extremely)   ------------------------------------

정관사

01 정관사 the

명사 앞에서 특정한 것을 나타낼 때 쓴다. 명사의 발음이 a, e, i, o, u로 시작하면 the /ðə/를 the /ði;/로 읽는다.

02 문맥상 알 수 있는 명사를 지칭하는 경우

[비교]

I'm going to the bank. (듣는 사람이 어느 은행인지 알고 있을 경우)
Is there a bank near here? (특정한 은행을 가리키지 않을 경우)
Did you wash the clothes? (듣는 사람이 어느 옷인지 알고 있을 경우)
Did you enjoy the party? (듣는 사람이 어느 파티인지 알고 있을 경우)

03 앞에서 언급한 명사를 다시 말할 경우

Lucy bought a car. She showed us the car today.
Lucy는 차를 샀다. 그녀는 우리에게 오늘 그 차를 보여줬다.

She's got a son. The boy is nine years old. 그녀는 아들이 있다. 그 소년은 9살이다.

04 수식어구가 있어서 한정 받을 경우

Who is the girl over there with Terry? Terry와 함께 저쪽에 있는 그 소녀는 누구지?
The man in black is my boss. 검정 옷을 입은 그 남자가 내 상사다.

05 세상에 유일한 것을 말할 경우

the sun, the moon, the Earth, the world, the universe 등

People used to think that the Earth was flat. 사람들은 지구가 평평하다고 믿었었다.
I haven't seen the sun for days. 해를 못 본지 며칠 되었다.

06 최상급, next, same, only 앞

My grandma is the oldest in my family. 할머니가 우리 가족 중에 가장 나이 드셨다.
Ken and I went to the same high school. Ken과 나는 같은 고등학교에 다녔다.

07 신체의 일부분을 말할 경우

He hit me on the head. 그는 내 머리를 때렸다.

08 사람들의 일상에 친숙한 주변 환경을 말할 경우

the town, the city, the country, the mountains, the sea, the seaside, the wind, the rain, the weather, the sunshine 등

I like listening to the rain. 나는 비오는 소리 듣는 것을 좋아한다.

British people talk about the weather a lot. 영국 사람들은 날씨에 대해 많이 이야기한다.

09 「the + 고유명사」

- 바다와 강: the Pacific, the Atlantic, the Indian, the Han, the Nile
- 산맥, 제도, 반도: the Alps, the Philippines, the Korean Peninsula
- 유명기관, 건물, 호텔, 박물관: the Empire State Building, the Chrysler Building
- 배, 언론사: the Titanic, the L.A. Times, the Digest
- 복수 국가명: the United States of America, the United Kingdom,

Have you ever been to the Philippines? 필리핀에 가본 적 있니?

The Empire State Building is one of the tallest buildings in the United States. 엠파이어 스테이트 빌딩은 미국에서 가장 높은 건물 중 하나다.

Writing Pattern Practice

"문법학습의 최종목표는 문장을 만드는 것이다."

어느 명사를 가리키는 지 알 수 있을 경우의 「the+명사」

▶ (그) 창문 열어줄래요?(Could~?) ------------------------------------

▶ (그) 파티는 즐거웠니?(enjoy) ------------------------------------

앞에서 언급한 명사 혹은 수식어구의 한정을 받는 「the+명사」

▶ She's got a son. 그 소년은 9살이다. ------------------------------------

▶ 검정 옷을 입은 남자가 내 상사다.(in black) ------------------------------------

세상에 유일한 것을 말할 경우의 「the+명사」

▶ 나는 며칠 동안 해를 못 봤다.(for days) ------------------------------------

최상급, next, same, only 앞의 「the+명사」

▶ 할머니가 우리 가족 중에 가장 나이 드셨다. ------------------------------------

신체의 일부분을 말할 경우의 「the+단수명사」

▶ 그녀는 그의 무릎을 찼다. ------------------------------------

관사의 생략

01 장소를 나타내는 명사가 그 본래의 목적으로 쓰일 때 관사 생략

규칙적으로 반복해서 찾는 곳이나 상황을 전체적으로 추상화시키는 경우 관사를 쓰지 않고 표현하는 것들이 있다.

> to/at/from **school, university, church, work**(직장)
> at/from **home**
> to/in/out of **bed, hospital, prison**(감옥)

School starts at 9:00. 학교는 9시에 시작한다.
You should be in bed. 너는 (침대에서) 쉬어야해.

* 명사본래의 목적에서 벗어난 뜻으로 쓰일 경우 the를 생략하지 않는다.

Tom is in hospital. Tom은 병원에 있다.(입원했다.)
Tom works as a cook in the hospital. Tom은 병원에서 조리사로 일한다.
Susie is in bed. Susie는 침대에서 자고/쉬고 있다.
Susie found her earrings in the bed. Susie는 침대에서 귀걸이를 발견했다.

Check it Out!

정관사(the)를 생략하는 장소명사	정관사(the)를 붙이는 장소명사
• 대륙, 대부분의 나라이름 Africa, Japan • 주, 도시이름 Wisconsin, Chicago • 대부분의 거리/공원이름 Main Street, Fifth Avenue, Central Park, Broadway • 호수, 섬, 대부분의 산 이름 Lake Victoria, Hawaii, Everest	• 대양, 바다, 강, 산맥, 사막 이름 the Atlantic, the Red Sea, the Nile, the Rocky Mountains • 호텔, 극장, 박물관 이름 the Hyatt (Hotel), the Playhouse, the Louvre • 나라의 공식 이름/복수국가명 the United States, the Netherlands, the Philippines

02 식사/ 요일/ 달/ 명절 이름 앞에서 생략

> have breakfast/ lunch/ dinner   on Monday/ Thursday
> in January/ February   at Christmas/ Easter

I've just had lunch. 나는 금방 점심을 먹었어.
Let's meet on Monday. 월요일에 만나자.

03 「by + 교통수단」의 경우 생략

구체적인 차량을 가리키는 경우가 아니라 일반적인 교통수단을 말할 경우 관사를 생략한다.

> by bus/ taxi/ bike/ plane/ car/ train/ subway   on foot

I usually go to school by bus. 나는 보통 버스를 타고 학교에 다닌다.

04 반복되거나 대조되는 「명사 + 명사」의 경우 생략

한 명사가 반복되거나 대조적인 두 명사로 이루어진 고정적인 표현은 관사를 생략한다.

arm in arm 팔짱을 끼고	with knife and fork 나이프와 포크로
day after day 날마다	inch by inch 조금씩

The couple were walking arm in arm. 두 사람은 팔짱을 끼고 걷고 있었다.

05 「Mr./ Mrs./ Doctor/ President/ Aunt 등 + 이름」 앞에서 생략

Mr. Smith	Doctor Smith	Uncle Tom	Professor Kim

Uncle Tom visited us. Tom 삼촌이 우리를 방문했다.

06 관용적인 관사 생략

on TV 텔레비전에서	in fact 사실상	on fire 화재가 나서

What's on TV? TV에서 뭐하니?

Writing Pattern Practice

"문법학습의 최종목표는 문장을 만드는 것이다."

몇몇 장소명사 중 그 본래의 목적을 가질 때 관사생략

▶ 학교는 9시에 시작한다. ------------------------------

▶ 그녀는 수감되어 있다. ------------------------------

식사/ 요일/ 달/ 명절 이름 앞에서 관사생략

▶ 나는 금방 점심을 먹었어.(I've~, have) ------------------------------

▶ 월요일에 만나자. ------------------------------

「by+교통수단」의 경우 관사생략

▶ 나는 보통 버스를 타고 학교에 다닌다. ------------------------------

▶ 우리는 부산에 기차를 타고 갔다. ------------------------------

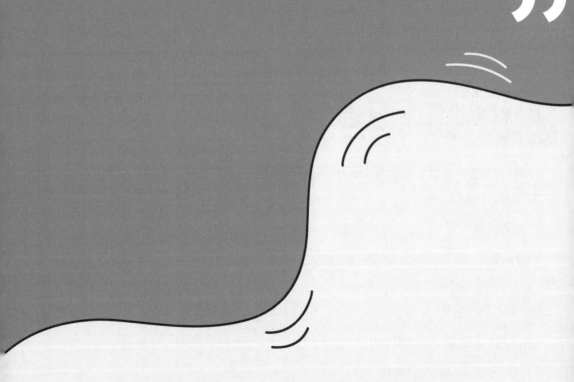

형용사는
명사를 수식하는 「한정적 용법」과
문장의 주격보어나 목적격보어로 쓰이는
「서술적 용법」이 있다

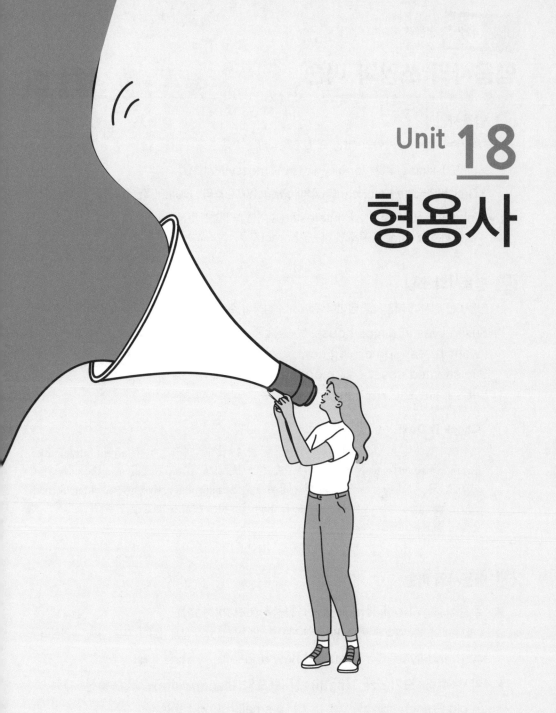

Unit **18**

형용사

형용사의 쓰임과 어순

01 형용사란

형용사는 사물이나 사람의 상태, 모양 등을 나타낸다.

- big(큰), kind(친절한), terrific(매우 좋은), messy(지저분한)
- British(영국의), American(미국의), French(프랑스의), Dutch(네덜란드의)
- interesting(흥미를 주는)/ interested(흥미를 느끼는), tiring(피곤하게 하는)/ tired(피곤함을 느끼는), boring(지루하게 하는)/ bored(지루함을 느끼는)

02 형용사의 쓰임

형용사는 명사나 대명사를 앞이나 뒤에서 수식하며 주어나 목적어의 상태를 설명하기도 한다.

Susan lives in a nice house. Susan은 좋은 집에서 산다.(명사 앞에서 수식)
I want to eat something new. 나는 뭔가 새로운 것이 먹고 싶다.(명사 뒤에서 수식)
Sue seemed upset this morning. Sue는 오늘 아침 화난 듯했다.(주어 설명)
Let's paint the kitchen yellow. 부엌을 노란색으로 칠하자.(목적어 설명)

Check it Out!

대부분의 형용사는 명사 앞과 동사 뒤에 모두 올 수 있지만 예외가 있다. afraid, alive, alike, aware, ashamed, asleep, alone 등과 같은 형용사는 "I'm afraid of being in the dark"와 같이 연결동사 뒤에 와서 서술적으로만 사용되는 반면 main, only, live, mere, elder, former, upper, drunken 등의 형용사는 "What is the main idea of this passage?"와 같이 명사 앞에 와서 그 명사를 꾸미는 기능만 한다.

03 형용사의 어순

- 「주관적형용사(opinion) + 객관적형용사(description)」
  주관적인 의견이 포함된 형용사가 객관적인 사실을 묘사하는 형용사보다 주로 앞에 위치한다.

  My friend lives in a beautiful new house. 친구는 아름다운 새 집에 살고 있다.

- 「지시+수량+크기(size, length)+신구+모양(shape, width)+색깔+출신+재료」
  an old French song   a small round table
  a new white cotton shirt   a tall skinny Korean woman
  a large round wooden table   a big black plastic bag

04 형용사의 자리

우리말로 '비싼 시계'를 '시계가 비싸다'라고도 하듯이 be동사 다음 형용사를 쓸 수도 있다.

- [be동사(am/are/is)+형용사]

My brother is smart. 내 남동생은 똑똑하다.
These flowers are so beautiful. 이 꽃들은 정말 아름답다.

- 감각동사 다음에 와서 주어의 상태를 설명한다. [감각동사(look/feel/smell/taste/sound)+형용사]

You look tired. 너 피곤해 보인다.
It feels soft. 그것은 부드러운 느낌이다.
This fish smells bad. 이 생선은 냄새가 나쁘다(상했다).
Does it taste good? 그것은 맛이 좋아?
It sounds good. 그거 좋게 들리는데.

Writing Pattern Practice

"문법학습의 최종목표는 문장을 만드는 것이다."

형용사+명사

▶ 당신은 멋진 사람이다.(nice) _____

▶ 그녀는 아름다운 미소를 가졌다. _____

▶ Jason은 지루한 사람이다. _____

be[혹은 감각동사]+형용사

▶ 내 남동생은 똑똑하다. _____

▶ 이 꽃들은 정말 아름답다.(so) _____

▶ 뭔가 좋은 냄새가 난다.(good) _____

「주관적형용사(opinion)+객관적형용사(description)」
「지시+수량+크기(size, length)+신구+모양(shape, width)+색깔+출신+재료」

▶ 아름다운 새 집 _____

▶ 오래된 프랑스 노래 _____

▶ 새로운 하얀 면 셔츠 _____

▶ 큰 검정색 비닐 봉투 _____

~ing와 ~ed

01 -ing나 -ed로 끝나는 형용사 예문

현재분사(~ing)와 과거분사(-ed)는 동사의 변형된 형태로 문장안에서 기능적으로 형용사 역할을 한다. 형용사로 자주 쓰이는 분사는 다음과 같다.

-ing 형태 형용사	-ed 형태 형용사
• boring 지겹게 하는 Janet's job is so boring.	• bored 지루한 I'm bored with my job.
• tiring 지치게 하는 It has been a long and tiring day.	• tired 피곤한 I'm always tired when I get home from work.
• interesting 흥미롭게 하는 Did you meet anyone interesting at the party?	• interested 흥미있는 Are you interested in fishing?
• exciting 신나게 하는 The game was getting exciting.	• excited 신나는 I was really excited to see James.
• satisfying 만족스럽게 하는 It had been a busy, but satisfying day for Tom Hagen.	• satisfied 만족스러운 You should be satisfied with what you have.
• disappointing 실망시키는 The wine was excellent, but the food was disappointing.	• disappointed 실망한 I was disappointed that Kelly wasn't at the party.
• shocking 충격을 주는 The news was shocking.	• shocked 충격받은 I was shocked when I heard the news.
• surprising 놀라게 하는 It was quite surprising that he passed the exam.	• surprised 놀란 We were surprised that he passed the exam.
• amazing 놀라게 하는, 굉장한 She's an amazing golfer.	• amazed 몹시 놀란 He was amazed at the sight.
• embarrassing 당황하게 하는 What was the most embarrassing moment in your life?	• embarrassed 당황스러운 I was really embarrassed when I knocked the cup of tea over my teacher.
• touching 감동하게 하는 It was a touching story.	• touched 감동한 I was touched when he gave me a present.
• disgusting 구역질나게 하는 Smoking is a disgusting habit.	• disgusted 구역질나는, 싫증 난 I was quite disgusted at his stupidity.
• annoying 짜증나게 하는 You must have found my attitude annoying.	• annoyed 짜증나는 Cindy was annoyed by his rude manner.

Writing Pattern Practice

"문법학습의 최종목표는 문장을 만드는 것이다."

-ing나 -ed로 끝나는 형용사

▶ 그 남자는 따분하다.

▶ 그 소식은 충격적이었다.

▶ 피곤한 날이었다.(It has been~)

▶ 너는 낚시에 관심 있니?

▶ 나는 그 영화에 실망했었다.(the movie)

▶ 나는 짜증났었다.

▶ 나는 쉽게 당황한다.(get)

▶ 그 집을 사게 돼서 너무 좋습니다.

▶ 저녁식사 끝내주는데! 우리 더 자주 여기 오자.

▶ 숙제하느라 너 완전히 지친 것 같아.

▶ 난 직장경력에 매우 우울해.(my career)

▶ 초과근무 좀 할 생각있어?

▶ 일이 잘 돼서 만족할 만한 새로운 직장을 찾기를 바래.

▶ 이 경기 정말 흥미진진해. 네가 자리뜬 사이 재미있는 장면이 많았어.

Grammar Point hyphen으로 연결한 형용사

구어체에서는 하이픈으로 연결하여 실로 기괴한 모양의 형용사들을 척척 만들어낸 것을 볼 수 있다. 몇가지 예를 들어보면, now-it-can-be-told story(이제는 말할 수 있는 이야기), not-too-serious relationship(그다지 심각하지 않은 관계), bigger-than-expected earnings(예상보다 높은 수익), I-don't-care attitude(자신은 전혀 상관없다는 태도), wait-and-see attitude(두고 보자는 태도), boy-meets-girl story(판에 박힌 이야기) 등이다.

We are planning on getting **wall-to-wall** carpet in our basement.
우리는 지하실 바닥을 다 덮는 카펫을 깔거야.

We need to do some **on-the-spot** training to catch up to them.
우리는 그 사람들을 따라잡으려면 현장교육을 좀 해야 한다.

We are going to get new **state-of-the-art** equipment for our outdoor pool.
옥외 풀장에 최신식 장비를 새로 갖춰놓을 거야.

그밖의 형용사

01 명사 · 대명사 뒤에 놓이는 형용사

다음과 같은 경우는 「명사/대명사 + 형용사」의 어순이 된다.

■ 명사가 something, anything, somebody, anybody, somewhere 등일 경우 형용사가 뒤에서 수식한다. [명사+형용사]

She did something bad. 그녀는 나쁜 무언가를 했다.

I met somebody new. 나는 새로운 누군가를 만났다.

Please give me something cold. 차가운 것 좀 주세요.

■ 형용사가 단독이 아니고 다른 어구를 동반하고 있을 때

She gave me a glass full of milk. 그녀는 우유가 담긴 잔을 줬다.

This is a letter written in English. 이 편지는 영어로 씌어져 있다.

02 「the + 형용사」, 「the + 국민명」

「the + 형용사」는 '~사람들'이라는 뜻이고 「the + 국민명」은 '~나라 사람들'이라는 뜻으로 둘 다 복수취급한다. 또한 「the+형용사」는 잘 알려진 사회의 집단을 말할 때는 복수취급, 추상적인 개념을 말할 때는 단수취급 한다.

the+형용사(계층관련)	the rich(부자들), the poor(가난한 사람들), the homeless(집없는 사람들), the unemployed (실업자), the hungry(굶주린 사람들)	복수취급
the+형용사(신체관련)	the blind(시각장애인들), the deaf(청각장애인들), the sick(아픈 사람들), the injured(부상자들), the handicapped(장애자들), the disabled(신체장애자들)	복수취급
the+형용사(나이관련)	the old(나이든 분들), the young(젊은 사람들), the thirties(30대인), the middle-aged(중년들)	복수취급
the+국가명의 형용사	the British(영국사람), the Spanish(스페인사람), the French(프랑스사람), the Japanese(일본인들)	복수취급
the+형용사(추상적 개념)	the good, the beautiful, the supernatural	단수취급

The new building has special accommodations for the handicapped.

신축 건물은 장애인들을 위한 특수 시설을 갖추고 있다.

Do you really believe in the supernatural? 당신은 진심으로 초자연적인 것을 믿습니까?

"문법학습의 최종목표는 문장을 만드는 것이다."

「명사, 대명사+형용사」

▶ 나는 뭔가 재미있는 것이 필요하다.(fun) _____

▶ 나는 뭔가 새로운 것이 필요하다. _____

▶ 우리는 나쁜 어떤 짓도 하지 않았다. _____

「the+형용사」, 「the+국민명」

▶ 실직자들이 희망을 잃어가고 있다. _____

▶ 영국사람들은 매우 오래된 전통을 가지고 있다.(very)

_____

Grammar Point 어원은 같으면서 뜻이 다른 두 형용사

healthy 건강한	historic 역사의
healthful 건강에 좋은	historical 역사적인
comparable 비교될만한	valueless 무가치한
comparative 비교적, 비교의	invaluable 가치가 무한한
desirable 바람직한	respectable 존경할 만한
desirous 욕심 많은	respective 각각의
considerable 상당한	exhausted 지친, 소모된
considerate 사려 깊은	exhaustive 철저한
sensible 분별력 있는	sensory 감각의
sensitive 민감한	sensual 관능적인
economic 경제의	industrial 산업의
economical 경제적인	industrious 근면한
historic 역사의	successful 성공적인
historical 역사적인	successive 계속하는
eventual 궁극적인	imaginary 상상의
eventful 사건이 많은, 파란만장한	imaginative 독창적인

⌈ It's a matter of **considerable** complexity. 그것은 꽤 복잡한 문제다.
⌊ He's the most **considerate** man I've ever known. 그는 내가 아는 가장 사려깊은 사람이다.

⌈ The Koreans got over the **economic** crisis. 한국민은 경제 위기를 극복했다.
⌊ It's **economical** to buy in large quantities. 대량으로 구입하는 것이 경제적이다.

⌈ **Successful** business depends on satisfied customers.
  성공적인 사업은 만족하는 고 객에 달려 있다.
⌊ They are sisters born in two **successive** years. 그들 자매는 연년생이다.

"

부사는
수식어구의 하나로 형용사, 동사, 문장전체
뿐만 아니라
자신의 동족인 부사를
수식하기까지 한다

"

부사의 쓰임과 형태

01 부사의 쓰임

부사는 동사, 형용사, 다른 부사, 또는 문장 전체를 수식한다.

He **certainly** looks like a gentleman. 그는 정말 신사같아 보인다. (동사수식)
I felt **really** excited at the concert. 콘서트에서 정말 재미있었다. (형용사수식)
We see her **quite** often. 우리는 그녀를 꽤 자주 만난다. (부사수식)
Stupidly, I forgot my keys. 어리석게도 열쇠를 안 가져왔다. (문장전체수식)

02 부사의 형태

■ 부사는 주로 「형용사 + ly」

> happy(행복한) → happily(행복하게)
> gentle(부드러운) → gently(부드럽게)
> quick(빠른) → quickly(빨리)
> sudden(갑작스러운) → suddenly(갑자기)
> careful(조심스러운) → carefully(조심스럽게)
>
> easy(쉬운) → easily(쉽게)
> extreme(극도의) → extremely(극도로, 매우)
> terrible(끔찍한) → terribly(끔찍하게)

It was an **extremely** fine day in May. 무척 맑은 5월의 어느 날이었다.
We have **suddenly** decided to sell the house. 우리는 집을 팔기로 갑자기 결정했다.

Check it Out!

「명사+ly」, 「-ly」 또는 「날씨명사+y」 형태의 형용사도 있음을 유의한다.
friendly(정다운) lovely(멋진) curly(곱슬의) ugly(못생긴, 추한) silly(어리석은) lonely(외로운) likely(~할 것 같은) cloudy(구름낀) foggy(안개낀) rainy(비오는) sunny(화창한) 등
She gave me a **friendly** smile. 그녀는 나에게 정답게 미소지었다.
What a **lovely** day! 정말 멋진 날이야!
It is **likely** to rain. 비가 올 것 같다.

03 형용사와 부사의 형태가 같은 경우

> early(이른-일찍)
> high(높은-높게)
> wrong(틀린-틀리게)
>
> fast(빠른-빠르게)
> right(옳은-옳게)
> straight(곧바른-곧바르게)
>
> late(늦은-늦게)
> near(가까운-가깝게)

I'm **late** for school. (형용사) 나는 학교에 늦었다.
I hate arriving **late**. (부사) 나는 늦게 도착하는 것이 싫어.
Grace has long **straight** dark hair. (형용사) Grace의 머리는 길고 곧은 검은색이다.
Go **straight** for three blocks. (부사) 세 블럭을 곧장 가세요.

04 명사와 부사의 형태가 같은 경우

home(집-집에) today(오늘-오늘)

I'm studying at home. (명사) 나는 집에서 공부하고 있다.
Come home early. (부사) 집에 일찍 와라.
It's cloudy today. (부사) 오늘은 구름이 꼈다.

05 형용사에 -ly를 붙여 뜻이 달라지는 경우

hard(어려운) → hardly(거의 ~않다)   near(가까운) → nearly(거의)
late(늦은) → lately(최근에)   high(높은) → highly(매우)

Success and hard work go together. 성공에는 고생이 따르기 마련이다.
I hardly know him. 나는 그를 거의 알지 못한다.
Am I late? 내가 늦었니?
I haven't seen Janet lately. 나는 최근에 Janet을 본 적이 없다.
Prices are too high. 물가가 너무 높다.
I highly recommend that you see that movie. 너에게 그 영화를 보라고 적극 추천한다.

Writing Pattern Practice

"문법학습의 최종목표는 문장을 만드는 것이다."

형용사+ly → 부사

▶ 조용히 말해주세요.(Please speak~)   ------------------------------
▶ 음식이 정말 좋았다.(The food~, extremely)   ------------------------------

형용사의 형태 = 부사의 형태

▶ 가능한 일찍 일어나라.   ------------------------------
▶ 세 블럭을 곧장 가세요.   ------------------------------

형용사+ly → 다른 뜻의 부사

▶ 그것은 정말 힘든 일이었다.(incredibly)   ------------------------------
▶ 나는 그를 거의 알지 못한다.   ------------------------------

부사의 종류 -1

01 front position(문두에 위치하는 부사)

① 연결부사: then, next, however 등

I studied until midnight. **Then** I went to bed. 나는 자정까지 공부했다. 그리고 잠자리에 들었다.

② 코멘트부사: fortunately, stupidly 등

Fortunately, the insurance will cover it. 다행히 보험 처리가 될 거예요.

③ 몇몇 추측부사: maybe, perhaps 등

Maybe you're right. 아마 당신이 옳을 거예요.

02 mid-position(문장 가운데 위치하는 부사 – be동사와 조동사 뒤, 일반동사 앞)

① 대부분의 추측부사 certainly, definitely, obviously, probably 등

He **probably** does not know the truth. 그는 아마 진실을 알지 못할 거다.

You are **obviously** not welcome here. 너는 여기에서 명백하게 환영받지 못한다.

② 빈도부사

0%						100%
never	hardly	rarely	sometimes	often	usually	always

You **always** forgot my birthday. 너는 항상 내 생일을 잊었었지.

I **usually** take a shower in the morning. 나는 보통 아침에 샤워를 한다.

My boss is **often** bad-tempered. 사장님은 자주 성질이 고약해진다.

I **sometimes** eat Chinese food. 나는 가끔 중국 음식을 먹는다.

My grandfather **rarely** goes out. 할아버지는 드물게 외출하신다.

I can **hardly** believe it. 거의 믿어지지 않는다.

I have **never** lost the weight I put on in my teens. 10대 때 찐 살이 전혀 빠지지 않았다.

③ 수식부사 completely, partly, kind of, sort of, almost, hardly 등

I have **completely** forgotten his name. 나는 그의 이름을 완전히 잊어버렸다.

I **kind of** expected it. 나는 어느 정도 예상했다.

④ 강조부사 just, neither, only, really, terribly 등

We're **only** going for three days. 우리는 단지 3일 동안만 갈 거야.

"문법학습의 최종목표는 문장을 만드는 것이다."

「부사 + 주어 + 동사」

▶ I studied until midnight. 그리고 나서 잠자리에 들었다.

▶ 어리석게도 내 열쇠를 안 가져왔다.(Stupidly, my keys)

▶ 아마 당신이 옳을 거예요.(Maybe~)   --

「주어 + be동사/조동사 + 부사 ~」, 「주어 + 부사 + 일반동사 ~」

▶ 그는 아마 진실을 알지 못할 거다.(probably)   ------------------------------------

▶ 너는 내 생일을 항상 잊었었지.   ------------------------------------

▶ 나는 보통 아침에 샤워를 한다.   ------------------------------------

▶ 나는 그것을 거의 믿을 수 없다.   ------------------------------------

▶ 나는 그것을 어느 정도 예상했다.(kind of)   ------------------------------------

---

Grammar Point 형용사?, 부사?

fast	빠른: This is a **fast** car.	빨리: She runs **fast**.
hard	근면한: You're a **hard** worker.	열심히: She studied **hard**.
	단단한: The nuts are very **hard**.	
	어려운: It is **hard** to solve the problem.	
well	(건강이) 좋은: He has got **well**.	잘: She speaks English **well**.
long	긴: It was a **long** story.	오랫동안: He was gone **long**.
early	빠른: She's in her **early** twenties.	일찍: I got up **early** this morning.
enough	충분한, 많은: I don't have **enough** money.	충분히, 꽤: That was good **enough**.

부사의 종류 -2

03 **end position**(문장 뒤에 위치하는 부사)

① 장소부사 here, there, upstairs, downstairs, around, to bed, in London 등

Come and sit here. 와서 여기에 앉아.

There is someone upstairs. 누군가 위층에 있다.

* here와 there가 문두에 오는 경우는 'Here comes~', 'There goes~', 'Here/There is~'와 같은 형태로 쓰는데 대명사가 주어로 오는 경우 그 대명사를 here나 there 바로 다음에 쓴다.

Here comes your bus. 여기 네 버스 온다.

Here it comes. 여기 오네.

② 시간부사 today, yesterday, every week, daily, weekly, monthly, in July 등

We play golf every week. 우리는 매주 골프를 친다.

> **Check it Out!**
>
> 부사의 위치는 주로 위와 같이 나누어 볼 수 있지만 무엇을 강조하느냐에 따라 그 위치는 달라지는 경우도 있음을 유의한다.
>
> **Today** I'm going to Japan. 오늘 나는 일본에 간다.
>
> **Usually** I get up **early**. 보통 나는 일찍 일어난다.

04 주의해야할 부사

■ too/ enough '너무,' '충분히'

too는 형용사나 부사의 앞에 와서 '너무 ~한'의 뜻으로 쓴다. enough는' 충분히'라는 뜻으로 형용사나 부사의 뒤에 온다. 명사 앞에 오는 경우 형용사로 쓰이기도 한다.

He spoke too quickly to understand. 그는 알아듣기에 너무 빨리 말했다.

I'm old enough to get married. 나는 결혼하기에 충분히 나이 먹었다.(부사)

If you don't have enough money, I can lend you some.
돈이 충분치 않으면 내가 좀 빌려줄 수 있어.(형용사)

■ so/ such '매우'

so는 명사가 없는 문장에서 형용사나 부사를 강조한다. such는 명사가 있는 문장에서 형용사를 강조하면서 「such+a/an+형용사+명사」 형태로 쓴다. 「such+a/an+명사」 형태로 썼을 경우 such는 '그런~'이라는 뜻의 형용사로 쓰인 것임을 유의한다.

I was so sleepy that I fell asleep. 나는 너무 졸려서 잠들었다.

How do you speak such a good English? 어떻게 그렇게 영어를 잘 할 수 있니?

I've never seen such a mess. 그렇게 지저분한 것은 처음 봤다.(형용사)

정도를 강조할 때 쓰는 부사로 fairly/ quite/ rather/ pretty '꽤'가 있다.

(weaker) fairly＜quite＜rather≒pretty (stronger)

I speak French **fairly** well. 나는 프랑스어를 꽤 잘한다.

I **quite** enjoyed myself at the party. 파티에서 즐거웠어.

I've had **rather** a long day. 꽤 (생각보다) 힘든 하루였다.

Your English is **pretty** good. 너는 영어를 꽤 잘한다.

Writing Pattern Practice

"문법학습의 최종목표는 문장을 만드는 것이다."

「too + 형용사/부사」

▶ 그것은 너무 비싸다.   --

▶ 그는 알아듣기에 너무 빠르게 말했다.(speak, to understand)

　　　　　　　　　　　　　　　　　　　　--

「형용사/부사 + enough」

▶ 너는 충분히 말랐어.(skinny)   --

▶ 나는 결혼하기에 충분히 나이 먹었다.(to get married)

　　　　　　　　　　　　　　　　　　　　--

「so + 형용사/부사」

▶ 그녀는 정말 열심히 일했다.   --

▶ 그 콘서트는 정말 지루했다.   --

「such + a(n) + 형용사 + 명사」

▶ 그들은 정말 좋은 사람들이다.(nice)   --

▶ 우리는 정말 좋은 시간을 가졌다.(good)   --

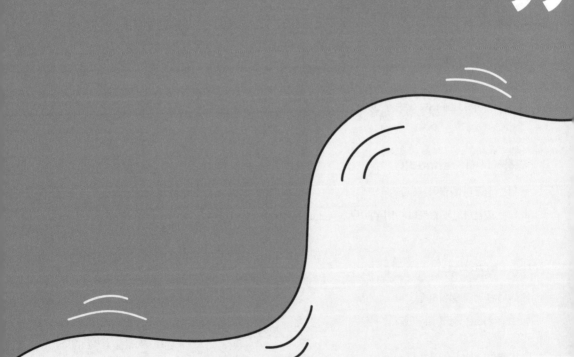

"

형용사, 부사의 **정도**를

비교하는 것으로

원급, 비교급, 최상급이

있다.

"

Unit 20

비교

원급비교

01 형용사/부사의 비교급과 최상급 만들기

규칙	보통 -er, est	old-older-oldest fast-faster-fastest
	-e로 끝나는 단어: -r, -st	nice-nicer-nicest, late-later-latest
	단모음+단자음: 마지막 자음 -er, -est	big-bigger-biggest thin-thinner-thinnest
	자음+y: -y → -ier, -iest	easy-easier-easiest busy-busier-busiest
	-ful, -ous, -ing, -ed 등으로 끝나는 2음절어 또는 3음절어: more, most+원급	careful-more/most careful boring-more/most boring tired-more/most tired
불규칙	good/well-better-best far-farther/further-farthest/furthest many/much-more-most	bad-worse-worst older-older/elder-oldest/eldest little-less-least

* farther/farthest는 거리(distance)의 의미를, further/furthest는 further education, further information과 같은 심화(additional)의 의미를 가진다.

* elder/eldest는 brother, sister, son, daughter, grandson, granddaughter 등과 함께 '손위'의 의미로 쓴다. older/oldest를 같은 의미로 쓰기도 한다.

02 원급을 이용한 비교급 표현

■ 「as+형용사/부사+as」, 「not+as(so)+형용사/부사+as」 : ~만큼…하다/~만큼…하지 않다

It's as cold as ice. 그것은 얼음만큼 차다.

Some of these fish can weigh as much as 50kg. 몇몇 물고기는 50kg만큼 나간다.

Is it as good as you expected? 그것은 네가 기대한 것만큼 좋니?

He's not as(so) tall as his father. 그는 그의 아버지만큼 크지 않다.

■ 「the same + (명사+) as」 : ~와 …같다

Tom is the same age as Mary. Tom은 Mary와 같은 나이다.

■ 「as+형용사/부사+as possible」 = 「as+원급+as+주어+can」 : 가능한 ~하게

I'll get back to you as soon as possible.=I'll get back to you as soon as I can. 가능한 빨리 다시 연락 줄게.

■ 「배수 + as + 형용사/부사 + as」 : (배수)만큼~하다

Gas is twice as expensive as it was a couple of years ago.
휘발유가 2~3년 전보다 두 배로 비싸다.

"문법학습의 최종목표는 문장을 만드는 것이다."

「as+형용사/부사+as」 ~만큼 …하다

▶ 그것은 얼음만큼 차다. _____

▶ 나는 그녀만큼 피아노를 잘 칠 수 있다. _____

▶ 그것은 네가 기대했던 만큼 좋니?(expected) _____

▶ 원하는 만큼 가져가.(Take~, want) _____

「not+as(so)+형용사/부사+as」 ~만큼 …하지 않다

▶ 그것은 예전만 못하다.(good, used to be) _____

▶ 그것은 보이는 것만큼 어렵지는 않다.(it looks) _____

▶ 그는 그의 아버지만큼 크지 않다. _____

「the same+(명사+)as」 ~와 같은 …다

▶ Tom은 Mary와 같은 나이다.(the same age) _____

▶ David의 봉급은 내 것과 같다.(salary) _____

「as+형용사/부사+as possible」 = 「as+원급+as+주어+can」 가능한 …하게

▶ 가능하면 빨리 내게 전하하세요.(soon) _____

▶ 가능한 많이 가져가.(take) _____

▶ 나는 가능한 일찍 일어났다. _____

「배수+as+형용사/부사+as」 배수만큼 …하다

▶ 휘발유가 2~3년 전보다 두 배로 비싸다.(Gas~,it was a couple of years ago)

_____

▶ 그의 차는 내 것에 비해 세배로 오래되었다.(old)

_____

비교급

01 비교급

- 「비교급 + than ~」 ~보다 더 …하다

  Mary is taller than her three sisters. Mary는 세 언니들보다 더 크다.
  She is older than I am. (than me: informal) 그 여자는 나보다 나이가 많아.
  You played better than the others in the team. 너는 팀에서 다른 사람들보다 잘했어.

- 「less + 원급 + than ~」(= not as(so) + 원급 + as) ~보다 덜 …하다

  Susan is less outgoing than her sister. Susan은 여동생보다 덜 외향적이다.
  =Susan isn't as outgoing as her sister.

- 「very much/much/a lot/even/far/a little + 비교급」 훨씬 더/약간 더 ~하다

  Russian is a lot more difficult than English. 러시아어는 영어보다 훨씬 더 어렵다.
  Could you speak a little more slowly? 조금 더 천천히 말씀해 주실래요?

02 비교급을 이용한 다양한 표현

- 「the + 비교급 + of~」 ~ 중 더 …한

  I like Jane and Molly, but I think Molly is the nicer of the two.
  난 Jane과 Molly가 좋지만 둘 중 Molly가 더 착한 것 같다.

- 「비교급 + and + 비교급」 점점 ~한

  I'm getting fatter and fatter. 나는 점점 더 살이 찐다.
  It's getting colder and colder. 점점 더 추워진다.
  He's driving more and more slowly. 그는 점점 더 천천히 차를 몰고 있다.

- 「the + 비교급~, the + 비교급…」 ~할수록 …한

  The more I study, the more I learn. 많이 공부할수록 많이 배운다.
  "How do you like your coffee?" "The stronger the better."
  커피 어떻게 해줄까? 진할수록 더 좋지.

- 「Which/Who ~ 비교급?」 어느 것/누가 더 ~하니?

  Which do you like better, rice or noodles? 어느 것이 더 좋아요, 쌀이요, 국수요?

"문법학습의 최종목표는 문장을 만드는 것이다."

「비교급+than ~」 ~보다 더 …하다

▶ Mary는 그녀의 세 언니들 보다 더 키 크다.　------------------------------

▶ 네 영어는 나보다 서툴다.(worse)　------------------------------

「very much/much/a lot/even/far/a little+비교급」 훨씬 더/약간 더 …하다

▶ 러시아어는 영어보다 훨씬 더 어렵다.(much)　------------------------------

「비교급+and+비교급」 점점 …한

▶ 나는 점점 더 살이 찌고 있다.(fat)　------------------------------

▶ 점점 추워지고 있다.　------------------------------

▶ 그는 점점 더 천천히 차를 몰고 있다.　------------------------------

「the+비교급~, the+비교급…」 ~할수록 …한

▶ 나는 많이 공부할수록 많이 배운다.　------------------------------

▶ 진할수록 더 좋다.(strong)　------------------------------

Grammar Point 중요 비교최상급

형용사	비교급	최상급
good (형) 좋은	better	best
well (부) 잘		
well (형) 건강한		
bad (형) 나쁜	worse	worst
ill (형) 아픈, 병든		
badly (부) 나쁘게, 대단히		
many (형) 많은. 가산명사에 사용	more	most
much (형) 많은. 불가산명사에 사용		
little (형/부) 약간(의). 불가산명사에 사용	less	least
late (형/부) 늦은, 늦게	later (시간) 더 늦은, 더 늦게	latest
	latter (순서) 더 나중의, 더 나중에	last
far (형/부) 먼, 멀리	farther (거리) 더 먼, 더 멀리	farthest
	further (정도) 더 멀리, 더 깊이	furthest

최상급

01 최상급

- 최상급은 셋 이상을 비교하여 그 중 정도가 가장 높거나 낮음을 표현하는 말이다. 형용사의 최상급 앞에는 the를 붙인다.

I'm **the happiest** man in the world. 나는 세상에서 가장 행복한 사람이다.
Your English is **the best** of all. 네 영어가 모두 중 최고다.

Check it Out!
구어체에서 the를 가끔 생략하고 말하는 경우가 있지만 수식표현이 따라오는 경우 생략하지 않는다.

Which of the boys is **(the) tallest**? 소년 중에서 누가 가장 키가 크니?
This movie is **(the) greatest**. 그 영화는 최고다.
This is **the greatest** movie I've ever seen. 이 영화는 내가 본 것 중 최고다.

- 부사의 최상급일 경우 the를 생략할 수 있다.

What sport do you like **best**? 너는 어떤 스포츠를 가장 좋아하니?
She runs **fastest** of them all. 그들 중 그녀가 가장 빨리 뛴다.

- 최상급은 보통 장소, 범위, 종류 등을 나타내기 위해 in~, of~, on~ 등의 표현과 함께 쓰는 경우가 많다.

「최상급 + in + 단수명사」 예 in the team, in the world, in my family 등
Your English is the best **in the class**. 우리 반에서 네 영어가 최고야.

「최상급 + of + 복수명사」 예 of all, of four seasons, of all the movies 등
Cindy sings (the) best **of us all**. 우리 모두 중에서 Cindy가 가장 노래를 잘한다.

「최상급 + of + 기간명사」 예 of the year, of the week, of my life 등
It was the happiest moment **of my life**. 내 인생에서 가장 행복한 순간이었다.

- 최상급 의미강조 : 「quite/ much/ nearly+최상급」 : 꽤/매우/거의/ 가장 ~한
She's **quite** the most beautiful woman I've ever met.
그녀는 내가 만난 여자 중 정말 가장 아름다운 여자다.

Check it Out!
동일한 사람/사물의 상태에 대해 비교할 경우 the를 붙이지 않는다.
He's nicest when he's had a few drinks. 그는 술을 몇 잔 마셨을 때가 가장 좋다.

02 최상급의 다양한 표현

- 「최상급 + 주어 + have/has + ever + 과거분사」 '해본 것 중에 가장 …하다'
What's **the best** book you've ever read? 읽어본 것 중에 뭐가 최고의 책이니?

It's the best movie I've ever seen. 내가 본 것 중 최고의 영화다.

- 「the + 서수 + 최상급」: '~번째로 …한'

Minnesota is the second coldest state in the United States.
미네소타는 미국에서 두 번째로 추운 주다.

- 「one of + 최상급」: '가장 ~한 …것들 중 하나'

Parasite is one of the greatest movies. 기생충은 가장 훌륭한 영화 중 하나다.

03 원급/비교급을 이용한 최상급표현

He is the most famous actor in Korea. 그는 한국에서 가장 유명한 영화배우이다.

- 「No~ as(so) + 원급 + as」: '누구도 ~만큼 …하지 않은'

No actor in Korea is as famous as him. 그 누구도 한국에서 그만큼 유명한 배우는 없다.

- 「No~ 비교급 + than」: '누구도 ~보다 …하지 않은'

No actor in Korea is more famous than him. 그 누구도 한국에서 그보다 더 유명한 배우는 없다.

- 「비교급 + than any other + 단수명사」: '다른 어떤 ~보다도 더 …한'

He is more famous than any other actor in Korea.
그는 한국에서 다른 어떤 배우보다 더 유명하다.

- 「비교급 + than all the (other) + 복수명사」': 다른 모든 ~보다도 더 …한'

He is more famous than all the other actors in Korea.
그는 한국에서 다른 모든 배우들보다 더 유명하다.

Writing Pattern Practice   "문법학습의 최종목표는 문장을 만드는 것이다."

「the+형용사[부사]의 최상급」 가장 ~한

▶ 나는 세상에서 가장 행복한 사람이다.(man)   -

▶ 그녀가 그들 모두 중 가장 빨리 뛴다.   -

「최상급+in+단수명사」「최상급+of+복수명사」「최상급+of+기간명사」

▶ 어제는 일 년 중 가장 추운 날이었다.   -

▶ 내 인생에서 가장 행복한 순간이었다.(It~)   -

「최상급+주어+have/has+ever+과거분사」

▶ 읽어본 것 중에 뭐가 최고의 책이니?   -

관계대명사는

「접속사 + 대명사」의 역할을 하며
선행사가 사람이면 who,
사물이나 동물이면 which이고
또한 who나 which 대신에 사용될 수 있지만
특정한 수식어구(the only, the very)의
제한을 받는 경우에는 that을 쓴다.

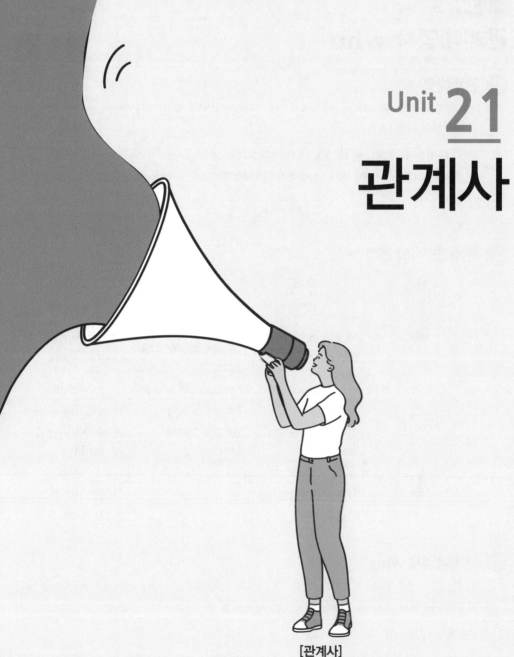

Unit 21

관계사

관계대명사 who

01 관계대명사

관계대명사는 명사를 꾸미는 절(형용사절)을 이끄는 말이다. 두 문장을 연결하는 접속사와 대명사 역할을 동시에 한다.

Yuki is my friend. + He lives next door. (2문장) Yuki는 내 친구다. + 그는 옆집에 산다.

→ Yuki is my friend who lives next door. (1문장) Yuki는 옆집에 사는 내 친구다.

              명사(선행사)   관계대명사

                                 형용사절

02 관계대명사의 종류

선행사	주격	소유격	목적격
사람	who	whose	who(m)
	I know a boy who can sing well.	I know a girl whose father is an actor.	The man who(m) I like is John.
사물, 동물	which	whose/of which	which
	A plane is a machine which flies.	I have a dog whose name is Mary.	This is the shoes which I bought yesterday.
사람, 사물, 동물	that	-	that
	This is the person that I like.	-	This is the book that I read.

03 관계대명사 who

꾸미는 명사(선행사)가 사람일 때 사용한다. 목적격 관계대명사는 who, whom을 모두 쓸 수 있지만 일상생활에서 whom을 사용할 경우 딱딱하게 들릴 수 있다.

〈주격〉

Janet is my friend. + She can dance well.

→ Janet is my friend who can dance well. Janet은 춤을 잘 추는 내 친구다.

〈소유격〉

Janet is my friend. + Her father teaches art.

→ Sam is my friend whose father teaches art. Sam은 아버지가 미술을 가르치시는 내 친구다.

〈목적격〉

Janet is my friend. + I like her a lot.

→ Janet is my friend who(m) I like a lot. Janet은 내가 매우 좋아하는 친구다.

"문법학습의 최종목표는 문장을 만드는 것이다."

「선행사 + who + 동사 ~」

▶ 나는 노래를 잘 할 수 있는 소년을 안다.(can sing)

▶ 나는 춤을 잘 출 수 있는 사람을 좋아한다.(people, can dance)

▶ 나는 당신을 도와줄 수 있는 사람들을 알고 있다.(~some people, could help)

▶ 나는 친절한 이웃이 좋다.(neighbors) --------------------------------

▶ 중국에 사는 사람들은 중국말을 한다.(The people~, Chinese)

「선행사 + whose+명사 ~ 」

▶ 머리가 갈색인 그 여자아이는 내 친구이다.(The girl~)

▶ Janet은 그녀의 아버지가 미술을 가르치는 내 친구다.(Janet is my friend~)

「선행사 + who(m)+주어 ~」

▶ Janet은 내가 좋아하는 소녀이다. ------------------------------------

▶ 내가 좋아하는 소녀는 Mary이다.(The girl~) ----------------------------

---

Grammar Point 관계대명사란

I know a man who won a million dollars in the lottery and decided to quit his job.
관계대명사는 「접속사 + 대명사」의 역할을 하며 선행사가 사람이면 who, 사물이나 동물이면 which이고 who나 which 대신에 사용될 수 있지만 특정한 수식어구(the only, the very)의 제한을 받는 경우에는 that을 쓴다는 것까지는 어찌어찌 구구단을 외듯 다 꾀고 있을 줄로 안다. 위 예문은 관계대명사가 없었더라면 「나는 한 남자를 안다.」(I know a man)라는 문장과 「그 사람은 복권에 당첨되어 백만달러를 받고는 직장을 그만둘 결심을 했다」(He won a million dollars in the lottery and decided to quit his job)는 문장을 and라는 접속사로 볼품없이 이어주면 뒷문장이 앞문장을 수식해주게 할 별다른 묘안이 없다. 하지만 접속사로 구질구질하게 나열하지 않고 and he를 who라는 관계대명사로 대신해버리면 앞뒤문장을 연결해주는 깔끔하고 세련된 문장이 되는 것이다. 여기서 「관계사절의 수식을 받는 명사」(a man)을 선행사라고 하는데 한편 선행사를 포함하는 관계대명사 what도 그 쓰임의 빈도가 엄청나다.

관계대명사 which, that

ⓞ① 관계대명사 which

꾸미는 명사(선행사)가 사물, 동물일 때 사용한다.

〈주격〉

This is the house. + It has 6 bedrooms.

→ This is the house which has 6 bedrooms. 이것은 침실이 6개 있는 집이다.

〈소유격〉

This is the dog. + Its ears are big.

→ This is the dog whose ears are big. 이것은 귀가 큰 개다.

〈목적격〉

This is the car. + My father bought it last week.

→ This is the car which my father bought last week.
이것은 아버지가 지난주에 구입하신 차다.

ⓞ② 관계대명사 that

관계대명사 who나 which를 대신한다. 즉, 꾸미는 명사(선행사)가 사람, 사물, 동물일 때 사용하고 소유격은 없다.

〈주격〉

This is the boy. + He won the race.

→ This is the boy that won the race. 이 사람은 경주에서 이긴 소년이다.

〈목적격〉

I lost the book. + I borrowed it yesterday.

→ I lost the book that I borrowed yesterday. 나는 어제 빌린 책을 잃어 버렸다.

ⓞ③ 관계대명사 that의 특별 용법

다음과 같은 경우는 that을 쓰는데, 선행사가 사람인 경우 who를 사용하기도 한다.

1. 선행사가 -thing으로 끝나는 명사일 때

   → Tell me something that you know. 네가 알고 있는 것을 내게 말 해.

2. 선행사에 최상급, 서수, the very, the only, all, every 등이 포함된 경우

   → This is the best movie that I have ever seen. 이것은 내가 본 것 중 최고의 영화다.

   → He is the only person that I respect. 그는 내가 존경하는 유일한 사람이다.

"문법학습의 최종목표는 문장을 만드는 것이다."

「선행사 + which + 주어 ~」

▶ 이것은 어제 내가 산 시계이다.(This is~, watch)

▶ 이것은 큰 귀를 가진 개이다.(This is~, whose)

「선행사 + that + 주어 ~」

▶ 이것이 내가 가진 것 전부다.(This is all ~)   ------------------------------------

▶ 이것은 내가 본 영화다.(This is ~)   ------------------------------------

Grammar Point 다목적 관계대명사 that

The house **that** I bought has three bathrooms, one on each floor.
She is the ugliest girl **that** I have ever seen.
The African animal **that** kills more people than any other is the hippo.
Who **that** has read his books can deny that Dostoevsky was a genius?

관계대명사 that은 다목적이다. 즉 who나 which가 사람과 사물을 차별해서 선행사로 갖는 반면 that은 사람, 사물, 동물을 두루 선행사로 받는다. 위 첫 번째 문장은 「내가 산 집은 욕실이 세 개 있는데 각 층에 하나씩 있다」는 의미로 사물(the house)를 선행사로 하는 목적격 관계대명사인데 이 경우는 which로 바꿔볼 수도 있다. 세번째 예문은 동물(the African animal)을 선행사로 받고 있다. 하지만 구어체에서는 선행사가 사람이면 who를 쓰고 사물인 경우에 한해서 that을 쓰는 경향이 있는데 people이나 those(사람들)의 경우에는 who만을 쓴다는 것도 알아두자.

여러 역할을 두루 하지만 that도 나름대로는 보다 선호하는 역할이 있다. 성격 좋은 that이라고 언제나 내켜서 하는 역할은 아니라는 얘기. 앞의 예문의 두 번째에서 that은 girl이라는 선행사로만 본다면 who가 와야 마땅할 자리. 그렇다면 that은 who를 왜 대신하고 있는 것인가? that은 여기서 who의 땜방이 아니라 이곳이야말로 오직 that만을 위해 준비된 자리라는 말씀. 요는 the ugliest라는 형용사의 최상급 때문이다. 최상급은 대부분 수식받는 명사의 범위를 최소한도로 한정하는 것인데, the only나 the same, the very등이 선행사를 수식할 때도 that이 이용된다는 것을 같은 맥락으로 이해해볼 수 있다. 이외에도 any, all, no 등이 올 경우 관계대명사 that을 쓴다.

사람과 사물이 함께 선행사로 오면 논리전개상 두 역할을 동시에 할 수 있는 that이 와야 한다는 것은 이미 간파했으리라 여겨진다. 그런데 네번째 예문은 의문사가 선행사로 온 경우로 다른 관계대명사들이 넘볼 수 없는 영역이다. 왜? 한번 상상을 해보라구요. who라는 의문대명사를 who라는 관계대명사가 선행사로 받고 있다면 좀 우습지 않을까요? 후후(who who...). that은 또 하도 성격이 좋다보니 관계부사 when, where, how, why 등의 역할도 모조리 대신하기도 한다.

관계대명사 what

01 선행사를 포함하는 관계대명사 what

관계대명사 what은 선행사를 포함하며 「the thing(s) which/that~」과 바꿔 쓸 수 있다. 따라서 what이 이끄는 절은 '~하는 것'의 의미로 문장에서 명사역할을 한다.

She showed me the thing. She bought it yesterday.
→ She showed me the thing which she bought yesterday. 형용사절
→ She showed me what she bought yesterday. 명사절

The thing which(=that) she said made me angry.
→ What she said made me confused. 그녀가 한 말은 나를 혼란스럽게 했다.
　　주어역할

He can give you the thing which(=that) you need.
→ He can give you what you need. 그는 네가 필요한 것을 줄 수 있다.
　　　　　　　목적어역할

This is exactly the thing which(=that) I wanted.
→ This is exactly what I wanted. 이것은 내가 원했던 바로 그것이다.
　　　　　　보어역할

Check it Out!

관계대명사 what은 '~하는 모든 것'이라는 all that의 의미로 쓰이기도 한다.
She lost what(=all that) she owned. 그녀는 가진 것을 (모두) 잃었다.

02 관계대명사 what을 포함한 관용적 표현

- 「what + 주어 + have/has」: ~의 재산
  I'm not interested in what she has. 나는 그녀가 가진 것에 관심없다.

- 「what + 주어 + be동사」: ~의 상태, 인격 등
  He is not what he used to be. 그는 옛날의 그가 아니다.

- 「what is + 비교급/최상급」: 더욱 ~한 것은/ 가장 ~한 것은
  Ted is nice, and what is better, he is handsome.
  Ted는 친절하다. 더 좋은 것은 그는 잘생겼다.

- 「what we/you/they call (=what is called)」: 소위 말하자면
  Sam is, what is called, a millionaire. Sam은 소위 말해서 백만장자이다.

"문법학습의 최종목표는 문장을 만드는 것이다."

「선행사 + what (+ 주어) + 동사」

▶ 그녀가 말한 것은 나를 화나게 만들었다.　---

▶ 그는 내게 내가 필요한 것을 줄 수 있다.　---

▶ 이것은 내가 원했던 것이다.　---

Grammar Point 관계대명사 what

You may order what you want and just put it on the company's expense account.

What's more, the children made them themselves.

You can do what you think is right, just leave me a memo as to what the outcome was.

We want to know what you want the company to do about their maternity leave policy.

일상회화에서 실로 엄청난 빈도를 자랑하는 관계대명사 what은 잘 익혀두어 수시로 꺼내 쓰면 회화실력이 부쩍 향상되었다는 소리를 들을 수 있는 보물. 우선 단출한 겉모습과는 달리 선행사를 이미 품고 있다는 것이 다른 관계대명사들과 구별되는 것이라고 할 수 있다. 그리하여 모든 문법책에서 the thing which나 that which, all that 등을 언급하며 what을 설명하고 있는 것이다.

위 첫 번째 예문을 보면 여느 관계사절과는 달리 order의 목적어 역할을 하는 명사 즉 선행사는 온데 간데 없고 부모없는 가정을 책임지는 소년·소녀가장처럼 what 혼자서 꿋꿋하게 선행사와 관계대명사의 두 몫을 다 하고 있음을 알 수 있다.

what은 who, which 등의 여느 관계사들이 앞의 선행사를 수식하는 형용사절을 이끄는 것과는 달리 명사절 혹은 부사절을 이끈다. 세번째 예문을 보면 what you think is right는 주절의 동사 do의 목적절임을 알 수 있다. 그도 그럴 것이 수식해줄 선행사가 애시당초 없이 혼자서 그몫까지 다 해야하는 소년·소녀 가장이라고 했으니까. 두번째 예문의 what's more는 「게다가」라는 의미로 부사절을 이끄는 경우.

때로 관계대명사 what은 의문대명사와 혼동스러울 때가 있다. 이때 의문사의 옷을 빌어 입은 what을 진짜 의문사와 어떻게 구별하는가? 네번째 예문의 경우 우리말로 해석을 할 때 「회사가 출산휴가 정책에 대해 하기를 원하는 것」이라고도 옮겨지기도 하지만 「회사가 출산휴가 정책에 대해 무엇을 하기를 원하는지」라고 간접의문문으로도 가능해 보인다. 이 경우 내놓을 수 있는 비장의 카드는 바로 관계대명사 what이 the thing which로 분해될 수 있다는 기초적인 사실. 즉 분해될 수 있다면 관계대명사 그렇지 않다면 의문사인 것. 이 문장은 the thing which로 나누어지므로 관계대명사임을 알 수 있다.

관계대명사의 생략

01 **목적격 관계대명사는 생략할 수 있다.**

Do you remember the man (who(m)) we met in L.A.?
우리가 L.A.에서 만난 그 남자를 기억하니?

I lost the watch (which) you gave me. 나는 네가 준 손목시계를 잃어버렸어.

This is everything (that) I've got. 이것은 내가 가진 모든 것이다.

I have a lot of friends (who(m)) I play with. 나는 같이 놀 친구들이 많다.

> **Check it Out!**
>
> 「전치사+목적격 관계대명사」의 형태로 쓰인 경우 목적격 관계대명사를 생략할 수 없다.
>
> I need a friend on (who(m)) I can rely. (X)
>
> I need a friend (who(m)) I can rely on. (O) 전치사를 형용사절 끝으로 보내고 생략한다.
>
> 나는 의지할 친구가 필요하다.

02 **주격관계대명사와 be동사 다음 분사나 형용사가 오는 경우**

「주격관계대명사+be동사」를 생략할 수 있다.

The woman (who is) wearing sunglasses is my mother.
선글라스를 끼고 있는 저 여자 분은 내 엄마다.

The dog (which is) wagging its tail is my dog. 꼬리를 흔들고 있는 저 개는 내 개이다.

"문법학습의 최종목표는 문장을 만드는 것이다."

목적격 관계대명사 생략

▶ 이것은 내가 어제 산 가방이다. _____

▶ 너는 우리가 뉴욕에서 만난 남자를 기억하니? _____

▶ 내가 산 선풍기가 부서졌다.(fan, buy, break) _____

▶ 나는 같이 놀 친구들이 많다.(a lot of) _____

▶ 이것은 내가 쓴 책이다.

「관계대명사 + be동사」 생략

▶ 이것은 일본에서 만들어진 차이다. _____

▶ 선글라스를 끼고 있는 저 여자 분은 내 엄마다.(The woman, wear, sunglasses)

_____

Grammar Point 유사관계대명사 as, than, but

접속사 as(~처럼, ~듯이), than(~보다), but(~없이)이 절 안에서 주어나 목적어 역할을 하면서 유사관계대명사로 쓰이는 경우가 있다. 유사관계대명사 역시 선행사가 앞에 오고 형용사절을 이끈다.

• as

as는 선행사 부분에 the same, such, as(so)가 있을 때 주격 또는 목적격 유사관계대명사로 쓰인다. 관계대명사 which와 같이 앞 또는 뒤에 있는 주절 전체를 선행사로 하어 쓰이기도 한다.

This is **the same** motorbike **as** you were riding. 이것은 네가 탔던 오토바이와 같은 것이다.

He was **such** a good listener **as** people would be glad to be with.
그는 사람들이 같이 있고 싶어 하는 남의 말을 잘 들어주는 사람이었다.

He is **as** great a writer **as** ever lived. 그는 이제까지 살았던 작가 누구 못지않게 위대하다.

He didn't show up in time, **as** we had expected. 예상했던 일이지만 그는 제시간에 나타나지 않았다.

• than

선행사에 비교급이 있는 경우 than을 주격 또는 목적격 유사관계대명사로 쓴다.

Children should not have more money **than** is needed.
아이들이 필요 이상의 돈을 가져서는 안 된다.

• but

선행사에 「no, hardly, scarcely, never, few, little 등」이 와서 「부정+부정(but)」형태로 '이중부정'으로 해석할 수 있다.

There is no rule **but** has exceptions. 예외 없는 규칙은 없다.

(= There is no rule that doesn't have exceptions.)

제한적 용법과 계속적 용법

01 관계대명사의 제한적 용법

관계대명사의 제한적 용법은 형용사절이 앞의 선행사를 수식하는 역할을 한다. 보통 제한적 용법에서는 관계대명사가 이끄는 절이 수식하는 명사(선행사)가 누구(무엇)인지 구체적으로 알려주는 역할을 한다. 이 때 관계대명사 앞에 콤마(,)는 없다.

I've got two friends who became cooks. 나는 요리사가 된 두 친구가 있다.

02 관계대명사의 계속적용법

관계대명사가 이끄는 절이 어떤 사람이나 사물에 대한 부가적인 설명을 하는 경우가 있는데, 이를 관계대명사의 계속적용법이라고 한다. 이 때 관계대명사 앞에 콤마(,)를 붙인다.

Cindy, who lives next door to Benny, is quite pretty.
Cindy는, Benny 옆집에 사는데, 꽤 예뻐.

Check it Out!

제한적용법은 '~한/~된 명사'로 해석하고 계속적용법은 앞에서부터 차례대로 해석한다.

Benny who works for Intel~ Intel에 다니는 Benny는~

Benny, who works for Intel~ Benny는 Intel에 다니는데~

03 관계대명사의 두 용법의 비교

- **제한적용법**

  He loved a woman who was a singer. 그는 가수인 여자를 사랑했다.
  → a woman을 '가수가 된 여자'로 제한한다.

- **계속적용법**

  He loved a woman, who became a singer. 그는 여자를 사랑했는데, 그녀가 가수가 되었대.
  → '사랑했던 여자가 있는데 그녀가 가수가 됐고…'라고 하면서 a woman에 관한 내용을 계속 서술해 나가는 느낌이다.

Check it Out!

which는 제한적[계속적]용법에 모두 사용할 수 있지만 that은 계속적용법에는 사용할 수 없다.

Henry has got a car, which costs $30,000.[O] Henry는 차를 가지고 있는데 $30,000 나간다.

Henry has got a car, that costs $30,000.[X]

Check it Out!

관계대명사 which가 계속적용법으로 쓰인 경우 앞에 있는 문장 전체 내용을 나타내기도 한다.

It rained all day, **which** was good for the garden.
하루 종일 비가 왔는데, 그것은 정원에 도움이 되었다.

"문법학습의 최종목표는 문장을 만드는 것이다."

「선행사 + 관계대명사」 제한적 용법

▶ 나는 요리사가 된 두 친구가 있다.

▶ 그에게는 가수가 된 딸이 있다.(He had~)

▶ 나는 이태리에 살고 있는 친구가 있다.

「선행사 + , + 관계대명사」 계속적용법

▶ Cindy는, Benny 옆집에 사는데, 꽤 예뻐.(quire)

▶ Kate는, 내 상사인데, 정말 지루하다.

▶ 그에게는 딸이 하나 있는데, 걔가 가수가 되었대.

▶ Sarah는 아팠다고 말했는데, 그것은 거짓말이었다.

▶ 할아버지가 피자를 주문하셨는데, 그것은 나에게 놀라운 일이었다.(a surprise)

▶ 그는 매일 조깅을 하는데, 이것이 그를 건강하게 유지시켜준다.(keep)

D-100

관계부사

01 관계부사 where/ when/ why/ how

관계부사는 형용사절을 이끌어 명사를 꾸며준다. 두 문장을 하나로 연결하는 접속사와 부사역할을 동시에 하며, 우리말로 해석하지 않는다. 관계부사는 대부분 that으로 바꾸어 쓰거나 생략할 수 있다.

02 선행사에 따른 관계부사의 종류

관계부사 전치사+which	선행사
when (on/at which)	선행사가 시간을 나타내는 말일 때 – the time, the day, the week 등 Do you remember the day? + We first met then. → Do you remember the day when we first met? 우리가 처음으로 만난 날을 기억하니?
where (in/at which)	선행사가 장소를 나타내는 말일 때 – the place, the room, the house 등 That is the school. + We used to study there. → That is the school where we used to study. 저것이 우리가 공부했던 학교이다.
why (for which)	선행사가 이유를 나타내는 말일 때 – the reason Tell me the reason. + She was absent from school for that reason. → Tell me the reason why she was absent from school. 그녀가 학교에 결석한 이유를 말해줘.
how (in which)	선행사가 방법을 나타내는 말일 때 – the way *주의 : 관계부사 how를 쓸 경우 선행사 the way나 관계부사 how 둘 중 하나는 반드시 생략해야 한다. This is the way. + I study English in that way. → This is (the way) how I study English. → This is the way (how) I study English. 이것이 내가 영어를 공부하는 방법이다.

03 관계부사 =「전치사 + 관계대명사」

관계부사는「전치사+관계대명사」로 바꿔 쓸 수 있다. 이때 전치사를 뒤로 보내고 관계대명사 which 또는 that을 쓰거나 관계대명사와 전치사를 생략할 수도 있다.

This is the place. + I was born there(in that place).
여기는 장소이다. 나는 그 곳에서 태어났다.

→ This is the place where I was born.
→ This is the place in which I was born. (formal)
→ This is the place which(that) I was born in.
→ This is the place I was born. (informal) 여기는 내가 태어난 장소이다.

2021 was the year. + My grandfather passed away then(in that year).
2021년은 해이다. 할아버지가 그때 돌아가셨다.

→ 2021 was the year when my grandfather passed away.
→ 2021 was the year in which my grandfather passed away. (formal)
→ 2021 was the year which(that) my grandfather passed away in.
→ 2021 was the year my grandfather passed away. (informal)
2021년은 할아버지가 돌아가신 해이다.

04 관계부사의 제한적용법과 계속적용법

I went to Busan where I was born. 내가 태어난 곳인 부산에 갔다.
→ Busan을 '내가 태어난 곳'으로 제한한다.

I went to Busan, where I stayed there for a month.
나는 부산에 갔다. 그리고 그곳에서 한 달간 머물렀다.

→ 'Busan에 갔는데 한 달 동안 머물렀다.'라면서 Busan에 관한 내용을 서술해 나가는 느낌이다.

Writing Pattern Practice

"문법학습의 최종목표는 문장을 만드는 것이다."

「선행사 + where + 주어 + 동사」

▶ 여기가 내가 그를 처음 만난 장소야.(This is the place~)

「선행사 + when + 주어 + 동사」

▶ 너는 우리가 처음 만난 날을 기억하니? --

▶ 2018년이 우리가 결혼한 해였다. --

「선행사 + why + 주어 + 동사」

▶ 나는 그녀가 왜 너를 떠났는지 안다. --

▶ 너는 왜 그가 그 돈을 훔쳤는지 아니? --

복합관계대명사/복합관계부사-1

01 복합관계대명사

복합관계대명사는 「관계대명사 + ever」의 형태로 선행사 역할과 관계대명사 역할을 동시에 한다. 따라서 복합관계대명사절은 형용사절이 아니라 명사절 또는 부사절로 사용되며 '~든지' 또는 '~일지라도'의 뜻으로 쓰인다.

02 명사절을 이끄는 복합관계대명사의 격

(포함된) 선행사	주격	목적격	소유격
사람	whoever (= anyone who)	whomever (= anyone whom)	whosever (= anyone whose)
사물(선택)	whichever (= anything which)	whichever (= anything which/ that)	x
사물(전부)	whatever (= all that)	whatever (= all that)	x

03 복합관계대명사절 (명사절 역할)

■ 주어 역할

Whoever wants to pass the exam must study hard.
시험에 합격하고 싶은 사람은 누구나 열심히 공부해야 한다.

■ 목적어 역할

Give it to whomever you like. 네가 좋아하는 아무나에게 그것을 줘라.
Choose whichever you want. 네가 원하는 어느 것이나 골라라.
I will give you whatever you need. 네가 필요한 무엇이든지 줄게.

■ 보어 역할

A wizard can become whatever he wants. 마법사는 원하는 무엇으로나 변할 수 있다.

"문법학습의 최종목표는 문장을 만드는 것이다."

「복합관계대명사절 + 동사」 - 명사절(주어)역할

▶ 시험에 합격하고 싶은 사람은 누구나 열심히 공부해야 한다.(pass)

「주어 + 동사 + 복합관계대명사절」 - 명사절(목적어)역할

▶ 네가 좋아하는 아무나에게 그것을 줘라.   ---

▶ 네가 원하는 어느 것이나 골라라.   ---

▶ 네가 필요한 무엇이든지 줄게.   ---

▶ 네가 좋아하는 어느 것이든 가져가도 돼.   ---

「주어 + 2형식동사 + 복합관계대명사절」 - 명사절(보어)역할

▶ 마법사는 원하는 무엇으로나 변할 수 있다.   ---

복합관계대명사/복합관계부사-2

04 부사절을 이끄는 복합관계대명사의 격

(포함된) 선행사	주격	목적격	소유격
사람	whoever (= no matter who)	whomever (= no matter whom)	whosever (= no matter whose)
사물(선택)	whichever (= no matter which)	whichever (= no matter which/ that)	x
사물(전부)	whatever (= no matter that)	whatever (= no matter that)	x

05 복합관계대명사절 (부사절 역할)

■ whoever + 동사/ whomever + 주어+ 동사/ whosever + 주어+ 동사

Whoever (=No matter who) may come to the party, I'll be glad.
어느 누가 파티에 오더라도, 나는 기쁠 것이다.

■ whichever + 동사/ whichever + 주어+ 동사

Whichever(No matter which) you may choose, you'll be satisfied.
어느 것을 고르더라도, 당신은 만족할 것입니다.

■ whatever + 동사/ whatever + 주어+ 동사

Whatever(No matter what) you did, I don't care about it.
네가 무엇을 했던 나는 상관하지 않는다.

> ### Check it Out!
> 복합관계대명사절의 쓰임이 명사절인지 부사절인지 구분하는 방법을 알아보자. 명사절로 쓰였을 경우는 문장안에서 주어, 목적어, 보어 등 역할을 하는 반면, 부사절로 쓰였을 경우 삭제해도 문장이 성립할 수 있다는 차이로 구분할 수 있다.
>
> You can take **whatever** you like. (명사절) 네가 좋아하는 어느 것이든 가져라.
> **Whatever** you may say, I'll be here for you. (부사절) 네가 뭐라고 말하든, 내가 여기에 있을게.

06 복합관계부사

복합관계부사는 「관계부사 + ever」의 형태로, 복합관계부사가 이끄는 절은 양보부사절로 사용된다. 복합관계부사에는 wherever, whenever, however 세 가지가 있다.

■ Wherever + 주어+ 동사 : '어디로(에) ~하더라도'

Wherever(=No matter where) you go, I will be with you.
네가 어디를 가더라도, 너와 함께 갈 거야.

- Whenever + 주어+ 동사 : '언제 ~하더라도'

  Whenever(=No matter when) you come, I'll be pleased.

  네가 언제 오던지, 나는 기쁠 거야.

- However + 주어+ 동사 : '얼마나/아무리 ~하더라도'

  However(No matter how) tired you may be, you must do it.

  네가 아무리 피곤해도, 그것을 해야만 된다.

Writing Pattern Practice

"문법학습의 최종목표는 문장을 만드는 것이다."

「복합관계대명사절 + 문장」 - 부사절역할

▶ 무슨 일이 생기든, 나는 네 편이야.

▶ 택시든 버스든 먼저 오는 것을 타자.

▶ 무슨 일이 있어도 내 가족은 내 편이다.

▶ 누구에게 물어보든지 그는 그렇게 말할 것이다.

「복합관계부사절 + 문장」 - 부사절역할

▶ 네가 아무리 피곤해도, 그것을 해야만 된다.(may)

▶ 네가 언제 오더라도 나는 기쁠 것이다.(pleased)

▶ 내가 부모님을 실망시켜드릴 때마다 내게 용기를 주신다.

▶ 이 도시의 어디를 가든지 공기오염이 있을 것이다.

▶ 아무리 그가 어리석을지라도 그의 여자친구에게 그것을 얘기하지는 않을 거야.

▶ 아무리 피곤하다고 해도 여기서 멈춰서는 안돼.

▶ 네가 아무리 열심히 노력해도 나를 이길 수는 없어.

문법이란
규칙이지만 이 안에서도
강조나, **도치** 등
좀 변칙적으로 쓰이는 경우들이 있다.

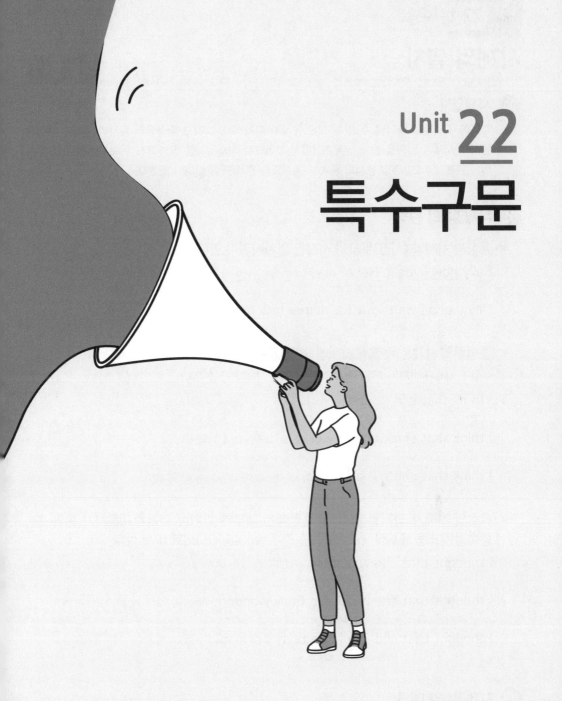

Unit 22

특수구문

시제의 일치

01 시제일치

영어에서 시제를 나타낼 수 있는 것은 동사와 부사이다. 그리고 종속절의 동사의 시제가 주절의 동사의 시제에 영향을 받는 경우가 많다. 그러므로 시제일치를 공부하기 위해서는 동사와 부사와의 관계, 그리고 주절 동사와 종속절 동사와의 관계를 잘 살펴야 하겠다.

02 시제일치의 원칙

■ 동사의 시제와 (시간)부사의 시제는 일치시켜야 한다.

Sally <u>now</u> <u>lives</u> in New York. Sally는 현재 뉴욕에서 산다.
　　　 현재 　 현재

David and I <u>went</u> out for dinner <u>last night</u>. David과 나는 어젯밤 저녁 먹으러 나갔다.
　　　　　　 과거 　　　　　　　　　　 과거

■ 종속절의 시제는 주절의 시제에 영향을 받는다.

주절의 시제가 현재일 경우, 종속절에는 '모든 '시제가 올 수 있다.

I <u>think</u> that she <u>goes</u> to work. 나는 그녀가 직장에 간다고 생각한다.
　 현재 　　　　　 현재

I <u>think</u> that she <u>went</u> to work. 나는 그녀가 직장에 갔다고 생각한다.
　 현재 　　　　　 과거

I <u>think</u> that she <u>will go</u> to work. 나는 그녀가 직장에 갈거라고 생각한다.
　 현재 　　　　　 미래

■ 주절의 시제가 과거일 경우, 종속절에는 대부분 과거나 과거완료동사가 온다. 단, 종속절에 조동사 will, can 등을 쓸 경우 would, could로 바꿔 쓴다.

I <u>thought</u> that she <u>was</u> busy working. 나는 그녀가 일하느라 바쁘다고 생각했다.
　 과거 　　　　　　 과거

I <u>thought</u> that she <u>had been</u> busy working. 나는 그녀가 일하느라 바빴다고 생각했다.
　 과거 　　　　　　 과거완료

I <u>thought</u> that she <u>would</u> be busy working. 나는 그녀가 일하느라 바쁠 거라고 생각했다.
　 과거 　　　　　　 would, could, might 등

03 시제일치의 예외

■ 과학적 사실이나 속담, 반복적인 행위 및 직업 등은 항상 현재시제로만 쓴다.

The boy <u>learned</u> that light <u>travels</u> faster than sound.
　　　　　 과거 　　　　　　 현재

소년은 빛이 소리보다 빠르다는 것을 배웠다.

Brian <u>said</u> that he always <u>exercises</u> in the morning.
　　　 과거 　　　　　　　 현재

Brian은 항상 아침에 운동한다고 말했다.

- 역사적인 사실일 경우 항상 과거시제로만 쓴다.

  We <u>know</u> that Caesar <u>was</u> the first Roman emperor.
      현재   과거

  우리는 시저가 로마제국의 첫번째 황제였다는 것을 안다.

- 시간과 조건을 나타내는 부사절에서는 현재시제가 미래를 대신한다.

  If my brother <u>comes</u> back home, I'<u>ll give</u> him a big hug.
             현재   미래

  동생이 집에 돌아오면 나는 그를 꽉 안아 줄 거야.

- 과거의 상황이 현재에도 지속되는 경우 종속절의 시제는 현재와 과거시제 모두 가능하다.

  Mary said that she is single. Mary는 그녀가 미혼이라고 말했다.(지금도 미혼일 경우)
  = Mary said that she was single.

Writing Pattern Practice

"문법학습의 최종목표는 문장을 만드는 것이다."

동사와 (시간)부사의 시제일치

▶ Sally는 현재 뉴욕에서 산다.(Sally now~)

▶ David과 나는 어젯밤 춤추러 갔었다.   -----------------------------

주절이 현재, 현재완료, 또는 미래시제일 때 종속절은 '모든' 시제가능

▶ David은 그가 영어를 가르친다고 말했다.   -----------------------------

▶ David은 그가 영어를 가르쳐 왔다고 말했다.   -----------------------------

▶ David은 그가 영어를 가르칠 것이라고 말했다. -----------------------------

과학적 사실, 속담, 반복적 행위, 직업일 경우 항상 현재시제

▶ 소년은 빛이 소리보다 빠르다는 것을 배웠다. -----------------------------

▶ Brian은 항상 아침에 운동한다고 말했다.   -----------------------------

강조

01 동사 강조

동사의 의미를 강조하는 경우 조동사 do를 쓰며 '정말 ~하다'로 해석한다. 이때 do의 시제는 본동사의 원래 시제를 취하며 동사는 동사원형을 쓴다.

I love you. → I **do** love you. 나는 정말 너를 사랑해.
Brian likes English. → Brian **does** like English. Brian은 정말 영어를 좋아해.
I sent the present to Jerry. → I **did** send the present to Jerry.
내가 Jerry에게 정말 선물을 보냈다.

02 의문문 강조

의문문에 on earth, in the world 등을 사용하면 '도대체'라는 의미가 추가된다. 위치는 대부분 의문사 다음에 온다.

What **on earth** are you doing? 너는 도대체 무엇을 하고 있니?
Who **in the world** stole the money? 누가 도대체 그 돈을 훔쳤을까?

03 It is/was ~ that 강조

I saw Heather in the park yesterday. 나는 어제 공원에서 Heather을 봤다.

■ 주어강조

It was I that(=who) saw Heather in the park yesterday.
어제 Heather을 공원에서 본 사람은 나였다.

■ 목적어강조

It was Heather that(=whom) I saw in the park yesterday.
어제 내가 공원에서 본 사람은 Heather였다.

■ 부사(장소)강조

It was in the park that(=where) I saw Heather yesterday.
내가 어제 Heather을 본 곳은 공원이었다.

■ 부사(시간)강조

It was yesterday that(=when) I saw Heather in the park.
내가 Heather을 공원에서 본 것은 어제였다.

04 부정문 강조

부정문 강조 「not+at all/ in the least/ in the slightest/ by any means」. 부정어 not을 강조하면서 '조금도, 아무것도'의 뜻으로 쓰인다.

He is **not** happy **at all**. 그는 조금도 행복하지 않다.
Aren't you concerned **in the slightest** about what happened last night?
어제 밤 무슨 일이 있었는지 전혀 신경 쓰지 않니?

"문법학습의 최종목표는 문장을 만드는 것이다."

「do/does/did + 동사원형」 – 동사감조

▶ 나는 정말 너를 사랑해.　　　--

▶ John은 정말 스포츠를 싫어해.　--

▶ 그는 정말 회의에 참석했어.　　--

「의문사 + on earth/ in the world + 동사원형」 – 의문문 강조

▶ 너는 도대체 어디에 가고 있니?　--

▶ 누가 도대체 그 돈을 훔쳤을까?　--

「It + is/was + 강조할 단어/구 + that」을 이용한 강조

▶ 내가 그를 본 것은 어제였다.　　--

▶ 내가 원하는 것은 커피다.　　　--

▶ 내가 사랑하는 사람은 네가 아니다.　--

▶ 내가 본 것은 Judy가 아니었다.　--

▶ 내가 그녀를 만난 곳은 독일에서가 아니었다.　--

도치

01 장소 부사어 강조를 위한 도치

부사(구)를 문장 맨 앞에 위치시킨다. 주어/동사의 위치는 상황에 따라 다를 수 있음을 유의한다.

> 「주어 + 동사 + here/there」
> → 「Here/There + 동사+ 명사주어」 또는 「Here/There + 대명사주어 + 동사」

Your sister comes here. → Here comes your sister. 여기 네 여동생 오네.
The bus goes there. → There goes the bus. 저기 버스 가네.

> **Check it Out!**
> here/there가 문두로 와서 강조되는 그 밖의 경우
> Here/There you are.(=Here/There you go.) 여기 있어.(무엇을 건네줄 때)
> Here we are. 다 왔다.(도착했을 때)
> Here/There it is. 그것이 여기/거기 있었구나.(무엇/누군가를 발견했을 때)

02 부정어 강조를 위한 도치

> 「부정부사어구+ be동사/조동사+ 주어」
> * 부정 부사어구에는 not, never, hardly, scarcely, seldom, rarely, not only, not until(~해서야…하다) 등이 있다

I have never been this disappointed.
→ Never have I been this disappointed. 지금까지 이렇게 실망해 본 적이 없다.

He had rarely seen such a sunset.
→ Rarely had he seen such a sunset. 그는 그런 일몰을 거의 보지 못했었다.

I couldn't sleep until my mother came back home.
→ Not until my mother came back home could I sleep.
엄마가 집에 돌아오신 후에 야 잠들 수 있었다.

Jenny is not only pretty, but she is so kind to everybody.
→ Not only is Jenny pretty, but she is so kind to everybody.
Jenny는 예쁠 뿐 아니라 모두에게 친절하다.

* 부정어 강조를 위한 도치는 일상회화보다 문학작품 등에서 볼 수 있다.

03 so, neither 다음의 도치

앞에서 한 말에 대해 '~도 또한 그러하다'는 의미로 긍정문 뒤에는 「So+동사+주어」를, 부정문 뒤에는 「Neither+동사+주어」를 쓴다.

앞 문장: 일반동사 → 「So/Neither + do/does/did + 주어」

앞 문장: be동사 → 「So/Neither + be동사+ 주어」

앞 문장: 조동사 → 「So/Neither + 조동사+ 주어」

A: I like jazz. B: So do I.(= I like jazz, too) A: 나는 재즈를 좋아해. B: 나도 그래.

A: I can't eat any more. B: Neither can I.(= I can't eat any more, either.)
A: 나는 더 이상 못 먹겠어. B: 나도 그래.

Writing Pattern Practice

"문법학습의 최종목표는 문장을 만드는 것이다."

「Here/There+동사+명사주어」 또는 「Here/There+대명사주어+동사」 - 장소 부사어 강조를 위한 도치

▶ 여기 네 여동생 오네. --

▶ 저기 버스 가네. --

▶ 여기 그녀가 오네. --

▶ 저기 그것이 가네. --

「부정부사어구+be동사/조동사+주어」 - 부정어 강조를 위한 도치

▶ 지금까지 이렇게 긴장해 본 적이 없다.(Never have~, nervous)

「So/Neither+do/does/did+주어」, 「So/Neither+be동사+주어」, 「So/Neither+조동사+주어」

▶ A: I'm hungry. B: 나도 그래. --

▶ A: I was late to school. B: 나도 그래. --

▶ A: I haven't tried Thai food. B: 나도 그래. --

생략

01 생략

영어에서는 간결성이 매우 중요하다. 그러므로 반복되거나 없어도 미루어 짐작할 수 있는 말은 생략되는 경우가 많다. 특히 내용을 짧게 압축해서 표현해야 하는 광고문, 신문의 헤드라인, 안내판, 격언 등에서 흔히 생략되는 경우가 많다.

02 중복을 피하기 위한 생략

I met George and (I) had dinner with him. 나는 George를 만나서 (나는) 그와 저녁을 먹었다.
I don't sing as well as you (sing). 나는 너 만큼(네가 노래 부르는 것만큼) 노래 못한다.
He wanted to go but he wasn't able *to (go). 그는 가기를 원했지만 그럴 수 없었다.
* 대부정사: 반복을 피하기 위해 to부정사에서 to만으로 앞의 동사를 대신함

03 부사절에서 「주어 + 동사」 생략

when, before, though, if, unless 등의 시간, 양보, 조건 등의 접속사가 사용된 부사절에서는 「주어+ 동사」가 생략되는 경우가 있다.

I'll give you the money today if (it is) necessary. 필요하면 내가 오늘 그 돈을 줄게.
I'd like to borrow this book if (it is) possible. 가능하면 이 책을 빌리고 싶어.
Though (he is) rich, he's not happy at all. 부자지만 그는 전혀 행복하지 않다.

04 관용어구

No smoking! 수영금지 (=No smoking is allowed.)

No parking! 주차금지 (=No parking is allowed.)

No pains, no gains! 수고 없이 소득은 없다.
(=If you take no pains, you will get no gains.)

Hands off! 손대지 마시오. (=Keep your hands off this.)

First come, first served. 선착순입니다.
(=If you come first, you will be served first.)

> ### Check it Out!
> 동사가 insist, suggest의 경우, 뒤에 오는 명사절 내용이 '제안, 요구'가 아니라 과거나 현재의 '사실'일 때 내용의 시제에 맞춰 쓰면 된다.
> She **insisted** that the book was hers. 그녀는 그 책이 자기 것이라고 주장했다.
> Your question **suggests** that you doubt my sincerity.
> 당신의 질문은 내 성실성을 의심하고 있음을 암시한다.

Writing Pattern Practice

"문법학습의 최종목표는 문장을 만드는 것이다."

반복어구 생략

▶ 나는 George를 만나서 (나는) 그와 저녁을 먹었다.

▶ A: Was he at the meeting? B: 응, 그는 그랬어(회의에 왔었어).

▶ Did you feed the dog? 아니, 하지만 하려고(먹이주려고).(be going to)

▶ 그냥 내가 (하라고) 말한 대로 해.(as, tell) ------------------------------------

부사절에서 주어 + 동사 생략

▶ 필요하면 내가 오늘 너에게 그 돈을 줄게.(~ if necessary)

▶ 가능하면 이 책을 빌리고 싶어.(I'd like) ------------------------------------

▶ 부자지만 그는 전혀 행복하지 않다.(Though~) ------------------------------------

관용어구

▶ 수영금지(No swimming is allowed.) ------------------------------------

▶ 주차금지(No parking is allowed.) ------------------------------------

▶ 손대지 마시오.(Keep your hands off this.) ------------------------------------

▶ 선착순입니다.(If you come first, you will be served first.)

Grammar Point 「요구, 제안, 명령 동사/형용사+that+주어+(should)+동사원형」

'~를 해야 한다, ~할 필요가 있다' 등의 제안, 요구, 명령 등을 의미하는 동사(suggest, advise, recommend, demand, request, urge, insist...) 또는 형용사(essential, necessary, urgent, vital, desirable(바람직한)...) 뒤에 명사절이 이어질 경우, 「that+주어+(should)+동사원형」 형태로 쓰는 것이 원칙이다. 이때 should는 생략할 수 있다.

The committee **insisted** that the taxation police **(should) be** reconsidered.
그 위원회는 세금정책은 재고되어야 한다고 주장했다.

It is **essential** that he **(should) be** prepared for this.
그가 이 일에 마음의 준비를 하고 있는 것은 중요한 일이다.

부정표현

01 부정의미 형용사

- few: 셀 수 있는 명사 앞에서 '거의 없는'의 뜻으로 쓴다.

  There were few passengers in the bus. 버스에는 승객이 거의 없었다.

- little: 셀 수 없는 명사 앞에서 '거의'

  We had very little snow last year. 작년에는 눈이 거의 안 왔다.

02 부정의미 부사

- hardly, scarcely, barely: '거의 ~하지 않는'

  He hardly ever smiles. 그는 좀처럼 웃지 않는다.

  I can barely hear you. 네 소리가 거의 안 들려.

- rarely, seldom: '거의 ~한 적이 없는'

  Books are seldom returned to their right place on the shelves.
  책을 책꽂이의 원래 위치에 되돌려 둔 적이 거의 없다.

03 부분부정

부분부정은 「not + all, every, always, both, necessarily, fully, completely 등」의 형태로 '항상/ 둘 다/ 반드시/ 완전히 ~한 것은 아니다'라는 뜻이다.

I didn't completely understand what he was saying.
나는 그가 말하는 것을 완전히 이해하지는 못했다.

04 자주 쓰이는 부정 구문

Age is nothing but a number. '단지 ~인.' 나이는 단지 숫자이다.

He didn't stop walking until it got dark.
'~할 때까지 …하지 않다.' 그는 어두워질 때까지 걸음을 멈추지 않았다.

This ring is no longer any meaning to me.
'더 이상 ~아니다.' 이 반지는 더 이상 나에게 아무 의미도 아니다.

"문법학습의 최종목표는 문장을 만드는 것이다."

「few, little + 셀 수 있는, 셀 수 없는 명사」 부정의미 형용사

▶ 버스에는 승객이 거의 없었다.(~in the bus.) _____

▶ 작년에는 눈이 거의 안 왔다.(We~, very little) _____

「hardly, scarcely, barely ~」 '거의 ~하지 않는' 부정의미 부사
「rarely, seldom ~」 '거의 ~한 적이 없는'

▶ 그는 좀처럼 웃지 않는다.(hardly) _____

▶ 나는 네 소리가 거의 안 들려.(barely, you) _____

▶ 어머니는 다른 사람들 험담을 거의 안하신다. (rarely, ~speaks ill of others)

_____

「not + all, every, always, both, necessarily, fully, completely 등」 부분부정

▶ 부자들이라고 항상 행복한 것은 아니다. _____

▶ Heather가 항상 우리에게 친절한 것은 아니다.

_____

▶ 당신 둘 다 기회를 얻을 수 있는 것은 아니다.(Not~ ,get)

_____

▶ 나는 그가 말하는 것을 완전히 이해하지는 못했다.(completely, what he was saying)

_____

「nothing but, not ~ until..., no longer」 자주 쓰이는 부정 구문

▶ 나이는 단지 숫자이다. _____

▶ 그는 어두워질 때까지 걸음을 멈추지 않았다.(get)

_____

▶ 이 반지는 더 이상 나에게 아무 의미도 아니다.(no longer, any meaning)

_____

'무생물주어구문' 또는 '물주구문'이란, 간단하게 말해서 사람 외에 사물이나 상황이 주어로 오는 경우를 말한다. 사람주어와 무생물주어가 모두 가능한 문장의 경우, 무생물주어를 이용하면 좀 더 간접적인 뜻이 된다.

예상외의 장소에서 누군가를 만났다고 가정해 보자. Why are you here?(사람주어) '너는 왜 여기에 있니?'라는 표현과 What brought you here?(무생물주어) '무엇이(무슨 상황이) 너를 여기에 데려왔니?' 두 표현 중 어느 편이 더 자연스러울까? 우리말로 직역하면 어색하지만 What brought you here?이라는 표현이 상황에 알맞다.

무생물 주어구문의 예

무생물주어구문은 주로 목적어가 있는 3, 4, 5형식문형이 대부분이며, 시간, 조건, 이유, 양보, 목적, 결과 등의 부사구/절로 전환하기도 한다. 다음은 물주구문의 대표적인 예이다.

무생물주어+prevent/keep+O(목적어)+from ~ing '주어 때문에 목적어가 ~을 못하다'

I regret that a previous engagement prevents me from accepting your invitation.
→ I regret that I can't accept your invitation because of a previous engagement.

무생물주어+enable+O+to부정사 '주어 때문에(덕분에) 목적어가 ~을 할 수 있다'

The satellite enables us to calculate the precise location anywhere in the world.
→ We can calculate the precise location anywhere in the world thanks to the satellite.

무생물주어+make/drive+O+보어 '주어가 목적어를 ~하게 만들다'

His carelessness drives me insane.
→ I become insane because of his carelessness.
The rest will make you feel more relaxed.
→ If you rest, you will feel more relaxed.

무생물주어+cause+O+to부정사 '주어가 목적어를 ~하게 만들다'

His illness caused him to lose his memory.
→ He lost his memory because of his illness.

무생물주어(교통수단)+take/carry/lead+사람+to장소 '주어가 목적어를 ~하게 만들다'

The bus will take you to the mall.
→ If you take the bus, you will get to the mall.
This road will lead you to the station.
→ If you take this road, you will get to the station.

Check it out! what을 이용해 상대방에게 「무생물주어(What)+타동사~?」

What makes you say that he doesn't look like a student?

What makes you think that I'm over 20s?

What brought you here?(=What brings you here?)

New Smart Grammar
Mini Test

01. I'm not sure if this type of shirt is suited to me or not.

02. I'll give you my cell phone number so that you can reach to me any time day or night.

03. The boss will have his call forward to his cell phone this afternoon.

04. I would rather take my work home, than to stay and work late every night.

05. He paid ten dollars for the toy, which I thought was worth of the price.

06. I would like to booking a ticket to London for early next week.

07. I think that she marries to one of the members of the board.

08. They spend a lot of energy worked on the project each day.

09. Please stay a while, and see how the meeting with him goes.

10. It's the worst Christmas gift that I receive in all my years.

---

01. suit는 「(옷 따위가) ...에게 맞다」는 의미의 타동사로 수동태로는 쓰이지 않는 대표적인 동사이다. is suited to → suits

02. reach는 「...에 이르다」, 「...와 연락하다」라는 뜻으로 타동사이므로 전치사 to는 필요하지 않다. reach to → reach

03. 문장에서는 사역동사 have가 사용되었다. his call이 목적어에 forward to 가 보어에 해당하고 둘의 관계는 능동이 아닌 수동이다. 과거분사인 forwarded가 와 야 한다. forward → forwarded

04. 「매일 늦게까지 일하느니 차라리 집으로 일거리를 갖고 가겠다」란 의미. would rather + R than + R를 기억하면 가뿐히 해결. to stay에서 to를 삭제한다. than to stay → than stay

05. worth는 뒤에 명사나 동명사를 곧장 취하는 형용사. of를 삭제하거나 형용사를 worthy로 바꾼다. worth of → worth

06. 「...하고 싶다」라는 말은 would like to + V를 쓴다. book은 「...을 예약하다」라는 뜻의 동사로 사용되었다. booking → book

07. 「A와 B가 결혼한 상태이다」는 A is married to B로 나타낸다. 또 A와 B가 동시에 주어가 되면 A and B are married처럼 쓸 수 있다. marries to → is married to

08. 「spend + 시간 + ~ing」구문에서 시간 대신 energy가 나온 경우로 worked가 아니라 working이 되어야 한다. worked → working

09. stay에는 「...인 채로 남아있다」(=remain)의 의미도 있지만 여기서는 「머무르다」라는 의미의 완전동사로 그 자체만으로 문장이 가능하며 부사구를 이용한 수식도 가능하다. 따라서 전치사 for를 이용하여 수식어구인 시간의 부사 for a while을 만들자. 한가지 더 알아둘 것은 go는 「(일이 어떻게) 진행되다」의 의미라 는 것. a while → for a while

10. 시제를 고르는 문제. 이 문장의 기본구조가 최상급을 나타내는 It's the worst sth that ~이므로 that절의 동사는 현재완료시제가 와야 한다. receive → have received

다음 문장에서 틀린 부분을 바로잡으시오.

01. I should make some medicine with me in case I get a cold or get sick.

02. I wish I sell some of the stocks at the same time you do.

03. The new office building locating downtown will be finished within the week.

04 What I want is to have been the best salesmen in the entire region this year.

05. I don't really like it when you laugh the way I do my work.

06. It's time that you will go back to the office and finished.

07. If it was not for the perks, I would be working for another company.

08. For I'm looking for a new job, I'll have to tell my boss that I may be leaving the company.

09. I put all my children through university, what was my responsibility.

10. The baggage at the check-in counter were so much that people couldn't get through to check-in.

01. 「약을 복용하다」는 take medicine이다. 또는 「약을 갖고 있다」는 뜻으로 have medicine을 쓸 수도 있다. make → take (or have)

02. 「I wish + 가정법 과거」 구문. 맨 끝의 do는 앞서 나온 sell을 받는 대동사. sell → sold

03. 관계사가 생략된 분사구문. 이 경우 빌딩의 위치는 빌딩 스스로 정하는 것이 아니기에 수동태를 사용한다(which is located). locating → located

04. 부정사의 완료 용법은 to의 앞뒤 시제가 일치하지 않을 경우 사용된다. 하지만 이 문장에서는 「내가 원하는 것=최고의 판매사원이 되는 것」이므로 시제에 차이가 없다. 그러므로 단순시제인 to be가 사용되어야 한다. to have been → to be

05. laugh는 「자동사」로, 일반적으로 전치사 없이 목적어를 취할 수 없다. 따라서 laugh의 도우미 at이 꼭 필요하다. laugh → laugh at

06. 「…할 때다」라는 뜻의 It's time that ~은 that절 이하에 단순과거시제를 써도 미래를 나타낼 수 있는 관용적 표현이므로 빈칸에는 go의 과거형 went를 넣어주면 된다. go will → went

07. If it were not for ~는 「만일 …이 없다면」이란 의미의 가정법 과거 문장으로 굳어진 표현. 「만일 여기서 받는 특혜가 없다면 난 다른 회사에서 일하고 있을거야」란 문장. was → were

08. 「난 새로운 일자리를 찾고 있는 중이니까 회사를 그만두겠다고 사장님께 말씀드려야 할 거다」란 문장. 접속사 for가 문두로 나온 모양이 아직도 어색해 보이지 않는다면 문제가 심각하다. for를 because로 바꾼다. For → Because

09. 앞문장 전체나 일부를 받을 수 있는 것은 의사 관계대명사 as이다. 모든 자녀를 대학에 보내는 것을 책임이라고 생각하는 것을 보니 「I」는 한국부모인 듯. what → as

10. baggage, luggage와 같은 명사는 물질명사 취급하는 집합명사로서 항상 단수취급을 하므로 단수 동사를 사용한다. were → was

01. Rumor has that he is going to retire in the near future because of his health.

02. Her alone trip to the North Pole attracted the attention of the world.

03. He was known talking poorly of his peers and to tell lies about them.

04. It is lost your self-respect that you have to worry about.

05. Any student cheated on the final exam will automatically fail the whole course.

06. I'm sure he didn't crash the system with purpose.

07. She is looking for a job in the city center for the last two months.

08. If I were thinking of changing jobs, I go to a bigger company.

09. The members demanded that there might be an official inquiry.

10. I'm working over the weekend to get this project finished and so the rest of the team should.

01. 「…라는 소문이 있다」의 관용적 표현은 Rumor has it that ~. has that → has it that

02. alone은 서술적으로만 쓰이는 형용사. alone을 lone으로 교체한다. alone → lone

03. that절을 목적어로 하는 문장 즉 They knew that he talked poorly of his peers and told lies about them을 단문 수동태로 고친 것. 「그 사람이 어떠 어떠하다고 알려졌다」는 것이므로 He was known to talk ~ and to tell ~ 의 형식이 되어야 한다. talking → to talk

04. 이 문장은 It ~ that의 가주어 구문. 따라서 lost your self-respect가 보어역할을 할 수 있도록 lost를 동명사 losing 으로 고친다. lost~ → losing

05. 이 구문은 현재분사와 명사 사이에 관계사가 생략된 분사구문에 관한 문제이다. 문맥상 「시험에서 컨닝을 하는 학생」은 능동적인 관계이기에 cheating으로 고쳐야 한다. cheated → cheating

06. 「고의로, 일부러」라는 말을 with purpose라고 착각하기 쉬우나 올바른 표현은 on purpose이다. with purpose → on purpose

07. 보기 중에서 for the last two months라는 「기간」의 부사구와 어울릴 수 있는 시제는 현재완료진행형인 has been looking for 밖에 없다. is looking → has been looking

08. 「내가 직장을 바꿀 생각이 있다면 좀더 큰 회사로 갈 수 있을텐데」란 의미. 가정법 과거문장으로 주절의 조동사가 빠져 있다. go앞에 would나 could 같은 조동사 과거형이 필요하다. go → would[could]go

09. demand. recommend 등의 동사와 함께 쓰이는 should를 묻는 문제. might를 should로 바꾼다. 이 경우 should 는 생략 가능하다. might → should

10. 「주말 동안 나는 이 프로젝트를 끝내기 위해 일을 해야 하는데 나머지 사람들도 그렇다」라는 의미. 「…도 또한」이라는 의미의 so용법을 묻고 있다. 이때는 주어가 대명사인지의 여부와는 상관없이 도치되어, 문장은 so should the rest of team이 된다. so → so should

다음 문장에서 틀린 부분을 바로잡으시오.

01. You can be joking about the union accepting the contract.

02. I work there while I get paid well despite the long hours and the poor health benefits.

03. I consider me to be very open minded, but there are a few things that I'm learning to deal with.

04. This is much longer conversation that she's ever had with a client.

05. He was accused by his fellow employees by taking the money.

06. Because he has a bunch of work to finish, he's like to leave later.

07. After read the letter, she made several serious phone calls.

08. If I finish to write it before midnight, I'll send you a copy of the report.

09. He hopes coffee would be enough for his guests to drink while waiting in the lobby.

10. The boss is remembering when I first came to him with the idea for the new product.

01. 「…임에 틀림없다」는 「확신」을 나타내는 must로 You must be joking하면 「농담이겠지?」라는 의미. can → must

02. I work there와 I get paid well이라는 두 문장이 연결된 형태. 「내가 거기서 일하는 이유는 월급이 짭짤해서지」란 문맥이 자연스럽다. while을 because로 바꾼다. while → because

03. 목적어가 주어와 같은 「자기 자신」이므로 재귀대명사를 써야 한다. me → myself

04. 현재완료를 이용한 관용구문. 「지금껏 겪은 중에 가장 오래 나눈 대화였다」는 말이 문맥상 적당하다. much longer → the longest

05. 「…의 혐의를 받다」는 「be accused of + 혐의」의 형태가 쓰인다. by taking → of taking

06. 「…일 것 같다」라는 미래의 의미를 표현할 때는 be likely to를 쓴다. have a bunch of work는 「일이 많다는 뜻. like to → likely to

07. 분사구문은 전치사나 접속사 뒤에서 문맥의 뜻을 명확하게 하기 위해 가끔 사용된다. 이것도 그 유형 중 하나. after + ~ing 형태의 문장으로 고친다. read → reading

08. 우리가 자주 쓰는 동사 finish도 to부정사는 목적어로 취하지 않는다. to write를 writing으로 고치자. To write → writing

09. 보기에 나온 동사 hope는 타동사이므로 전치사 없이도 목적어로 취할 수 있다. 다음으로 목적절의 동사가 will의 과거형 would이므로 주절도 과거시제. hoped가 와야 한다. hopes → hoped

10. 「기억하다」라는 뜻의 remember 역시 「상태의 계속」을 내포하고 있는 동사로 am remembering 이 아니라 remember가 되어야 한다. is remembering → remembers

다음 문장에서 틀린 부분을 바로잡으시오.

01. As I was driving my car, I have seen the accident out of the corner of my eye.

02. She will help you out if you had any problems with the computer system.

03. My boss showed me the report of which you're going to submit to the committee next week.

04. Can you able to take a few days off work next week?

05. Here the coffee truck comes, so you can take your break as soon as it arrives.

06. Those cakes are wonderful. Could I have other?

07. We had some files steal from our computer by a hacker.

08. There are three dogs run around outside my apartment.

09. You sound strangely when you talk with a microphone in front of a group of people.

10. She is tired because she only sleeps for 3 hours!

01. 「과거 진행형」은 과거시점에 일어난 사건의 상황적 배경을 묘사할 때 자주 쓰인다. 따라서 **have seen**을 과거시점의 사건을 나타내는 「단순과거형」 saw로 고친다. have seen → saw

02. 「네 컴퓨터 시스템에 어떤 문제라도 있다면 그 여자가 널 도와줄거야」란 문장. 불확실한 미래상황에 대한 설명으로 가정법 현재가 알맞다. **had**를 have로 고친다. had → have

03. 관계사절에 동사 submit의 목적어가 빠져있다. 따라서 the report를 선행사로 하는 목적격 관계대명사가 오면 되는데, **which**의 목적격 관계대명사는 of which가 아니라 which. of which → which

04. can과 be able to가 한자리에 동시에 쓰일 일은 없다. **can**을 are로 바꿔준다. Can → Are

05. 부사 **here**가 문장 맨 앞으로 나와서 주어 동사가 자리이동을 한다. 그래서 **comes the coffee truck**이 된다. Here the coffee truck comes → Here comes the coffee truck

06. 「하나 더」(one more)의 의미를 가지려면 **other**가 아니라 another가 되어야 한다. other → another

07. have + p.p. 문형. files는 훔쳐지는 것, 즉 file과 steal은 수동관계이므로 목적보어인 steal이 과거분사인 **stolen**으로 바뀌어야 한다. steal → stolen

08. 분사구를 관용적으로 쓰는 「There be + sb(sth) + ~ing」 구문. 이 구문을 모르면 머리 터지도록 고민만 하다가 답을 못찾고 좌절할 수도 있다. run → running

09. 「네 목소리가 이상하게 들린다」로 번역되기 때문에 **strangely**가 어색하게 느껴지지 않는다면 이제야말로 반성해야 할 때! 영어에서 불완전자동사의 「보어」가 될 수 있는 건 「명사」, 「형용사」뿐. 여기서는 「주어의 상태」를 나타내므로 「형용사」(strange)가 적합하다. strangely → strange

10. 그녀가 지금 피곤한 건 3시간 밖에 못잤기 때문. 잠을 3시간 잔 것은 피곤한 것보다 한 시제 앞서는 「과거」가 되어야 한다. 따라서 **because**절의 동사 only sleeps를 only slept나 has only slept로 바꾼다. only sleeps → only slept or has only slept

다음 문장에서 틀린 부분을 바로잡으시오.

01. He is like to move to another area because the taxes are too high.

02. As though my German is pretty good, I'm going to take a refresher course.

03. I apologize the delay, but there were a few things that I had to take care of before seeing you.

04. I can't believe how much you are resembling your sister.

05. I can afford fly first-class to Hawaii on my holiday this coming winter.

06. She doesn't like her joking around during the training seminar.

07. It's high time that we called the research and development team and find out if they have any ideas.

08. The van was seeing to park outside the house by her at ten o'clock.

09. You will need to take up a story as to why you're late or they're going to fire you.

10. I'll have my secretary to put it in the mail tomorrow morning for you.

01. 「…일 것같다」라는 의미의 be likely to를 알고 있으면 간단히 해결되는 문제. 「세금이 너무 비싸서 다른 지역으로 이사할 것 같다」라는 의미의 문장이므로 like를 likely로 바꾸어 준다. like → likely

02. 「내 독일어 실력이 상당히 뛰어나긴 하지만 난 재교육과정을 수강할 거야」란 의미. As though가 아니라 「…이긴 하지만」이란 의미의 even though가 필요. As though → Even though

03. 「사과하다」의 동사 apologize는 자동사이므로 바로 목적어가 나오지 못하고 전치사를 수반한다. apologize → apologize for

04. resemble(닮다)은 그 자체로 「지속되고 있는 상태」의 의미를 담고 있으므로 진행형으로 쓰지 않는다. are resembling → resemble

05. fly 이하는 afford의 목적어. afford는 to부정사를 목적어로 취하므로 fly 앞에 to를 넣어준다. fly → to fly

06. 역시 동명사의 의미상 주어를 묻는 문제. 동명사의 의미상 주어가 문장 전체의 주어와 같은 경우에는 따로 표기할 필요가 없다. her → my

07. It's high time that ~ 구문으로 뒤에 과거시제 동사가 필요하다. 두개의 동사가 and로 연결되어 있는데, 앞에 있는 called와 더불어 find를 과거형 found로 바꿔준다. find → found

08. the van이 직접 뭔가를 볼 수는 없으므로 수동형이 되어야 한다. She saw the van park outside the house at ten o'clock의 수동형으로 볼 수 있다. seeing → seen

09. 「이야기를 지어내다」는 make up a story이다. take up → make up

10. 「…가 ~하게 하다」는 「have sb + 동사원형」 또는 「get sb to + 동사원형」으로 표현한다. to put → put (have → get)

01. The house rented a good friend of mine who looks after it very well.

02. For a life of me I can't figure out why he stays at this company.

03. Who's the guy helpful your father run the department store every weekend?

04. You are arrive on time and leave only when I say you may.

05. You look very angrily. What's the matter?

06. Left the office early tonight, you will not be stuck in the rush-hour traffic.

07. When you're finished updating the report, please bring it for me at my office.

08. I will like to know why they didn't show up for the meeting.

09. What does that thing call in Portuguese?

10. When you get a chance, I want you to explain me what happened in the meeting this morning.

01. 현재의 문장대로라면 꼬리가 개를 흔드는(wag the dog) 격. 즉 rent는 사람이 하는 것이지 집이 사람을 rent할 순 없는 법. 수동으로 바꿔주고 행위자를 나타내는 by도 첨가한다. rented → is rented by

02. 부정문에서 「아무리 해도」란 의미를 갖는 for the life of sb라는 표현을 묻는 것. a life를 the life로 바꾼다. a → the

03. the guy가 our father를 돕는다는 의미의 문장이므로 the guy who is helping your father의 형태에서 who is가 생략된 분사구문이 와야 한다. helpful를 helping으로. helpful → helping

04. 「제 시간에 와서 내가 가라고 할 때 가라」는 내용이므로 be와 arrive 사이에 to를 넣어 「명령」을 나타내는 be to구문을 만들어주면 된다. are arrive → are to arrive

05. 「…처럼 보이다」라는 뜻을 갖는 불완전자동사 look은 뒤에 명사나 형용사를 주격보어로 취한다. 부사는 올 수 없다. angrily → angry

06. 과거분사로 문장이 시작하고 있다. 그렇다면 수동태 분사구문? 그런데 주절의 주어 you는 능동적으로 leave할 수 있는 주체이므로 단순 분사구문이 되도록 과거분사 left를 현재분사 leaving으로 고친다. Left → Leaving

07. bring은 간접목적어가 직접목적어 뒤에 위치할 때 전치사 to를 동반한다. for me → to me

08. I would like to + V(…하고 싶다)만 기억하면 쉽게 해결되는 문제. show up은 「(…에) 모습을 보이다」. will → would

09. 「그것(that thing)이 포르투갈어로 뭐라고 불리우는가?」란 의미가 되어야 하므로 「…라고 불리우다」는 뜻의 be called의 수동태 문장이 되어야 한다. does that thing call → is that thing called

10. explain은 이중목적어를 취할 수 없는 동사. 따라서 「…에게」에 해당하는 전치사가 와야 한다. explain me → explain(또는 explain to me)

01. We are going to have to avoid to answer any questions until we get more information.

02. We have found a new employee to assist you in your department last weekend.

03. I was surprising to hear that he left the company to start up his own business.

04. He paid for the meal because she charges the hotel bill to her credit card.

05. He was seen hand over the documents with their own eyes.

06. Why is so important to arrive early when the doors are always locked?

07. She always manages to leave early without anyone notice.

08. I had waited to get a flight out of the country for the last six hours.

09. I'll drink five cups of coffee every day even though I know it's bad for me.

10. The accused man strongly denies to have met her before.

01. avoid는 동명사를 목적어로 받으므로 뒤에 to부정사가 나올 수 없다. avoid to answer → avoid answering

02. 현재완료시제는 명확한 과거시점을 의미하는 부사구(last weekend)와 함께 사용할 수 없다. have found → found

03. be surprised를 묶어서 「놀라다」로 익혀두는 게 유익하다. be surprised to + V는 「…하고는 놀라다」란 의미. surprising → surprised

04. 음식값을 낸 것은 그 여자에게 신세를 진 적이 있었기 때문. 과거보다 먼저 발생한 상황은 과거완료로 나타낸다. charges → had charged

05. see. hear 등의 지각동사 뒤에 오는 원형부정사는 수동태가 될 때 to + V 형태가 된다. seen hand over → seen to hand over

06. 이 의문문의 진짜 주어는 to arrive ~이지만, 이를 뒤로 보내기 위해서는 가주어 it이 필요하다. Why is so → Why is it so

07. 이 문장은 without(with)+O+~ing 형태로 일종의 「동시동작」을 나타내는 부대상황과 같은 구문이다. 보어역할을 하는 분사의 자리에는 전치사구나 형용사가 올 수 있다. noticing으로 바꾸어 준다. notice → noticing

08. 「여섯 시간 전부터 지금까지 계속 기다려 왔다」는 내용이므로 현재완료진행형이 문맥상 자연스럽다. had waited → have been waiting

09. 「난 커피가 몸에 좋지 않다는 걸 알면서도 매일 5잔씩 마신다」는 의미. 주어의 습관을 나타내는 문장이므로 I'll drink라는 미래시제는 의미상 부적합. I'll drink → I drink

10. deny는 명사나 that절을 목적어로 취하는 동사이며 to부정사는 올 수 없다. denies to have met → denies that he has met (또는 denies having met)

Test 09

다음 문장에서 틀린 부분을 바로잡으시오.

01. All of the presentations were bored, except for the last one.

02. She have better decide to sign the contract before they change their conditions.

03. She was impressed with your choosing as a valuable member of the club.

04. It is unhealthy worried about everything that may stress you out.

05. She was using the stairs check that all the fire exits were clear in the building.

06. You have no choice but to making a formal complaint to the customer service department.

07. I remember to call him, and he said he'd arrange an appointment.

08. Having listening to their entire conversation, he turned around and told them to be quiet.

09. I'd like to talk to you about go away this weekend.

10. I can provide you with a room overlook the park.

01. 문맥상 주체가 누구인가가 중요하다. presentation이 사람들을 지루하게 만들었으므로 boring이 와야 적당하다. bored → boring

02. to 부정사의 관용구문에 관한 문제. 이러한 관용구문은 이유없이 무조건 외우는 게 상책이다. had better는 동사의 과거형이 아니라 「…하는 게 낫다」라는 의미의 관용구로 다음에는 원형동사가 온다. have → had

03. 얼핏 보기에는 별 무리없는 문장. 그러나 뒤에 나온 자격의 as를 통해 your가 중요회원으로 「선출되었다」는 것을 알 수 있다. 따라서 choosing을 수동형 동명사 being chosen으로 바꿔야 한다. your choosing → your being chosen

04. unhealthy라는 형용사 뒤에 과거분사가 나올 수는 없다. 이 문장은 It ~ that 강조구문으로 that 이하에 주어가 없는 걸 보니 강조된 unhealthy worried가 문장의 주어이다. 그러므로 worried를 주어 역할을 할 수 있는 동명사 worrying으로 고치자. worried → worrying

05. 「that 이하를 체크하기 위해서 사다리를 사용하고 있었다」라는 의미로 부정사의 부사적 용법 중 「목적」을 나타낸다. 즉 원형동사 check가 아니라 to check가 되어야 한다. check → to check

06. 관용구문으로 「…할 수 밖에 없다」라는 의미의 'have no choice but to + 동사원형'이 사용되어야 한다. making → make

07. 목적어 형태에 따라 의미가 달라지는 동사 remember. 접속사 and 이하에 나온 I의 기억 내용이 과거시제, 즉 과거의 사실이므로 remember의 목적어로서 과거사실을 나타내는 동명사형 calling이 필요하다. to call → calling

08. 「그가 뒤돌아 보면서 조용히 하라고 한 것」은 「그들의 대화를 다 듣고」 난 뒤의 일로, 두 문장은 시간적 전후관계로 연결되어 있다. 따라서 분사구문은 주절보다 한 시제 앞선 완료형 분사구문이 되어야 한다. listening → listened

09. 전치사 about 뒤에 웬 동사? 전치사의 목적어가 될 수 있는 것은 명사와 동명사. 따라서 go 뒤에 −ing를 붙여 동명사를 만들어 준다. go → going

10. with (without) + O + ~ ing구문. overlook을 overlooking으로 수정한다. overlook → overlooking

다음 문장에서 틀린 부분을 바로잡으시오.

01. I'm sorry to cancel our meeting yesterday, but there was an office emergency.

02. They will approach to you with a counter offer by the end of the week, and then you can decide.

03. Did I mention about that we are expected to attend this year's annual conference in Palm Springs?

04. It is mattered that we all show up on time to the meeting tomorrow morning.

05. All he has to do is for leave quietly and no one will notice that he has gone.

06. That new photocopier in the main equipment room is too small and just won't be done.

07. They seem to be worked very hard on the project and they are always working late.

08. They look hunger, but I guess it is getting very close to lunchtime.

09. The doctor said that he is completely stressed out and he will need next week off work to be rested.

10. Our hold on the market share has increased it slightly, but we are still below our target.

---

01. 앞 문장의 시제는 현재(I'm). to 부정사는 yesterday가 사용된 과거의 시제. 그래서 to 부정사의 완료용법이 사용되어 to have cancelled로 바꾼다. cancel → have cancelled

02. 「…에 접근하다」라는 그 자체가 타동사인 approach를 자동사로 착각하고 전치사 to를 사용하기 쉽다. 구분이 어려운 동사는 정확히 뜻을 암기하고 여러 용례를 익혀두는 것이 최선의 해결책. approach to → approach

03. 「…에 대해 언급하다」라고 하면 「…에 대해」에 해당하는 about을 떠올리기 쉬울 것이다. 하지만 mention은 전치사 about의 의미까지 포함한 타동사라는 것을 명심, 또 명심하자. mention about → mention

04. 자동사로 matter는 「중요하다」(=be important; count)라는 정말로 중요한 뜻으로 많이 사용된다. 자동사는 수동태로 사용할 수 없으므로 어색하다. 가주어(it)와 진주어(that이하)를 사용한 1형식 문장의 'It matters that~'의 구문으로 암기하자. It is mattered that~ → It matters that~~

05. be동사의 보어가 될 수 있는 것은 「명사형」과 「형용사형」 뿐. 뜬금없이 for leave가 웬말인가! for를 to로 바꾸거나 아예 for를 빼버린다. for → to 혹은 for 생략

06. 'That'll do'(충분해)와 같은 회화 표현에서 알 수 있듯 do에는 자동사로 「좋다」, 「충분하다」(=be suitable; be enough)의 뜻이 있다. be done → do

07. 주어가 일을 하는 주체이지 객체가 아니므로 worked를 현재분사형으로 바꿔준다. 따라서 to be working은 동사 seem의 보어. be worked → be working

08. 오감(五感)동사! look, sound, fell, smell, taste와 같은 동사들은 형용사만을 보어로 취하는 유별난 놈들. look 뒤의 hunger를 hungry로 고쳐준다. hunger → hungry

09. stress는 「…를 압박하다」라는 타동사로 수동태 be stressed가 되어야 「스트레스를 받다」라는 의미가 된다. 하지만 rest는 「휴식하다」라는 자동사로 수동태가 될 수 없다는 것을 잊지 말자. to be rested → to rest

10. 「…를 늘리다」의 뜻으로 목적어가 필요한 타동사로 사용되기도 하지만 increase는 그 자체로 「늘다」, 「증대하다」라는 자동사로 「…을」에 해당하는 말이 필요없다. it을 제거한다. increased it → increased

Test 11 다음 문장에서 틀린 부분을 바로잡으시오.

01. Hurry up and we will not make it to the opening speeches that are beginning in the main lobby.

02. Even if I were not bilingual, I will still try and apply for the job.

03. If the news is really true, we would have been in some hot water.

04. He was asked speak at the anti-racism convention next week in Chicago.

05. She was asking a lot of questions about the new position lately.

06. I wish I had known why that guy is always in such a bad mood.

07. She is looked up to all of her colleagues in her department.

08. He was attending to by the nurse as soon as he arrived at the hospital.

09. We had want you to be able to start this job as soon as possible.

10. You had better to bring a few extra copies along in case more people show up.

---

01. 명령문 뒤에 이어지는 and는 「…해라, 그러면 ~일 것이다」라는 '긍정의 조건'을 의미. 주어진 문장은 「서두르지 않으면 개회 연설에 도착하지 못할 것이다」란 의미이므로 「…하지 않으면」이란 뜻으로 '부정의 조건'을 나타내는 or가 알맞다. and → or

02. 「비록 …라고 하더라도」란 의미의 even if가 이끄는 가정법 과거문장. even if 이하의 동사가 were이므로 주절 역시 그에 걸맞도록 고쳐야한다. will을 would로 고친다. will → would

03. 「그 뉴스가 정말 사실이라면 우린 난감한 상황에 처하게 될거다」란 문장. 가정법 현재의 문장으로 불확실한 현재의 상황을 설명하고 있다. 적절한 주절의 동사 형태는 will be. would have been → will be

04. 「ask sb to + V」의 형태를 수동태로 고친 형태. 수동태를 만들 때 목적어를 끄집어 내면서 다른 성분을 건드리지 말아야 하므로 speak 앞에는 to가 있어야 한다. was asked → was asked to

05. 「…하고 있었다」는 과거 진행형(was asking)은 「최근에」라는 뜻의 lately와는 어울리지 않는다. 「완료」의 의미가 되도록 was asking을 현재완료형 has asked로 고쳐주자. was asking → has asked

06. 「저 친구가 왜 저렇게 항상 기분이 나쁜지 궁금하다」란 문장. 더이상 「현재 사실에 대한 아쉬움…」 어쩌구 하지 않아도 이제는 had known이 저절로 눈에 거슬릴 듯. 가정법 과거 형태가 필요하므로 knew로 바꿔준다. had known → knew

07. 수동태에 행위자는 생략되기도 하지만 써줄 때에는 반드시 전치사를 동반한다. 전치사 by가 빠진 상태. 동료들(colleagues)한테 존경받는(is looked up to) 다는 이 여자는 얼마나 좋을까? to all → to by all

08. attend to는 「돌보다」, 「간호하다」라는 의미를 갖는 합성동사. 남자가 병원에 도착하자마자 간호사로부터 「보살핌을 받았다」는 뜻이므로 능동의 진행형이 아니라 수동태가 되어야 한다. attending을 attended로 바꾼다. attending → attended

09. 「실현되지 않은 소망」을 나타내는 문장. 과거완료시제를 만드는 had 뒤에는 과거분사가 와야 하므로 want는 wanted로 바꿔야 한다. 「가능한 한 빨리 네가 이 일을 시작하기를 바랐지만 사실은 그렇지 못했다」는 의미. had want → had wanted

10. 「더 많은 사람들이 올지도 모르니까 사본을 몇개 더 가져가는 게 좋을 거야」란 문장. 「…하는 편이 낫다」라는 뜻의 had better 뒤에는 반드시 동사원형이 이어진다. had better to → had better

318 | 초스피드 실용영문법

01. Do you take after your mother or do you resemble with your father more?

02. I will begin to prepare the room for the meeting as soon as everyone will leave.

03. If I had left now, I might actually make it on time.

04. We are both confused and shocked when we heard the terrible news.

05. I had misplaced the copy of the proposal, so I'm trying to avoid the boss until I find it.

06. He is never managing to arrive to work on time since he joined our company.

07. You have asked him to replace the photocopier since ten days.

08. I hope that we can get out of this meeting a lot earlier than we do last week.

09. If it has not been for his generosity, we would have closed this place years ago.

10. Whomever wins the competition, I still think we did an amazing job and deserve to be congratulated.

11. Bill wants to go home early tonight and start early tomorrow morning and so can I.

12. They have left the party early last night because they were tired.

13. I exercised three times every week after leaving the office and having dinner.

01. resemble이 「…와 닮다」라는 뜻이 되려면 전치사 with와 함께 쓰여야 할 것 같지만, 사실은 혼자서도 당당하게 목적어를 처리할 수 있는 「완전 타동사」. resemble with → resemble

02. 「시간」의 부사절에서는 현재시제가 미래시제를 대신하게 된다. 따라서 as soon as 이하의 동사 will leave는 현재형 leave로 바꿔줘야 한다. will leave → leave

03. 주절의 동사가 「조동사의 과거형 + 동사원형」(might make)이므로 「가정법 과거」가 틀림없다. 그렇다면 if절의 동사는 단순과거형이 되어야 한다. had left → left

04. 주어인 「우리」가 당황하고 놀란 것은 끔찍한 소식을 들었던 바로 그 때이다. 이 문장은 그 소식을 들었던(heard) 과거 시점의 반응에 대한 내용이므로 We are를 「단순과거」인 We were로 고쳐야 한다. We are → We were

05. 제안서 사본을 잘못 둔 것은 과거에 일어난 사실이지만, 그로 인해 현재 주어가 상사를 피해다니게 되었다. 따라서 동사는 현재에까지 영향을 미치는 과거사실을 나타내는 현재완료시제가 되어야 한다. had misplaced → have misplaced

06. 「그가 제 시간에 출근한 적이 없다」고 「경험」을 나타내는 문장. 「…(한 적이) 없다」라는 뜻의 never와 함께 「경험」을 나타내기 위해서는 현재진행형 시제를 현재완료형 has never managed로 고쳐주면 된다. is never managing → has never managed

07. 동사가 have asked로 현재완료시제이므로 since나 for 중에 답을 고르면 되는데, 밑줄 다음에 ten days라는 기간의 명사구가 나왔으므로 기간을 나타내는 전치사 for가 적당하다. since → for

08. 「지난 주에 그랬던 것보다 훨씬 더 빨리 이 회의에서 벗어날 수 있기를 바란다」라는 문장. 시제때문에 혼동하기 쉽지만 last week라는 명백한 과거시제 부사가 나오므로 did로 바꿔준다. do → did

09. 「만일 …이 없었다면」이란 뜻을 나타내는 가정법 과거완료의 관용구 If it had not been for ~를 알고 있는지 묻고있다. has → had

10. 「그 경기를 누가 이기든 간에」라는 의미가 되어야 하므로 단순한 관계대명사가 아니라 복합관계대명사가 오되 동사 win의 주어가 되어야 하므로 whomever가 아니라 whoever가 와야 한다. Whomever → Whoever

11. 동사를 대신하는 대동사로 쓰인 do의 용법을 묻는 문제로 can은 want를 대신하여 받는 것이므로 do가 되어야 한다. can이 답이 되려면 본문에 can이 쓰인 경우라야 한다. can → do

12. 「어젯밤」(last night)이라는 과거 시점의 사건을 언급하는 문장이므로 시제는 「단순과거」가 되어야 한다. have left에서 have를 빼자. have left → left

13. 주어의 「습관적인 행동」을 나타내는 문장. 따라서 동사 exercised를 현재형 exercise나 현재진행형 am exercising 으로 바꿔야 한다. exercised → exercise or am exercising

Unit **04~22**

Answers

4-3 1형식 문장

「주어+동사」 1형식

▶ 해는 동쪽에서 뜬다
The sun rises in the east.

▶ 내 이가 정말 아프다.
My tooth really hurts.

▶ 인구는 지속적으로 증가한다.(continue to)
The population continues to increase.

▶ 이 안락의자는 100달러에 팔린다.(sell)
This armchair sells for 100 dollars.

▶ 달이 지평선 위에 떠오르고 있다.(above the horizon)
The moon is rising above the horizon.

▶ 내 여동생은 작년에 외국으로 유학갔다.
My sister studied abroad last year.

There is[are]~

▶ 일본과 한국 사이에 경쟁이 있었다. (There has been~)
There has been competition between Japan and Korea.

▶ 여기 택시 오는군!
Here comes the taxi!

▶ 우리 사이에 오해가 좀 있다. (~between us)
There is some misunderstanding between us.

▶ 네가 알아야 할 무엇인 가가 있다.(~you have to know)
There is something you have to know.

▶ 그 광장에 사람들이 많이 있다.
There are many people in the square.

▶ 모퉁이를 돌면 대형 와인 상점이 있다.
There is a large wine store around the corner.

아무리 길어도 주어+동사 하나면 1형식

▶ 나는 어머님께 한 달에 한 번 편지를 쓴다.(write to)
I write to my mother once a month.

▶ 내가 길을 걸을 때 멋진 오픈카가 갑자기 나타났다.(A nice convertible)
A nice convertible suddenly appeared when I walked down the street.

4-4 2형식 문장

「주어+be동사+보어」

▶ 나는 키가 크다.
I am tall.

▶ Susan은 매우 피곤하다.(very)
Susan is very tired.

▶ 그들은 간호사들이다.
They are nurses.

▶ Tom은 자수성가한 남자다.(self-made)
Tom is a self-made man.

▶ 오전에는 날씨가 부분적으로 계속 흐리겠습니다.
It'll remain partly cloudy for the first half of the day.

▶ Mark는 우리들을 만나 기뻐하는 것 같다.(seem. glad)
Mark seems (to be) glad to see us.

「주어+look, smell, taste, sound, feel, seem 등+보어」

▶ 너 오늘 달라 보인다.
You look different today.

▶ 너 정말 피곤해 보인다.(very)
You look very tired.

▶ 뭔가 냄새가 나쁜데.
Something smells bad.

▶ 그 수프 냄새 좋다.
The soup smells good.

▶ 그거 맛 좋니?
Does it taste good?

▶ 그거 맛 끝내준다.(terrific)
It tastes terrific.

▶ 그거 좋게 들려.
It sounds good.

▶ 그 털 코트는 촉감이 부드럽다.(The fur coat~)
The fur coat feels soft.

▶ 그거 촉감이 좋지 않은데.
It doesn't feel good.

▶ 그들은 친절한 듯 하다.
They seem kind.

「주어+ become, get, turn, grow 등 + 보어」

▶ 나는 의사가 될 거야.(become)
I'll become a doctor.

▶ Susan은 가수가 되었다.(become)
Susan became a singer.

▶ 나는 배고파졌다.(get)
I got hungry.

▶ Laura는 지루해졌다.(get)
Laura got bored.

▶ 잎들이 빨갛게 물들었다.(turn)
The leaves turned red.

▶ 여동생이 올해 두 살이 돼요.(turn)
My little sister turns two this year.

▶ 어두워졌다.(grow)
It grew dark.

4-5 3형식 문장

「주어 + 동사 + 목적어(동명사/to부정사)」

▶ 나는 일하는 것을 마쳤다.(finish)
I finished working.

▶ 나는 다이어트하는 것을 원한다.(go on a diet)
I want to go on a diet.

▶ 나는 뉴욕으로 이사 가기로 결심했다.
I decided to move to New York.

「주어 + 동사 + 목적어(기타 명사구/명사절)」

▶ 나는 어떻게 이 기계를 사용하는지 배웠다.
I learned how to use this machine.

▶ 내 생각에 이번 주말에 영화를 볼 것 같아.
I think that I will see a movie this weekend.

자타동사 구분하기

▶ 중요한 말 몇 가지 하는 걸 잊어버렸어.
I forgot to mention a few key points.

▶ David은 우리에게 그의 계획을 발표했다.
David announced to us his plan.

▶ 나는 Mary에게 시계를 가져갔다고 고백했다.
I confessed to Mary that I had taken her watch.

▶ 내가 이것이 무슨 의미인지 네게 설명할게.
I will explain you what this means.

4-6 4형식 문장

「주어 + teach, send, tell, lend, show, buy, make, write, get + 간접목적어 + 직접목적어」

▶ 학생들은 나에게 몇 가지 질문을 했다.
The students asked me some questions.

▶ 어떤 남자가 나에게 은행까지 길을 알려줬다.
A man showed me the way to the bank.

▶ 그녀는 딸에게 새 드레스를 만들어 주었다.
She made her daughter a new dress.

▶ 화이트 부인이 우리에게 영어를 가르친다.
Mrs. White teaches us English.

「주어 + tell, teach, send, lend, show, write, give) + 직접목적어 + to + 간접목적어」

▶ 내게 돈 좀 빌려줘.
Lend some money to me.

▶ 그는 나에게 영어를 가르쳐줬다.
He taught English to me.

▶ 나는 그에게 책을 줬다.
I gave a book to him.

▶ 그것을 나에게 보내.
Send it to me.

「주어 + get, buy, make + 직접목적어 + for + 간접목적어」

▶ 남자친구가 나에게 반지를 사줬다.
My boyfriend bought a ring for me.

▶ 그녀는 나에게 물을 좀 갖다 줬다.
She got some water for me.

▶ 나는 삼촌에게 커피를 타 드렸다.
I made some coffee for my uncle.

4-7 5형식 문장

「주어 + see/ watch/ feel/ hear + 목적어 + 동사원형/동사 + ing」

▸ 나는 네가 조는 거 봤어.(doze)
I saw you doze/dozing.

▸ 너희들이 Lisa가 커닝하는 거 봤니?
Did you see Lisa cheat/cheating?

▸ 나는 네가 춤추고 있는 거 지켜보는 게 좋아.
I like to watch you dance/dancing.

▸ 사람들은 내가 노래 부르는 것을 지켜봤다.
People watched me sing/singing.

▸ 나는 Sally가 우는 것을 느꼈다.
I felt Sally cry/crying.

▸ 나는 뭔가 움직이는 것을 느꼈다.
I felt something move/moving.

▸ 나는 그들이 싸우는 것을 들었다.(fight)
I heard them fight/fighting.

「주어 + make/ have/ let + 목적어 + 동사원형」

▸ 너는 항상 나를 미소 짓게 만들어.
You always make me smile.

▸ 내가 너를 피곤하게 만들었니?
Did I make you feel tired?

▸ 나를 가게 해줘요.(Please~)
Please let me go.

▸ 제가 제 소개할게요.
Let me introduce myself.

「주어 + call/ name + 목적어 + 명사」

▸ 나를 Katie라고 불러줘.
Call me Katie.

▸ 사람들은 그를 바보라고 부른다.(a fool)
People call him a fool.

▸ 나는 그 개를 Mary라고 이름 지어 줬다.
I named the dog Mary.

▸ 누가 너에게 Christine이라고 이름 지어 줬니?
Who named you Christine?

「주어 + find + 목적어 + 형용사/ 명사」

▸ 나는 Mike가 좋은 사람이라는 것을 알았다.(nice)

I found Mike nice.

▸ 너는 Cindy가 거짓말쟁이라는 것을 알았니?
Did you find Cindy a liar?

「주어 + keep + 목적어 + 형용사」

▸ 커피는 나를 계속 깨어있게 해요.(awake)
Coffee keeps me awake.

▸ 당신을 계속 기다리게 해서 죄송해요.
I'm sorry to keep you waiting.

「주어 + want + 목적어 + to부정사」

▸ 바닥 진공청소기로 청소해 줄까요?(vacuum)
Do you want me to vacuum the floor?

▸ 나는 네가 가수가 되었으면 좋겠어.
I want you to be a singer.

Unit 05 동사

5-1 Be 동사

「I'm + 형용사」 혹은 「I'm not + 형용사」

▸ 나는 오늘 피곤해.
I'm tired today.

▸ 너희들은 매우 부지런하구나.
You're very diligent.

▸ Sally는 개를 두려워한다.(be afraid of)
Sally is afraid of dogs.

▸ 8시 반이야. 너 또 늦었다.
It's eight thirty. You're late again.

▸ 오늘은 날씨가 좋지 않다.(nice)
The weather isn't nice today.

▸ 우리는 건강하지 않다.(healthy)
We aren't healthy.

「I'm + 명사」 혹은 「I'm not + 명사」

▸ 그들은 변호사들이다.
They're lawyers.

▸ Tom과 나는 친한 친구다.(close)
Tom and I are close friends.

- ▶ 나는 뚱뚱하지 않다.
  I'm not fat.
- ▶ 너는 천재가 아니다.(a genius)
  You aren't a genius.
- ▶ 그는 경찰관이 아니다.(a police officer)
  He isn't a police officer.
- ▶ 그 사람들은 미국사람이 아니야.(Those~)
  Those people aren't American.

「I'm + 장소부사」 혹은 「I'm not + 장소부사」

- ▶ 나는 위층에 있다.
  I'm upstairs.
- ▶ Tom과 Jerry는 밖에 있어.
  Tom and Jerry are outside.
- ▶ 여기에는 아무도 없다.(Nobody~)
  Nobody's here.
- ▶ John은 아래층에 있지 않다.
  John isn't downstairs.
- ▶ Tom는 여기 있지 않다.
  Tom isn't here.
- ▶ 그들은 밖에 있지 않다.(outside)
  They aren't outside.

5-2 There be 동사

There is/are + 명사와 There isn't/aren't + 명사

- ▶ 냉장고에 콜라가 좀 있어.(fridge)
  There is some Coke in the fridge.
- ▶ 바구니에 사과가 하나 있어.(basket)
  There is an apple in the basket.
- ▶ 아름다운 호수가 있어.
  There is a beautiful lake.
- ▶ 10시에 기차가 있어.
  There is a train at 10 o'clock.
- ▶ 공원에 사람들이 많아.
  There are a lot of people in the park.
- ▶ 일년은 열두달이 있어.
  There are twelve months in a month.
- ▶ 물이 많이 없어.(much)
  There isn't much water.
- ▶ 오늘밤 TV에서 좋은 영화가 전혀 없어.
  There isn't any good movie on TV tonight.
- ▶ 여기에 사람들이 전혀 없어.
  There aren't any people here.

Is/Are there + 명사?

- ▶ 은행이 있나요?
  Is there a bank?
- ▶ 아이스크림 좀 있니?
  Is there any ice cream?
- ▶ 사람들이 많이 있니?(many)
  Are there many people?

There was/were + 명사

- ▶ 여기에 빵이 좀 있었어.
  There was some bread here.
- ▶ 어제밤 TV에서 멋진 영화가 있었어.(great)
  There was a great movie on TV last night.
- ▶ 콘서트에 수천 명이 있었어.(thousands of)
  There were thousands of people at the concert.
- ▶ 파티에 사람들이 많이 있었어.(a lot of)
  There were a lot of people at the party.

There has been/have been + 명사

- ▶ 여기에 눈이 많이 왔었어. (a lot of)
  There has been a lot of snow here.
- ▶ 여기 차사고가 많이 났었어. (a lot of car accidents)
  There have been a lot of car accidents here.

There will be/ is going to be + 명사

- ▶ 올겨울에 눈이 많이 올 거야.(will)
  There will be a lot of snow this winter.
- ▶ 월요일 아침에 회의가 있을 예정이야.(be going to)
  There is going to be a meeting on Monday morning.

5-3 일반동사

▶ 나는 축구를 좋아한다.
I like soccer.
▶ 나는 그의 전화번호를 알고 있다.
I know his phone number.
▶ 너는 여자친구가 있구나.
You have a girlfriend.
▶ 우리는 매일 조깅간다.
We go jogging every day.
▶ 그들은 항상 아침을 먹는다.
They always eat breakfast.

She/He/It + 일반동사 + (e)s

▶ 모두가 음악을 좋아한다.
Everybody likes music.
▶ 아무도 상관하지 않는다.(care)
Nobody cares.
▶ Cindy는 개를 매일 산책시켜요.
Cindy walks her dog every day.
▶ 아버지는 커피를 너무 많이 드신다.
My father drinks too much coffee.
▶ James는 영화를 좋아한다.
James likes movies.
▶ 겨울에는 눈이 많이 온다.
It snows a lot in the winter.
▶ 제주도에는 비가 많이 온다.
It rains a lot in Jeju island.

I/You/We/They + don't +동사원형

▶ 나는 운동을 하지 않는다.
I don't exercise.
▶ 너는 채소(vegetables)를 먹지 않는구나.
You don't eat vegetables.
▶ 우리는 텔레비전을 그렇게 자주 보지는 않는다.
We don't watch television very often.
▶ 그들은 많은 돈을 가지고 있지 않다.
They don't have much money.
▶ 우리 부모님은 늦잠을 주무시지 않는다.(sleep in)
My parents don't sleep in.

She/He/It + doesn't + 동사원형

▶ Sally는 고기를 먹지 않는다.
Sally doesn't eat meat.
▶ 내 남동생은 콜라를 마시지 않는다.
My brother doesn't drink Coke.
▶ 도쿄에는 눈이 많이 오지 않는다.
It doesn't snow much in Tokyo.
▶ 그 TV는 작동하지 않는다.
The TV doesn't work.

5-4 동작 및 상태동사

「주어 + 동사」 (동작동사/ 현재시제)

▶ 나는 공원에서 운동한다.
I exercise in the park.
▶ 나는 직장에 차를 몰고 간다.(drive)
I drive to work.
▶ 나는 점심 후에 휴식을 취한다.
I take a break after lunch.
▶ 그는 그의 친구들과 점심을 먹는다.
He has lunch with his friends.
▶ 그는 방과 후 축구를 한다.
He plays soccer after school.

「주어 + be동사 + -ing」 (동작동사/ 현재진행시제)

▶ 나는 공원에서 운동을 하고 있다.
I'm exercising in the park.
▶ 나는 아침을 먹고 있다.
I'm eating[having] breakfast.
▶ 나는 퇴근 후 컴퓨터수업에 가고 있다.(after work)
I'm going to a computer class after work.

「주어 + 동사」 (상태동사/ 현재시제)

▶ 나는 신을 믿는다.
I believe in God.
▶ 너는 그의 전화번호를 아니?
Do you know his phone number?
▶ 너는 어느 것이 더 좋니?
Which one do you prefer?
▶ 이 시계는 적어도 1,000달러는 나간다.
This watch costs at least $1,000.

▶ 뭔가 냄새가 지독하다.(terrible)
Something smells terrible.

5-5 상태동사도 진행형이 가능할 수도…

'쳐다보다, 찾다'일 때는 진행형 가능(look)

▶ 그는 신문에서 일자리를 찾고 있어.
He's been looking in the paper for other jobs.

▶ 그게 바로 제가 찾는 것입니다.
That's exactly what I'm looking for.

▶ 어딜 보고 있는 거야? 내가 하는 말 잘 들으란 말야.
What are you looking at? Hey! I'm talking to you.

'맛을 보다'일 때는 진행형 가능(taste)

▶ 그녀는 커피맛을 보고 있다.
She is tasting the coffee.

▶ 음식 맛 괜찮아요?
Does the food taste all right?

'냄새맡다'일 때는 진행형 가능(smell)

▶ 그는 꽃 냄새를 맡고 있다.
He's smelling the flowers.

▶ 그 파이 냄새 좋다.
That pie smells good.

'먹다, 시간을 보내다, 임신하다'일 때는 진행형 가능

▶ 술 한잔 하고 싶어
I feel like having a drink

▶ 내가 임신했다는 이야기야.
I'm talking about me having a baby.

▶ 어떤 아이스크림 먹을래?
What kind of ice cream are you having?

▶ 너희들 함께 신나게 보내는 것 같아.
It seems like you guys are having a great time together.

5-6 사역동사

「주어 + make + 목적어 + 동사원형」

▶ 너는 항상 나를 행복하게 만든다.(feel happy)
You always make me feel happy.

▶ 그는 나를 가게 만들었다.
He made me go.

▶ 그 드레스는 너를 더 날씬해 보이게 한다. (That dress, thinner)
That dress makes you look thinner.

▶ 내가 너를 당황하게 만들었니?(feel embarrassed)
Did I make you feel embarrassed?

「주어 + have + 목적어 + 동사원형」

▶ 나는 Tom이 집을 치우게 했다.(clean)
I had Tom clean the house.

▶ 그 사람 들어오게 하세요.(him)
Have him come in.

▶ 나는 내 여동생에게 내 숙제를 하도록 시켰다.
I had my sister do my homework.

「주어 + get + 목적어 + to 부정사」

▶ 나는 Jane이 그녀의 마음을 바꾸도록 할 수 없었다.
I couldn't get Jane to change her mind.

▶ 나는 그가 설거지를 하게 했다.(wash)
I got him to wash the dishes.

▶ 나는 Mary에게 우리를 돕게 했다.
I got Mary to help us.

「주어 + let + 목적어 + 동사원형」

▶ 제 소개할게요.
Let me introduce myself.

▶ 내가 도와줄게.
Let me help you.

▶ 내가 여기에 있을 수 있게 해줘.(stay)
Let me stay here.

▶ 나는 그에게 내 차를 쓰게 했다.
I let him use my car.

「주어 + make/have/get/let + 목적어 + 과거분사」

▶ 나는 내 사진을 찍었다.(get)
I got my picture taken.

▶ 나는 내 머리를 잘랐다.(have)
I had my hair cut.
▶ 나는 내 귀를 뚫었다.(have, pierce)
I had my ears pierced.

5-7 감각동사

「주어 + look + 보어」

▶ 너 좋아 보여.(great)
You look great.

▶ 너 네 엄마와 꼭 닮았다.(just like)
You look just like your mother.

▶ 너 좀 실망한 것처럼 보여.
You look a little disappointed.

「주어 + feel + 보어」

▶ 나는 기분 좋아.(fine)
I feel fine.

▶ 그녀의 털 코트는 촉감이 정말 부드러웠다.(so)
Her fur coat felt so soft.

▶ 그 사람들이 너를 초대 안한 게 마음에 걸려.
I feel bad that they didn't invite you.

「주어 + taste + 보어」

▶ 그것 맛이 좋아?(good)
Does it taste good?

▶ 그거 맛이 정말 좋아.(terrific)
It tastes terrific.

「주어 + smell + 보어

▶ 이 수프 냄새가 이상한데.(funny)
This soup smells funny.

▶ 뭔가 (안 좋은) 냄새 나.
Something smells.

▶ 그 개 (안 좋은) 냄새 나.(That dog~)
That dogs smells.

「주어 + sound + 보어」

▶ 너 목소리가 안 좋은데.(unhappy)
You sound unhappy.

▶ 네 생각이 좋은 것 같아.(great)
Your idea sounds great.

▶ 너 우리 엄마같이 말하는구나.(You sound~)

You sound like my mother.

5-8 지각동사

「주어 + see/watch +목적어 + 목적보어」

▶ 나는 네가 길을 걷는 것을 봤다.
I saw you walk[walking] down the street.

▶ 너는 내가 춤추는 것을 봤니?
Did you see me dance[dancing]?

▶ 나는 네가 먹는 것을 지켜보는 게 좋아.
I like watching you eat[eating].

▶ 그녀가 케익 먹는 걸 봤어.
I saw her eating some cake.

▶ 오늘 그가 사무실에 일하는 거 봤어
I saw him working in the office today.

▶ 난 그가 앞마당에서 프리스비하는 것을 봤어.
I saw him playing Frisbee out on the front lawn.

▶ 난 단지 그녀가 전남친과 걷는 것을 보았어.
I just saw her walking around with her ex-boyfriend.

▶ 오늘 Jim이 사무실에서 일하고 있는 것을 보았어.
I saw Jim working in the office today.

「주어 + hear/feel +목적어 + 목적보어」

▶ 나는 네가 그녀에게 소리치는 것을 들었다.(yell at)
I heard you yell[yelling] at her.

▶ 너는 그들이 싸우는 것을 들었니?
Did you hear them fight[fighting]?

▶ 나는 누군가 부엌에서 움직이는 것을 느꼈다.
I felt someone move[moving] in the kitchen.

▶ 나는 갑자기 벌레가 내 다리를 기어 올라오는 것을 느꼈다.(crawl/crawling up)
I suddenly felt an insect crawl[crawling] up my leg.

▶ 네 노래를 들을 때마다 난 아주 미쳐버리겠다구.
Every time I hear you singing, it drives me up the wall.

5-9 변화동사

「become + 형용사/명사」

▶ 어두워지고 있었다.
  It was becoming dark.

「go/come + 형용사」

▶ 네 꿈은 이루어질 거야.
  Your dream will come true.

▶ 모든 게 결국은 잘 될 거야.(in the end)
  Everything will come right in the end.

「grow/turn + 형용사」, 「turn into + 명사」

▶ 날씨가 더 추워졌다.(colder)
  The weather grew colder.

▶ 점점 어두워지고 있다.
  It's growing dark.

▶ 올챙이는 개구리가 된다.(Tadpoles~)
  Tadpoles turn into frogs.

「stay, keep, remain + 형용사」, 「keep + 동사-ing」

▶ 계속 깨어있어.(stay)
  Stay awake.

▶ Mary는 (계속) 조용히 있었다.(keep quiet)
  Mary kept quiet.

▶ 그들은 (계속) 조용히 있었다.(remain silent)
  They remained silent.

「get + 형용사」, 「get to + 동사원형」

▶ 점점 추워지고 있었다.
  It was getting cold.

▶ Jack과 Mary는 2018년에 결혼했다.
  Jack and Mary got married in 2018.

▶ 우리는 진실을 알게 되었다.(the truth)
  We got to know the truth.

Unit 06 조동사

6-1 미래 조동사 will/would

「I will ~」 '나는 …할 거야' → 미래, 의지

▶ 나는 점심에 스파게티를 먹을 거야.
  I will eat spaghetti for lunch.

▶ 나는 지금 집에 갈 거야.
  I will go home now.

▶ Sally는 늦지 않을 거야.
  Sally won't be late.

「You won't ~」 '너는 …안하려고 하는구나' → 고집

▶ 그는 내말을 들으려고 안 해.(listen to me)
  He won't listen to me.

▶ 창문이 안 열려.
  The window won't open.

「Will you ~?」 '너 …할래/ …해줄래?' → 권유, 부탁

▶ 너 콜라 좀 마실래?(have)
  Will you have some Coke?

▶ 내 부탁 좀 들어줄래?(do me a favor)
  Will you do me a favor?

「That will be ~」 '그것은 …일거예요' → 추측, 예상

▶ 그것이 이번 여름 최고의 흥행영화가 될거야.
  That will be the most popular movie this summer.

▶ 그것은 위대한 그림이 될거야.
  That will be a great painting.

「I would ~」 '나는 …하곤 했다' → 과거의 습관

▶ 나는 어릴 적 공부를 열심히 하곤 했다.
  When I was young, I would study hard.

▶ 그는 자주 수영가곤 했었지.(go swimming)
  He would often go swimming.

「Would you~?」 '당신 …하실래요/ …해주실래요?' → 권유, 부탁

▸ 저와 저녁 드실래요?(have dinner)
  Would you have dinner with me?

▸ 그것 스펠링 좀 말해주실래요?(spell)
  Would you spell that?

▸ 나는 외식하고 싶어요.(eat out)
  I'd like to eat out.

▸ 당신 차 드실래요?(some tea)
  Would you like some tea?

▸ 당신 산책 가실래요?(go for a walk)
  Would you like to go for a walk?

▸ 나는 그냥 집에 있을래요.(stay)
  I'd rather stay home.

▸ 나는 차라리 거기 안 갈래.
  I'd rather not go there.

6-2 능력 조동사 can/could

▸ 나는 운전할 수 있어.
  I can drive.

▸ 나는 영어를 잘 말할 수 있어.
  I can speak English well.

▸ 나는 너를 내일 아침 볼 수 있어.
  I can see you tomorrow morning.

▸ Parker 씨는 12시에 당신을 만날 수 있어요.
  Mr. Parker can you see you at 12:00.

▸ 나는 금요일에 너를 못 봐.(see)
  I can't see you on Friday.

▸ 나는 정각에 거기에 도착할 수 있을 거야.(get)
  I'll be able to get there on time.

▸ 그녀는 몇 주 후면 걸을 수 있을 거야.(in a few weeks)
  She'll be able to walk in a few weeks.

▸ 나는 오늘밤까지 이 보고서를 끝마칠 수 있기를 원한다.(get this report done)
  I want to be able to get this report done by tonight.

▸ Jane은 몇몇의 외국어를 구사할 수 있다.(a few foreign languages)
  Jane is able to speak a few foreign languages.

▸ 나는 최근에 잘 잘 수 없었다.(recently)
  I haven't been able to sleep well recently.

▸ 나는 네 살 때 (글을) 읽을 줄 알았다.
  I could read when I was four.

▸ 나는 다섯 살 때 자전거를 탈 수 있었다.
  I could ride a bicycle when I was five.

▸ Jane은 배드민턴을 잘 쳤지만 나를 이기지는 못했다.(beat(이기다))
  Jane played badminton well, but she couldn't beat me.

▸ 그는 매표소를 찾을 수 없었다. (the ticket office)
  He couldn't find the ticket office.

▸ 나는 지난밤에 너에게 전화할 수 없었다.
  I wasn't able to call you last night.

▸ 우리는 그를 설득할 수 있었다.(persuade)
  We were able to persuade him.

▸ 저 빌딩에서 화재가 발생했지만 모두 피할 수 있었다. (A fire~. break out. escape)
  A fire broke out in that building, but everybody was able to escape.

6-3 허가 조동사 may/can

▸ 당신은 여기에 주차해도 좋아요.
  You can[may] park here.

▸ 당신은 그것을 내일 돌려줘도 좋아요.
  You can[may] give it back to me tomorrow.

▶ 당신은 내 전화를 써도 좋아요.
You can[may] use my phone.

▶ 당신은 내 자전거를 가져가도 좋아요.(take)
You can[may] take my bike.

▶ 당신은 비디오를 봐도 좋아요.(watch)
You can[may] watch a video.

「Can/ Could/ May I ~?」 '내가 ~를 해도 될까?'

▶ 이 책을 집에 가져가도 될까?(Can~. take)
Can I take this book home?

▶ 네게 질문 하나해도 될까?(Can~)
Can I ask you a question?

▶ 당신 전화를 써도 될까요?(Could~)
Could I use your phone?

▶ 내가 여기에 앉아도 될까요?(Coud~)
Could I sit here?

▶ 그 가방들 도와 드릴까요?(May~. help you with~)
May I help you with those bags?

▶ 제가 도와드릴까요?(May~)
May I help you?

「You cannot(can't)/ may not ~」 '당신은 ~를 할 수 없다'

▶ 당신은 들어가서는 안돼요.(can't)
You cannot[can't] go in.

▶ 당신은 이 전화를 사용할 수 없어요.(can't)
You cannot[can't] use this phone.

▶ 당신은 여기에서 담배필 수 없어요.(may not)
You may not smoke here.

「You are/aren't allowed to ~」 '당신은 ~를 해도 된다/ 안 된다'

▶ 당신은 여기에서는 담배를 펴도 좋아요.
You're allowed to smoke here.

▶ 당신은 그 컴퓨터를 써도 좋아요.(that computer)
You're allowed to use that computer.

▶ 당신은 술을 마셔서는 안돼요.
You're not allowed to drink.

▶ 당신은 들어가셔서는 안돼요.(go in)
You're not allowed to go in.

6-4 추측/가능성 조동사 could/ might[may]/should

「주어 + could + 동사원형」 ~일 수도 있다

▶ 그 이야기는 사실일 수도 있다. (That~)
That story could be true.

▶ David은 도서관에 있을 수도 있다.
David could be at the library.

「주어 + might/may + 동사원형」 ~일 지도 모른다

▶ 오후에 비가 올지도 몰라.(might)
It might rain in the afternoon.

「주어 + have(has) got to + 동사원형」 ~임에 틀림없다

▶ 너는 농담하고 있음에 틀림없어.(kid)
You've got to be kidding.

▶ 그는 의사임에 틀림없어.
He's got to be a doctor.

「주어 + must + 동사원형」 ~임에 틀림없다

▶ Susie는 문제가 있음에 틀림없어.
Susie must have a problem.

「주어 + cannot(can't) + 동사원형」 ~일 리 없다

▶ 그녀가 아플 리가 없어.
She can't be sick.

▶ 그가 지금 일하고 있을 리가 없어.
He can't be working now.

6-5 충고/경고 조동사 should/had better

「주어 + should + 동사원형」 ~해야 한다

▶ 나는 하루에 한 번 이 약을 먹어야 한다.
I should take this medicine once a day.

▶ 너는 정말 담배를 끊어야 해.(quit)
You really should quit smoking.

「주어 + ought to + 동사원형」 ~해야 한다

▶ 사람들은 조심스럽게 운전해야 한다.
People ought to drive carefully.

▶ 너는 부츠를 신어야 해.
You ought to wear boots.

▶ 우리는 그것을 명심해야 한다.(keep that in mind)
We ought to keep that in mind.

「주어 + had better('d better) + 동사원형」 ~하는 편이 낫다

▶ 너는 껴입는 게 좋아.(bundle up)
You'd better bundle up.

▶ 너는 조용히 하는 게 좋아.
You'd better be quiet.

「주어 + should not(shoudn't) + 동사원형」 ~해서는 안 된다

▶ 너는 회의에 늦어서는 안 된다.(late for)
You shouldn't be late for the meeting.

▶ 그들은 결혼해서는 안 된다.(I don't think~)
I don't think they should get married.

「주어 + had better not('d better not) + 동사원형」 ~하지 않는 게 낫다

▶ 너는 늦지 않는 게 좋아.
You'd better not be late.

▶ 너는 밤새지 않는 게 좋아.(stay up all night)
You'd better not stay up all night.

▶ 너는 그를 방해하지 않는 게 좋아.(bother)
You'd better not bother him.

6-6 의무 조동사 have to/must

「주어 + have to + 동사원형」 ~을 해야 한다

▶ 나는 늦게까지 일 해야 해.
I have to work late.

「주어 + must + 동사원형」 ~을 꼭 해야 한다

▶ 나는 정말 집에 가야 되겠어.
I really must go home.

「주어 + don't/ doesn't have to + 동사원형」 ~을 할 필요 없다

▶ 우리는 정원에 물을 줄 필요가 없어.(water)
We don't have to water the garden.

「주어 + must not(mustn't) + 동사원형」 ~을 해서는 안 된다

▶ 너는 여기에서 U턴을 해서는 안 된다.(make)
You must not make a U-turn here.

「주어 + will have to + 동사원형」 ~을 해야 할 것이다

▶ 나는 내년에 직장을 구해야 할 거야.(get)
Next year, I'll have to get a job.

「주어 + had to + 동사원형」 ~을 해야 했다

▶ 너는 어제 일해야 했니?
Did you have to work yesterday?

6-7 부탁/제안 조동사 can/will/could/would

「Can you + 동사원형?」 ~해줄래(요)?

▶ 도와줄래?(give me a hand)
Can you give me a hand?

▶ 부탁 들어줄래?(do me a favor)
Can you do me a favor?

「Will you + 동사원형?」 ~해줄래(요)?

▶ 조용히 해 줄래?(, please?)
Will you be quiet, please?

▶ 문 열어줄래?
Will you open the door?

「Could you + 동사원형?」 ~해줄래요?

▶ 이 가방을 들어줄래요?(help me with)
   Could you help me with this bag?
▶ 내게 돈 좀 빌려줄래요?
   Could you lend me some money?

「Would you + 동사원형?」 ~해줄래요?

▶ 아이들 봐주실래요?(watch)
   Would you watch the children?
▶ 내게 소금을 건네주시겠어요?
   Would you pass me the salt?

「Would you mind + 동사-ing?」 ~해줄래요?

▶ 우리 사진 좀 찍어주실래요?
   Would you mind taking our picture?
▶ 창문을 열어주시겠어요?
   Would you mind opening the window?

「Let's + 동사원형」 ~하자

▶ 산책가자.(go for)
   Let's go for a walk.
▶ 영화 빌리자.(rent)
   Let's rent a movie.

「Why don't we + 동사원형?」 우리~하는 게 어때?

▶ 우리 저녁 나가서 먹을까?
   Why don't we go out for dinner?
▶ 우리 오렌지 주스 좀 마실까?
   Why don't we drink some orange juice?

「How about + 동사-ing?」 우리~하는 게 어때?

▶ 오늘밤 영화 보는 게 어때?
   How about seeing a movie tonight?
▶ 쇼핑가는 거 어때?
   How about going shopping?

6-8 과거습관/필요 조동사
used to/would/need

「주어 + used to + 동사원형」 ~하곤 했다, ~이었었다

▶ 나는 담배를 많이 피웠었다.
   I used to smoke a lot.
▶ 너 매우 날씬했었는데.(very skinny)
   You used to be very skinny.
▶ 너 그를 안 좋아했었잖아.
   You didn't use to like him.
▶ 나는 단 것을 안 먹었었다.(sweets)
   I didn't use to eat sweets.
▶ 여기에 은행이 있었는데.
   There used to be a bank here.
▶ 여기 큰 건물이 있었는데.
   There used to be a tall building here.

「주어 + would + 동사원형」 ~하곤 했다

▶ 나는 공원에서 운동을 했었다.
   I would exercise in the park.
▶ 나는 여동생과 아침에 조깅을 하곤 했다.
   I would go jogging with my sister.

「주어 + 조동사 need + 동사원형」 ~할 필요가 있다

▶ 나는 지금 가야한다.
   I need go.
▶ 그는 지금 가야한다.
   He need go now.
▶ 내기 지금 기야하니?
   Need I go now?
▶ 나는 지금 가야 할 필요가 없다.
   I need not(needn't) go now.
▶ 그는 지금 갈 필요 없다.
   He need not(needn't) go now.
▶ 그는 지금 가야하니?
   Need he go now?

「주어+ 일반동사 need(s) + to 동사원형」 ~할 필요가 있다

▶ 나는 지금 돈을 내야한다.(pay)
   I need to pay now.
▶ 그는 지금 돈을 내야한다.
   He needs to pay now.
▶ 내가 지금 돈을 내야하니?
   Do I need to pay now?

▶ 그는 지금 돈을 내야하니?
Does he need to pay now?
▶ 나는 지금 돈을 낼 필요가 없다.
I don't need to pay now.
▶ 그는 지금 돈을 낼 필요 없다.
He doesn't need to pay now.

6-9 조동사 have+pp

「주어 + should have + 과거분사」

▶ 나는 열심히 공부했어야 했는데.
I should have studied hard.
▶ 나는 내 우산을 가져왔어야 했는데.
I should have brought my umbrella.
▶ 너는 왔어야 했어.
You should have come.
▶ 너는 더 일찍 잠자리에 들었어야 했어.(earlier)
You should have gone to bed earlier.

「주어 + could have + 과거분사」

▶ 나는 돈을 많이 벌 수도 있었는데.(a lot of)
I could have made a lot of money.
▶ 너는 나를 도와줄 수 있었잖아.
You could have helped me.
▶ 그녀는 그 직업을 얻을 수 있었다.(get)
She could have got the job.
▶ 그들은 여기에 정시에 올 수도 있었다.(on time)
They could have come here on time.

「주어 + might(may) have + 과거분사」

▶ 나는 아마 사무실에 내 열쇠를 두고 온 것 같아.(in my office)
I might have left my keys in my office.
▶ James는 버스를 놓쳤을 지도 몰라.
James might have missed the bus.
▶ 그녀는 집에 있었을 지도 몰라.(at home)
She might have been at home.
▶ 그들은 퇴근 했을지도 몰라.(leave work)
They might have left work.

「주어 + must have + 과거분사」

▶ Tina는 우리 약속을 잊었음에 틀림없어.

Tina must have forgotten our appointment.
▶ 그것은 사랑이었음에 틀림없어.
It must have been love.
▶ 공원에 사람이 많이 있었음에 틀림없다.(a lot of)
There must have been a lot of people in the park.
▶ 그녀는 늦게 일어났음에 틀림없어.
She must have got up late.

Unit 07 시제

7-1 현재시제

「주어(I/You/We/They) + 동사」 평서문(긍정문)

▶ 나는 갈색 머리와 갈색 눈을 가지고 있다.
I have brown hair and brown eyes.
▶ 자러가기 전에 네 이를 닦아라.(Brush~)
Brush your teeth before you go to bed.

「주어(She/He/It) + 동사(e)s」 평서문 긍정문

▶ 그녀는 자주 화를 낸다. (get. a lot)
She gets angry a lot.
▶ Jack은 시애틀 출신이다.(come from)
Jack comes from Seattle.

「Do/Does + 주어 + 동사원형?」 의문문

▶ 너는 너의 개를 매일 산책시키니?
Do you walk your dog every day?
▶ Katie는 매일 샤워하니?
Does Katie take a shower every day?
▶ 너는 뭐하니?(직업이 뭐니?)
What do you do?
▶ 저 상점은 언제 여니?(When~. that store)
When does that store open?

「주어 + don't/doesn't + 동사원형」 부정문

▶ 나는 맥주를 마시지 않는다.
I don't drink beer.

▶ David은 많이 외식하지 않는다.(eat out a lot)
David doesn't eat out a lot.

▶ 우리는 오늘밤 떠나지 않는다.
We don't leave tonight.

7-2 과거시제

「주어 + 과거동사」 평서문(긍정문)

▶ 나는 일찍 일어났다.
I got up early.

▶ 나는 이 신발을 2년 전에 샀다.
I bought these shoes two years ago.

▶ Jack은 어제 밤 많이 마셨다.(a lot)
Jack drank a lot last night.

▶ 초인종이 울렸다. (The doorbell~)
The doorbell rang.

▶ 우리는 어제 쇼핑 갔었다.
We went shopping yesterday.

▶ 우리는 많은 돈을 썼다.(a lot of)
We spent a lot of money.

「Did + 주어 + 동사원형?」 의문문

▶ 내가 너를 깨웠니?(wake)
Did I wake you?

▶ 내가 너를 방해했니?(bother)
Did I bother you?

▶ 너는 이 닦았니?
Did you brush your teeth?

▶ 너는 샤워했니?
Did you take a shower?

▶ 비가 왔니?
Did it rain?

▶ 그들이 집에 걸어갔니?(walk home)
Did they walk home?

「의문사 + did + 주어 + 동사원형?」 의문문

▶ 너는 어제 뭐했니?
What did you do yesterday?

▶ 너는 점심으로 무엇을 먹었니?(for lunch)
What did you eat for lunch?

▶ 그것은 언제 일어났니?(happen)

When did it happen?

▶ 너희들은 왜 싸웠니?
Why did you fight?

▶ 너는 어떻게 내 전화번호를 알았니?
How did you know my phone number?

▶ 너는 누구에게 전화했니?(call)
Who did you call?

▶ 그들은 어디에서 만났니?(meet)
Where did they meet?

「주어 + didn't + 동사원형」 부정문

▶ 나는 아무것도 잘못하지 않았다.(anything wrong)
I didn't do anything wrong.

▶ 너 네 방을 치우지 않았구나.(clean)
You didn't clean your room.

▶ David은 나를 초대하지 않았다.
David didn't invite me.

▶ 비가 오지 않았다.(It~)
It didn't rain.

▶ 그들은 차 몰고 여기에 오지 않았다.(drive here)
They didn't drive here.

7-3 미래시제-1

「주어 + will + 동사원형」 will 평서문(긍정문)

▶ 나는 점심으로 스파게티를 먹을 거야.
I'll eat spaghetti for lunch.

「(의문사) + Will + 주어 + 동사원형?」 will 의문문

▶ 너는 언제 나갈거니?
When will you go out?

「주어 + will not(won't) + 동사원형」 will 부정문

▶ 나는 다시는 거짓말 안할게.
I won't tell a lie again.

▶ 내일 비가 안 올 거야.
It won't rain tomorrow.

「주어 + be going to + 동사원형」be going to 평서문(긍정문)

▶ 나는 늦게 될 거야.
  I'm going to be late.

「(의문사) + be + 주어 + going to + 동사원형?」be going to 의문문

▶ 너는 언제 떠날 예정이니?
  When are you going to leave?

「주어 + be not going to + 동사원형」be going to 부정문

▶ 우리는 기차를 타지 않을 거야.(take)
  We're not going to take a train.

7-4 미래시제-2

「주어 + be about to + 동사원형」

▶ 내가 Jason에게 막 전화하려고해.
  I'm about to call Jason.
▶ 영화가 막 시작하려 해.(begin)
  The movie is about to begin.
▶ 우리 막 나가려고 했었어.
  We were about to go out.

「주어 + be supposed to + 동사원형」

▶ 너는 오늘 빨래해야지.(do the laundry)
  You're supposed to do the laundry today.

▶ 나는 오늘 오후에 Walf 박사님을 만나기로 했어.
  I'm supposed to meet Dr. Walf this afternoon.

▶ 너는 한 시간 전에 여기에 도착해야 했잖아.(get)
  You were supposed to get here one hour ago.

▶ 내가 무엇을 하기로 되어있지?
  What am I supposed to do?

▶ 내가 너 없이 어떻게 살아야 되지?(How~)
  How am I supposed to live without you?

「주어 + be to + 동사원형」

▶ 대통령은 말레이시아를 방문할 예정이다.
  The President is to visit Malaysia.
▶ Smith 씨는 곧 승진될 것이다.(be soon to)
  Mr. Smith is soon to be promoted.

「주어 + could/might + 동사원형」

▶ Shiela는 조만간 해고당할 수도 있어.(sooner or later)
  Shiela could be fired sooner or later.

▶ 나는 이번 주말 친구들과 함께 영화볼 지도 몰라.
  I might see a movie with my friends this weekend.

▶ Jane이 너를 거기에 태워줄지도 몰라.(give you a ride)
  Jane might give you a ride there.

7-5 현재진행시제-1

I am ~ing '나는 ~하고 있다'

▶ 나는 샤워 중이야.
  I'm taking a shower.
▶ 나는 학교에 가고 있어.
  I'm going to school.
▶ 남동생은 전화 통화 중이야.
  My brother is talking on the phone.
▶ 눈이 오고 있어.
  It's snowing.
▶ 해가 비추고 있어.(shine)
  The sun is shining.
▶ 엄마와 나는 집안 청소중이야.
  My mother and I are cleaning the house.
▶ 우리는 아침을 먹고 있어.
  We're eating breakfast.

I'm not ~ing '나는 ~하고 있지 않다'

▶ 나는 자고 있지 않아.
  I'm not sleeping.
▶ 나는 전화통화하고 있지 않아.
  I'm not talking on the phone.
▶ 너는 숙제를 하고 있지 않구나.
  You aren't doing your homework.

► 너는 운동하고 있지 않구나.
   You aren't exercising.
► 그들은 파티를 하고 있지 않아.
   They aren't having a party.

Am I ~ing? '내가 ~하고 있니?'

► 내가 너를 방해를 하고 있니?
   Am I bothering you?
► 너는 아침 먹고 있니?
   Are you eating breakfast?
► 너는 샤워하고 있니?
   Are you taking a shower?
► Monica는 라디오를 듣고 있니?
   Is Monica listening to the radio?
► John은 TV를 보고 있니?
   Is John watching TV?

7-6 현재진행시제-2

「주어 + be동사 + 동사-ing」 평서문(긍정문)

► 나는 요즘 컴퓨터 수업을 듣는다.(take)
   I'm taking a computer class these days.
► 너는 늘 뭔가 잊어버려.(always)
   You're always forgetting something.
► Janet은 늘 불평이야.(complain)
   Janet is always complaining.
► Jack과 나는 뉴욕에 머물고 있어.
   Jack and I are staying in New York.

「be동사 + 주어 + 동사-ing?」 의문문

► 내가 너를 방해하고 있니?(bother)
   Am I bothering you?
► 너는 샤워하고 있니?
   Are you taking a shower?
► 네 여동생은 피아노를 치고 있니?
   Is your sister playing the piano?
► 비가 오고 있니?
   Is it raining?

「의문사 + be동사 + 주어 + 동사-ing?」 의문문

► 내가 무엇을 하고 있는 거지?(What~)
   What am I doing?

► 너는 어디에서 마시고 있니?
   Where are you drinking?
► Jessy는 언제 떠나지?
   When is Jessy leaving?
► 그들은 왜 싸우고 있니?(fight)
   Why are they fighting?

「주어 + be동사 + not + 동사-ing」 부정문

► 나는 영어를 공부하고 있지 않아.
   I'm not studying English.
► 너는 내 말을 듣고 있지 않구나.(listen to me)
   You aren't listening to me.
► David은 낮잠을 자고 있지 않아.(take a nap)
   David isn't taking a nap.

7-7 과거진행시제

I was ~ing '나는 ~하고 있었다'

► 나는 너 생각 하고 있었어.
   I was thinking about you.
► 나는 모자를 쓰고 있었어.
   I was wearing a hat.
► 너는 자고 있었구나.
   You were sleeping.
► Molly는 점심으로 피자를 먹고 있었어.
   Molly was eating pizza for lunch.
► 친구들과 나는 파티를 하고 있었어.
   My friends and I were having a party.

I wasn't ~ing '나는 ~하고 있지 않았다'

► 나는 공부하고 있지 않았어.
   I wasn't studying.
► 나는 시험에 대한 생각을 하고 있지 않았어.
   I wasn't thinking about the test.
► 너는 운동하고 있지 않았구나.
   You weren't exercising.
► Tom은 방을 치우고 있지 않았어.
   Tom wasn't cleaning the room.
► Kate는 남동생을 괴롭히고 있지 않았어.
   Kate wasn't bothering her brother.

Was I ~ing? '내가 ~하고 있었니?'

► 너는 아침 먹고 있었니?

Were you eating breakfast?

▶ 너는 샤워하고 있었니?
Were you taking a shower?

▶ 너는 이 펜을 찾고 있었니?(look for)
Were you looking for this pen?

▶ Monica는 라디오를 듣고 있었니?(listen to)
Was Monica listening to the radio?

▶ Jack은 TV를 보고 있었니?
Was Jack watching TV?

▶ 그 소녀는 아이스크림을 먹고 있었니?
Was the girl eating ice cream?

7-8 미래진행시제

「주어 + will + be + 동사-ing」 평서문(긍정문)

▶ 나는 일하고 있을 거야.
I'll be working.

▶ 나는 너를 그리워할 거야.
I'll be missing you.

▶ 나는 여기에서 서있을 거야.
I'll be standing here.

▶ 걱정마, 내가 지켜보고 있을 테니까.
Don't worry. I'll be watching.

▶ 나는 여기에서 너를 기다리고 있을 거야.
I'll be waiting for you here.

▶ 다음 주부터 새 직장에 출근해.
I'll be starting my new job next week.

▶ 나는 여기에서 전화통화 하고 있을 거야.
I'll be talking on the phone here.

▶ 나는 소파에 누워 있을 거야.
I'll be lying on the sofa.

▶ 그녀는 일본에서 영어를 가르치고 있을 거야.
She'll be teaching English in Japan.

▶ 내일 이맘 때 나는 스키타고 있을 거야.(This time tomorrow~)
This time tomorrow I'll be skiing.

▶ 다음 주 이맘때 나는 여행하고 있을 거야.
This time next week I'll be traveling.

▶ 내년 이맘 때 나는 캐나다에 머무르고 있을 거야.
This time next year I'll be staying in Canada.

「Will you be + -ing?」 의문문

▶ 너는 오늘 네 차 사용할거니?
Will you be using your car today?

▶ 너는 내일 일할 거니?
Will you be working tomorrow?

▶ 너는 오늘밤 집에 있을 거니?(stay)
Will you be staying at home tonight?

▶ 너는 저녁 먹으러 나갈거니?(go out)
Will you be going out for dinner?

▶ 너는 여기에 얼마나 오래 머무를 거니?
How long will you be staying here?

▶ 카드로 결제하시겠어요 아니면 현금으로요?
Will you be paying by credit card or with cash?

7-9 현재완료시제

「주어 + have/has + 과거분사」 평서문(긍정문)

▶ 나는 금방 저녁을 거하게 먹었다.(a big dinner)
I've just had a big dinner.

▶ 그는 나갔다.(나가고 없다)
He's gone out.

「Have/Has + 주어 + 과거분사?」 의문문

▶ 너는 그녀를 본적 있니?
Have you seen her?

▶ 그들은 이미 나갔니?
Have they already gone out?

「의문사 + have/ has + 주어 + 과거분사?」 의문문

▶ 너희는 얼마나 오래 서로 알아왔니?
How long have you known each other?

「주어 + haven't/ hasn't + 과거분사」 부정문

▶ 나는 그녀를 일주일동안 못 봤어.
I haven't seen her for a week.

▶ 나는 최근 잠을 잘 못 잤다.(lately)
I haven't slept well lately.

7-10 현재완료진행시제

「주어 + have/has + been + 동사-ing」 평서문(긍정문)

▶ 하루 종일 비가오고 있어.
It's been raining all day.

▶ 나는 너를 1시간동안 기다리고 있다.
I've been waiting for you for an hour.

▶ 일주일 동안 눈이 오고 있다.
It's been snowing for a week.

▶ 우리가 너를 여기저기 찾아다니고 있었잖아.
We've been looking all over for you.

▶ 우리는 두 시간 동안 배드민턴을 치고 있다.
We've been playing badminton for two hours.

▶ Henry는 여기에서 오랫동안 일해오고 있다.
Henry has been working here for a long time.

▶ 너 하루 종일 자고 있구나.
You've been sleeping all day.

▶ Mary와 나는 두 시간 동안 테니스를 치고 있다.
Mary and I have been playing tennis for two hours.

▶ 우리는 스페인어를 여섯 달 동안 배우고 있다.
We've been learning Spanish for six months.

▶ 그들은 지난달 이래로 여행을 하고 있다.
They've been traveling since last month.

▶ 나는 이번 주에 열심히 일하고 있다.
I've been working very hard this week.

▶ 나는 스물다섯 살 부터 영어를 가르치고 있다.
I've been teaching English since I was twenty-five.

▶ 우리 할머니는 오후 내내 정원 일을 하고 계시다.
My grandma has been gardening all afternoon.

「(의문사) + have/has + 주어 + been + 동사-ing?」 의문문

▶ 비가 오랫동안 내리고 있니?
Has it been raining for a long time?

▶ 얼마나 오래 비가 내리고 있지?
How long has it been raining?

▶ 너는 그를 (계속) 기다리고 있니?
Have you been waiting for him?

▶ 너는 그를 얼마나 오래 기다리고 있니?
How long have you been waiting for him?

▶ 그 작업을 얼마나 오랫동안 하고 있는 거야?
How long have you been working on that project?

7-11 과거완료시제

「주어 + had + 과거분사」 과거완료시제

▶ 내가 거기에 도착했을 때 Janet은 이미 떠났다.(When~)
When I got there, Janet had already left .

「주어 + had + been + 동사-ing」 과거완료진행시제

▶ Sarah는 너무 열심히 일해서 아팠다.(fall ill, because)
Sarah fell ill because she had been working too hard.

▶ 우리는 해뜰 때부터 걸어서 몹시 배고팠다.(since sunrise, and)
We had been walking since sunrise, and we were very hungry.

「주어 + will + have + 과거분사」 미래완료시제

▶ 우리는 12월 1일에 결혼한 지 20년이 되는 거야.(be married)
We'll have been married for ten years on December 1st.

「주어 + will + have + been + 동사-ing」 미래완료진행시제

▶ 다음 달이면 10년 동안 가르치고 있는 게 된다.
Next month I'll have been teaching for ten years.

▶ 내년이면 내가 이 회사에서 20년 동안 일하고 있는 게 된다.
Next year I'll have been working at this company for twenty years.

8-1 부정사의 명사역할

주어 역할 '～하는 것은'

▶ 친구들과 함께 있는 것은 즐겁다.(fun)
It's fun to be with my friends.

▶ 영어를 배우는 것은 신난다.(exciting)
It's exciting to learn English.

▶ 매일 운동하는 것은 중요하다.
It's important to exercise every day.

▶ 스파게티를 만드는 것은 어렵다.(difficult)
It's difficult to make spaghetti.

▶ 여기서 택시를 잡는 것은 쉽지 않다.(catch a taxi)
It's not easy to catch a taxi here.

▶ 담배를 끊는 것은 어렵다.(hard. quit)
It's hard to quit smoking.

▶ 거기에 정각에 도착하기란 불가능하다.(get:도착하다)
It's impossible to get there on time.

목적어 역할 '～하는 것을'

▶ 나는 볼링 치러 가는 것을 원한다.
I want to go bowling.

▶ Tess는 방을 치울 필요가 있다.
Tess needs to clean her room.

▶ Jane은 떠나지 않기로 결정했다.
Jane decided not to leave.

▶ Rita는 가수가 되기를 희망한다.
Rita hopes to be a singer.

▶ 나는 스파게티를 먹고 싶어요.('d like)
I'd like to eat spaghetti.

▶ 불을 끄는 것을 잊지마.(turn off)
Don't forget to turn off the light.

▶ 비가오기 시작했다.(start)
It started to rain.

▶ 나는 외식하는 것을 좋아한다.
I like to eat out.

▶ Jane은 방 치우는 것을 싫어한다.
Jane hates to clean her room.

▶ 나는 최선을 다하기 위해 노력했다.(do)

I tried to do my best.

▶ 당신은 샌드위치 드실래요?(Would you like～)
Would you like to eat a sandwich?

보어 역할 '～하는 것이다'

▶ 내 꿈은 의사가 되는 것이다.
My dream is to be a doctor.

▶ 나는 너가 내 파티에 왔으면 좋겠어.
I want you to come to my party.

▶ 너는 내가 가수가 되었으면 좋겠어?
Do you want me to be a singer?

▶ 내가 너한테 정각에 오라고 말했잖아.
I told you to come on time.

▶ 엄마는 항상 나에게 공부 열심히 하라고 말씀하신다.
My mother always tells me to study hard.

8-2 부정사의 형용사역할

명사 + to부정사

▶ 할 일
something to do

▶ 나는 할 일이 있다.
I have something to do.

▶ 먹을 음식
food to eat

▶ 먹을 음식이 없다.
There is no food to eat.

▶ 만날 친구들
friends to meet

▶ 나는 오늘 만날 친구들이 있다.
I have some friends to meet today.

명사 + to부정사 + 전치사

▶ 영어공부같이 하는 친구
A friend to study English with

▶ 나는 영어공부같이 하는 친구가 필요해.
I need a friend to study English with.

▶ 점심 같이 먹을 친구
a friend to have lunch with

▶ 나는 점심 같이 먹을 친구가 필요하다.
I need a friend to have lunch with.

▶ 쓸 것(종이)
something to write on

▶ 내게 쓸 종이 좀 주세요.(Please~)
Please give me something to write on.

▶ 말할 누군가
someone to talk to

▶ 나는 말할 누군가가 필요하다.
I need someone to talk to.

8-3 부정사의 부사역할

목적: ~하기 위해서, ~하려고

▶ 나는 여기에 Henry를 보러 왔어요.
I came here to see Henry.

▶ 나는 늦지 않기 위해 서둘렀다.
I hurried not to be late.

▶ 그는 게임에서 이기기 위해 최선을 다했다.
He did his best to win the game.

▶ Mandy는 코트를 사기 위해 쇼핑 갔다.
Mandy went shopping to buy a coat.

▶ Charlie는 일본어를 배우기 위해 도쿄에 갔다.
Charlie went to Tokyo to learn Japanese.

원인: ~하니까, ~해서

▶ 당신을 만나서 반가워요. (It's nice~)
It's nice to meet you.

▶ 네 소식을 들으니 좋다.(good. hear from you.)
It's good to hear from you.

▶ 나는 그 소식을 들으니 기뻐.(glad)
I'm glad to hear the news.

▶ 나는 그것을 들으니 행복해.(hear that)
I'm happy to hear that.

이유, 판단의 근거: ~하다니, ~을 보니

▶ 그런 행동을 하다니 너는 바보임에 틀림없다.
You must be a fool to do such a thing.

▶ 아빠가 새로운 직업을 구하시다니 행운이셨다.(get)
My father was lucky to get a new job.

결과: ~해서 ...하다

▶ 그는 자라서 훌륭한 가수가 되었다.
He grew up to be a great singer.

▶ 그녀의 어머니는 80세까지 사셨다.
Her mother lived to be eighty.

형용사 수식: ~하기에

▶ 이 책은 읽기에 재미있다.(fun)
This book is fun to read.

▶ 이 강은 수영하기에 매우 위험하다.
This river is very dangerous to swim in.

▶ 그 영화는 이해하기 어렵다.
The movie is difficult to understand.

▶ 그는 비위맞추기 힘들다.(please)
He's hard to please.

▶ 네 소식을 듣게 되어 반가웠어.(nice)
It was nice to hear from you.

▶ 비가 올 것 같다.(likely)
It's likely to rain.

▶ 나는 곧 너를 기꺼이 보고 싶다.(willing)
I'm willing to see you soon.

▶ 너는 나갈 준비 되었니?
Are you ready to go out?

8-4 부정사의 의미상 주어

It's ~for + 목적격 + to 부정사

▶ 이 바지는 너가 입기에 너무 크다.
These pants are too big for you to wear.

▶ 이 물은 내가 마시기에 너무 뜨겁다.
This water is too hot for me to drink.

▶ 그가 일찍 일어나는 것은 불가능하다.
It's impossible for him to get up early.

▶ 그들이 당장 여기에 오는 것은 어렵다.
It's difficult for them to come here right away.

▶ 내 생일을 기억하다니 너는 다정하구나.
It's sweet of you to remember my birthday.

▶ 그런 말을 하다니 그는 부주의했어.
It was careless of him to say that.

▶ 나를 도와주다니 너는 친절하다.
It's kind of you to help me.

▶ 너가 내게 이메일을 보내서 좋았어. (nice)
It was nice of you to e-mail me.

▶ 그에게 고함지르다니 너는 무례했다.(yell at)
It was rude of you to yell at him

▶ 나는 나가고 싶다.(want)
I want to go out.

▶ 나는 네가 정각에 오기를 원한다.
I want you to come on time.

▶ 부지런한 것은 좋은 것이다.
It's good to be diligent.

8-5 부정사를 주로 쓰는 동사들

▶ 나는 혼자 가기를 원한다.
I want to go alone.

▶ 나는 네 소식을 듣고 싶다.(hope to hear)
I hope to hear from you.

▶ 우리는 늦을 거라고 예상했다.
We expected to be late.

▶ 우리는 유럽으로 갈 계획이다.(I'm planning~)
I'm planning to go to Europe.

▶ 나는 네가 내 생일파티에 왔으면 좋겠어.
I want you to come to my birthday party.

▶ 나는 그녀가 이렇게 빨리 오리라고는 예상하지 못했다.
I didn't expect her to come this early.

▶ 누가 너에게 수영하는 것을 가르쳐줬니?
Who taught you to swim?

▶ 내일 Ann에게 전화할 것을 상기시켜줘.(Please remind~)
Please remind me to call Ann tomorrow.

▶ 나는 무엇을 말해야 할지 모르겠다.
I don't know what to say.

▶ 너는 이 기계를 어떻게 사용해야하는 지 아니?
Do you know how to use this machine?

▶ 나는 누구를 초대해야 할 지 모르겠어.
I don't know who to invite.

▶ 그녀의 편지에 답장을 해야 할 지 결정 못하겠어.
I can't decide whether to answer her letter.

8-6 독립부정사 및 기타

▶ 나는 공부하려고 앉았다.(rest)
I sat down (in order) to study.

▶ 난 어젯밤 일을 사과하려고 기다리고 있었어.
I'm waiting for you so that I can apologize for last night.

▶ 나는 너무 피곤해서 일 하러 갈 수 없었다.
I was too tired to go to work.

▶ 내 의견을 말하자면, 너무 좋은 조건이라 믿기 힘든 걸.
If you ask me, I think it's too good to be true.

▶ Benny는 그 일을 하기에 충분히 경력이 있었다.

Benny was experienced enough to do the job.

▶ 네가 충분히 이해하기에 시간이 분명 많이 걸렸다.

It certainly took you long enough to understand.

▶ Shiela는 진실을 알 마지막 사람이다.(one)

Shiela is the last one to know the truth.

▶ Tom은 거짓말을 할 마지막 사람이다.(one)

Tom is the last one to tell a lie.

▶ Gail이 내 컴퓨터를 마지막으로 쓴 사람이야.

Gail was the last one to use my computer.

Unit 09 동명사

9-1 동명사의 형태와 역할

주어역할

▶ 매일 운동하는 것은 건강에 좋다.

Exercising everyd ay is good for health.

▶ 모두에게 친절하기란 쉽지 않다.

Being kind to everyone is not easy.

▶ 매일 일찍 일어나는 것은 어렵다.

Getting up early every day is difficult.

▶ 너와 이야기 한 것은 좋았어.(nice)

It was nice talking to you.

▶ 거기에 한시간만에 도착한 것은 불가능해요.(get there)

Getting there in an hour is impossible.

목적어역할

▶ 나는 축구하는 것을 좋아한다.

I like playing soccer.

▶ 나는 혼자 먹는 것을 싫어해.

I hate eating alone.

▶ 그 차는 수리를 필요로 한다.

The car needs repairing.

▶ 나는 모든 종류의 영화 보는 것을 즐긴다.(all kinds of movies)

I enjoy seeing all kinds of movies.

▶ 그는 담배를 끊었다.

He quit smoking.

▶ 덜 먹는 것이 네 건강에 좋다.(eat less)

Eating less is for your health.

▶ 눈이 오기 시작했다.(start)

It started snowing.

▶ 눈이 그쳤다.

It stopped snowing

보어역할

▶ 나의 취미는 영화를 보는 것이다.

My hobby is seeing a movie.

▶ 그의 목표는 변호사가 되는 것이다.

His goal is being a lawyer.

▶ 중요한 것은 매일 운동하는 것이다.

The important thing is exercising every day.

▶ 나의 좋아하는 스포츠는 테니스치는 것이다.(favorite)

My favorite sport is playing tennis.

전치사의 목적어역할

▶ 나를 도와 준 것 고마워. (Thank you for~)

Thank you for helping me.

▶ 나는 춤추고 싶은 기분이다.(feel like)

I feel like dancing.

▶ 나는 버스에서 자는 데 익숙하다.(be used to)

I'm used to sleeping on the bus.

▶ 나는 너를 돕는 것을 꺼리지 않는다.

I don't mind helping you.

▶ 나는 너를 보는 것을 손꼽아 기다리고 있다.(look forward to)

I'm looking forward to seeing you.

9-2 동명사의 시제와 부정

「동사-ing」 동명사의 명사역할

▶ 독서는 재미있다.(read)
Reading is fun.

▶ 나는 독서를 좋아한다.
I enjoy reading.

▶ 내 취미는 독서이다.
My hobby is reading.

▶ 나는 (지금) 영화보고 싶다.(feel like)
I feel like seeing a movie.

「having+과거분사」 동명사의 완료시제

▶ 나는 무례하게 군것이 부끄럽다.(I'm ashamed of~, be rude)
I'm ashamed of having been rude.

「not, never+동사-ing」 동명사의 부정

▶ TV를 켜지 말아 주시겠어요?(Would you mind~)
Would you mind not turning on the TV?

▶ Jerry는 초대받지 못한 것에 대해 화가나 있다.(angry about)
Jerry is angry about not having been invited.

▶ 나는 전에 커닝을 해보지 않은 것이 자랑스럽다.(I'm proud of~, never)
I'm proud of never having cheated before.

의미상 주어로 소유격 사용

▶ 제가 담배 피워서 짜증나세요?(annoy)
Does my smoking annoy you?

▶ 나는 Sarah가 거짓말하려고 해서 화가 났다.(upset about, try to lie)
I was upset about Sarah's trying to lie to me.

의미상 주어로 목적격 사용

▶ 제가 들어가도 될까요?(Do you mind~)
Do you mind me coming in?

▶ 우리는 그 소문이 사실일 것이라고 확신한다.(We're sure of~)

We're sure of the rumor being true.

▶ 나는 그가 버스에서 내리는 것을 봤다.(get off)
I saw him getting off the bus.

의미상의 주어를 밝히지 않는 경우

▶ 나는 산책하고 싶다.(feel like, go for a walk)
I feel like going for a walk.

▶ 덜 먹는 것이 네 건강에 좋다.(eat less)
Eating less is good for your health.

▶ 기다려줘서 고마워.
Thank you for waiting.

9-3 동명사+(목적어) ~ing

「동사+동사-ing」

▶ 나는 요리하는 것을 즐긴다.
I enjoy cooking.

▶ 그는 차 수리하는 것을 끝마쳤다.(repair)
He's finished repairing his car.

▶ 삼촌은 담배를 끊으셨다.(My uncle has given up~)
My uncle has given up smoking.

▶ 나는 너와 사랑에 빠지지 않을 수 없다.
I can't help falling in love with you.

▶ 의사선생님이 긴 여행을 떠나라고 제안하셨다.(take a long holiday)
The doctor suggested taking a long holiday.

「동사+목적어+동사-ing」

▶ 나는 사람들이 거짓말하는 것을 싫어한다.(dislike)
I dislike people telling a lie.

▶ 나는 그가 요리하는 것을 상상할 수 없다.
I can't imagine him cooking.

▶ 할아버지는 정원일하면서 모든 시간을 보내신다.(all his time, gardening)
My grandpa spends all his time gardening.

▶ 나는 그가 차에서 내리는 것을 봤다.(get out of)
I saw him getting out of the car.

▶ 이 치료가 암의 진행을 막을 것입니다.(This

treatment~. developing)
This treatment will prevent cancer from developing.

9-4 동명사의 관용적 표현들

「There is no ~ing」~하는 것은 불가능하다/
「It is no use ~ing」~해도 소용없다

▶ 미래에 일어날 일을 말한다는 것은 불가능하다.(tell. in the future)
There is no telling what will happen in the future.

「cannot help ~ing」~하지 않을 수 없다/「be busy (in) ~ing」~하느라 바쁘다

▶ 나는 웃지 않을 수 없었다.(laugh)
I couldn't help laughing.

▶ 나는 청소하느라 바쁘다.
I'm busy cleaning.

「go -ing」~하러 가다

▶ 등산하러 가자.
Let's go hiking.

9-5 부정사와 동명사에 따른 의미변화

「동사+to부정사」와「동사+동명사」가 의미가 같을 경우

▶ 나는 빗속을 걷는 것을 좋아한다.
I like walking(=to walk) in the rain.

▶ 또 비가 오기 시작했다.(It started~)
It started raining(=to rain) again.

「동사+to부정사」와「동사+동명사」가 의미가 다른 경우

▶ 나는 가능한 빨리 그것을 끝마치기 위해 노력했다.(~as quickly as I could.)
I tried to finish it as quickly as I could.

▶ 우리 같이 이 차를 밀어보면 어떨까?(Why don't we~)
Why don't we try pushing this car together?

▶ 나는 처음 자전거를 샀을 때를 기억한다.
I remember buying my first bicycle.

▶ 나에게 이메일 보낼 것을 기억해라.(e-mail)
Remember to e-mail me.

▶ 나는 Larry에게 전화할 것을 잊어버렸다.
I forgot to call Larry.

▶ 나는 너를 만났던 것을 잊지 못할 거야.
I will never forget meeting you.

▶ Sally는 그녀의 다른 문제들에 대해서 계속 얘기했다.(Sally went on to~)
Sally went on to talk about her other problems.

▶ Cindy는 그녀의 남자친구에 대해서 몇 시간동안 이야기 했다.(for hours)
Cindy went on talking about her boyfriend for hours.

▶ 너는 운동을 더 할 필요가 있다.(get)
You need to get more exercise.

▶ 이 타이어는 교체될 필요가 있다.(changing)
This tire needs changing.

▶ 그는 전부 A를 받을 자격이 있다.(get all As)
He deserves to get all As.

▶ 그의 기사가 읽혀질 가치가 있다고 생각하지 않는다.(I don't think~)
I don't think his article deserves reading.

▶ 나는 쉬려고 멈췄다.
I stopped to rest.

▶ 나는 뛰는 것을 멈추었다.
I stopped running.

Unit 10 분사

10-1 분사의 형태와 동사적 역할

「be동사+현재분사」

▶ 물이 끓고 있다.
The water is boiling.

▶ 세계인구가 매우 빠르게 증가하고 있다.(The population of the world~)
The population of the world is

increasing very fast.

▶ 이번 주말에 존이 올라온데.
I heard that John is coming to town this weekend.

▶ 귀사는 놀라울 정도로 참 잘 돌아가고 있군요!
I can't believe how well your company is doing!

▶ 비행기가 정시에 도착하는지 알아봤니?
Did you check to see if his flight is arriving on time?

「be동사+과거분사」

▶ 영어는 많은 나라에서 사용된다.(many)
English is used in many countries.

▶ 다 용서했어요.
Your apology is accepted.

▶ 어째서 지하실에 물이 가득찼니?
How come the basement is filled with water?

▶ 초대손님으로 당신을 모시게 되어 저희도 영광입니다.
We are honored to have you as our guest.

▶ 오늘밤 부모님 댁에 가기로 돼있어.
We're supposed to visit my parents tonight.

「have+과거분사」

▶ 나는 Susie를 한 시간 동안 기다려왔다.
I've waited for Susie for an hour.

▶ 물론, 하지만 내가 레포트를 끝날 때까지는 안 돼.
Sure, but not until I've finished my report.

▶ 맙소사, 이번주에 나 정말 일 많이 했다.
God, I've worked too much this week.

▶ 난 그녀와 헤어지기로 결정했어.
I've decided to break up with her.

▶ 일을 끝냈는지 알아볼게.
I'll check if he's finished working.

10-2 분사의 형용사적 역할

「분사+명사」

▶ 구르는 돌은 이끼가 끼지 않는다.(gather. no moss)
A rolling stone gathers no moss.

▶ 움푹 들어간 저 차를 봐라.(dented car)
Look at the dented car.

▶ 프레드와 정치에 대해 흥미진진한 토론을 나눴어.
I got into an interesting discussion about politics with Fred.

▶ 길에 술취한 사람이 있다.
There is a drunken man on the street.

「명사+분사」

▶ 캐나다에서 사용되는 언어는 영어다.(spoken)
The language spoken in Canada is English.

▶ 영어로 쓴 편지를 한 통 받았다
I received a letter written in English.

「주어+동사+분사(주격보어)」

▶ Sally는 TV를 보면서 앉아있었다.
Sally sat watching TV.

▶ 그 영화는 실망스러웠다.(That movie~)
That movie was so disappointing.

▶ 재미있는 영화였다.
It was an interesting movie.

▶ 네 아버지와 얘기하던 여자애는 누구였어?
Who was that girl talking to your father?

「주어+동사+목적어+분사(목적격보어)」

▶ 나는 Jane이 버스 정류장에서 서있는 것을 봤다.
I saw Jane standing at the bus stop.

▶ 너는 카나리아가 노래 부르는 것 들어봤니?(a canary)
Have you ever heard a canary singing?

▶ 나는 그녀가 도망치는 것을 발견했다.
I found her running away.

▶ 확실하게 이해할 수 있겠니?(Can you make~. clearly)

Can you make yourself understood clearly?

▶ 나는 그가 콘서트홀에서 노래부르는 것을 보고 싶었어.
I wanted to see him singing at the concert hall.

▶ 그렇게 싫은 소리만 해대는 데 나도 정말 진절머리나.
I'm tired of you being so critical.

10-3 분사구문 만드는 법

시간과 이유를 나타내는 분사구문

▶ 나를 봤을 때, 그는 도망갔다.(run away)
Seeing me, he ran away.

▶ 시간이 없었기 때문에, 나는 서둘렀다.(no time, hurry up)
Having no time, I hurried up.

조건과 부대상황을 나타내는 분사구문

▶ 껌을 씹으면서, 그는 계속 말했다.(chew gum, keep talking)
Chewing gum, he kept talking.

부정 분사구문

▶ 점심을 안 먹어서, 나는 배가 고팠었다.(have)
Not having lunch, I was hungry.

Being이 생략된 분사구문

▶ 직장에서 피곤해서, 나는 집에 일찍 왔다.(at work, come home)
(Being) Tired at work, I came home early.

10-4 분사구문의 종류

때 (~할 때)

▶ 목욕할 때에는 드라이어를 사용하지 않아야 한다.
Taking a bath, you'd better not use a hair dryer.

▶ 길을 건널 때 조심해.(street)
Crossing the street, be careful.

이유 (~이므로)

▶ 매우 피곤해서 일찍 잠자리에 들었다.(feel)
Feeling very tired, I went to bed early.

▶ 돈이 없어서 그 집을 살 수 없다.
Having no money, I can't buy that house.

▶ 그 소식에 놀라 아무 말도 할 수 없었다.
Shocked at the news, I couldn't say anything.

조건 (만약 ~라면)

▶ 왼쪽으로 돌아가시면 그 은행을 찾으실 거에요.(turn to the left)
Turning to the left, you will find the bank.

▶ 오른쪽으로 돌아서 2블럭 직진하세요.
Turning right, go straight for two blocks.

양보 (~일지라도)

▶ 네가 하는 말을 이해는 하지만 나는 여전히 그것을 안 믿는다.(what you say)
Understanding what you say, I still don't believe it.

동시상황 (~하면서 (동시에))

▶ Nina는 라디오를 들으면서 이메일을 확인했다.
Nina checked her E-mail, listening to the radio.

▶ 너 아무것도 안하고 거기 서 있을거야?
Are you going to stand there doing nothing?

▶ 영화를 보면서 그는 잠이 들었다.
Watching a video, he fell asleep

연속상황 (~하고 나서 이어)

▶ 옷을 입고 나서 가족들과 밖에 나갔다.(get dressed)
Getting dressed, I went out with my family.

▶ 코트를 입고서 그는 외출했다.
Putting on his coat, he went out.

분사구문의 부정

- 무엇을 해야 할지 몰라서 나는 그녀의 조언을 구했다.(what to do)
  Not knowing what to do, I asked for her advice.
- 핸드폰이 없어서 전화를 걸 수 없었어.
  Not having a cell phone, I couldn't call you.

10-5 독립분사구문

비인칭 독립분사 구문

- 그의 나이를 고려하면 그는 잘 보고 잘 듣는다.
  Considering his age , he sees and hears very well.
- 그의 억양으로 판단하건대 그는 미국인인 것 같다.
  Judging from his accent, he seems to be an American.
- 당신이 술 취했다는 것을 인정한다 하더라도 당신 행동에 책임을 져야 한다.
  Granted that you were drunk, you are responsible for your conduct.
- 솔직히 말해 나는 아직 숙제를 하지 않았다.
  Frankly speaking, I didn't do my homework yet.
- 엄격히 말하면 그녀는 수학을 그렇게 잘하는 것이 아니다.
  Strictly speaking, she is not so good at math.
- 일이 다 끝나면 당신은 집에 가도 좋다.
  Provided[Providing] (that)all your work is done, you may go home.
- 영어를 배운지 겨우 6개월이라는 점에서 보면 그의 영어실력은 나쁘지 않다.
  His English is not bad, seeing that he has learned it for six months.
- 네가 공부를 열심히 하는 걸 보면 넌 잘 할거야.
  Considering that you study hard, you should do well.
- 그녀의 외모를 보건대 잠을 잘 못잤어.
  Judging from her appearance, she slept poorly.
- 회의에 대해 말하자면, 우리는 오늘 오후에 하나 일정잡힌게 있어.
  Speaking of meetings, we have one scheduled this afternoon.
- 그가 돈을 훔친 것을 인정하지만, 그는 되돌려주겠다고 약속했어.
  Admitting that he stole money, he promised to pay it back.
- 엄밀히 말해서, 난 내 학비를 낼 여유가 없어.
  Strictly speaking, I can't afford to pay my tuition.
- 칼이 다정은 하지만 일을 잘 못해.
  Granted that Carl is friendly, but he's a poor worker.
- 작년의 문제들에 비교해볼 때 금년은 대단할거야.
  This year will be terrific, compared with the problems of last year.
- 솔직히 말해서, 난 주식시장이 어려움에 처한 것 같아.
  Frankly speaking, I think the stock market is in trouble.
- 당신이 내 급여를 보장해준다면, 계약서에 서명하겠습니다.
  I'll agree to the contract, provided that you guarantee my salary.

10-6 with를 이용한 부대상황

「with+명사+V-ing」

- 바람이 거의 불지 않는 안개 낀 아침이었다.
  It was a misty morning, with little wind blowing.
- 그녀는 머리카락을 바람에 날리며 오토바이에서 내렸다.
  She rode off on the motorcycle, with her hair waving in the wind.
- 나의 아들은 개가 뒤에서 따르면서 외출했다.
  My son went outside, with his dog following behind.
- Art는 상의를 어깨에 걸치고 방으로 들어왔다.
  Art entered the room with his jacket hanging on his shoulder.

「with+명사+V-ed」

- 그녀는 눈을 감은 채로 노래를 부르고 있다.
  She is singing, with her eyes closed.

그 노인은 다리를 꼬고 지하철 의자에 앉았다.
The old man sat on the subway with his legs crossed.

그녀는 팔짱을 끼고 거기에 화나서 서 있었다.
She stood there angrily, with her arms crossed.

나의 형은 한쪽 눈을 붕대로 감고 병원에서 나왔다.
My brother emerged from the hospital with his eye bandaged.

「with+명사+형용사/부사(구)」

음식물을 입에 가득 넣은 채로 이야기하지 마라.
Don't speak with your mouth full.

그는 손을 주머니에 넣은 채로 서 있었다.
He was standing, with his hands in his pockets.

그 택시기사는 라디오를 켜놓은 채로 정차하였다.
The taxi driver pulled up with his radio on.

그는 입안을 가득 채우고 우리에게 말하기 시작하였다.
He started to talk to us with his mouth full.

폴라는 얼굴에 미소를 띠며 문을 열었다.
Paula opened the door with a smile on her face.

그 교수는 파이프를 입에 물로 기숙사를 나왔다.
The professor left the dorm with a pipe in his mouth.

추우니 모자를 쓰고 외출해라. ?
It's cold, so go outside with a hat on.

난 손을 주머니에 찔러 넣은 채로 혼자 서 있었다.
I stood by myself with my hand in my pocket.

GREAT JOB!

Unit 11 수동태와 능동태

11-1 수동태의 의미와 형태 그리고 시제

수동태 현재시제 「am/are/is+pp」/ 수동태 현재진행시제 「am/are/is+being+pp」

캐나다에서는 영어가 쓰인다.(speak)
English is spoken in Canada.

네 차가 견인되고 있다.
Your car is being towed.

수동태 과거시제 「was/were+pp」/ 수동태 과거진행시제 「was/were+being+pp」

그 파티에 초대되었니?
Were you invited to the party?

그 집이 페인트칠해지고 있었다.
The house was being painted.

현재완료시제 「have/has+been pp」/ 과거완료시제 「had+been+pp」

Adam이 체포되었다.
Adam has been arrested.

그 가수는 그가 잊혀졌다는 것을 알았다.
The singer knew he had been forgotten.

미래시제(will) 「will be+pp」/ 미래완료시제 (will) 「will have been+pp」

너는 곧 듣게 될거야.(tell)
You'll be told soon.

이 보고서는 내일까지 끝나게 될 거야.(do)
This report will have been done by tomorrow.

11-2 다양한 수동태 만들기

「Let+목적어+be+pp」, 「Let+목적어+not+be+pp」 또는 「Don't+let+목적어+be+pp」 명령문의 수동태

그것을 하게끔 해라.(do)
Let it be done.

그것을 행해지지 않게 해라.(do)

Let it not be done. (=Don't let it be done.)

▶ 이 칼이 만져지지 않게 해라(touch)
Let this knife not be touched.
(=Don't let this knife be touched.)

「조동사+be+pp」 조동사가 있는 수동태

▶ 이 보고서는 내일까지 끝마쳐져야 한다.
This report must be finished by tomorrow.

▶ 제가 잠시 실례해도 될까요?(for a moment)
May I be excused for a moment?

▶ 너는 100달러를 받을 거야.(will, give)
You will be given $100.

「to 부정사+be+pp」 to 부정사의 수동태

▶ 나는 파티에 초대 되어서 기쁘다.
I'm glad to be invited to the party.

▶ 대부분 사람들은 선물 받는 것을 좋아한다.
Most people like to be given presents.

「being+pp」 동명사의 수동태

▶ 나는 불공평하게 취급받는 것이 싫어.(unfairly)
I hate being treated unfairly.

▶ 나는 무엇을 할지 말 듣는 것을 좋아하지 않는다.(tell, what to do)
I don't like being told what to do.

▶ 아무도 계속 기다리게 되는 것을 좋아하지 않는다.(Nobody, keep waiting)
Nobody likes being kept waiting.

「by+행위자」가 생략된 수동태

▶ 이 빌딩은 1960년에 세워졌다.
This building was built in 1960.

▶ 내 차는 어제 도난당했다.
My car was stolen yesterday.

▶ 중국어는 싱가폴에서 쓰인다.
Chinese is spoken in Singapore.

11-3 by만 오는게 아니야

「to, with, at, about+행위자」 by 대신 사용되는 전치사

▶ 나는 내 새로운 일에 만족한다.
I'm satisfied with my new job.

▶ 나는 그 소식에 놀랐다.
I was surprised at the news.

▶ 나는 너에 대해 염려하고 있어.(concern)
I'm concerned about you.

▶ 제인은 마크와 결혼했다.
Jane is married to Mark.

▶ 그 여자는 친절하기로 아주 유명하다.
She was well known for her kindness.

▶ 창고가 책으로 가득 찼다.
The storage area is filled with books

▶ 그 사람들은 그 남자의 성공에 기뻐했다.
They were pleased with his success.

▶ 이 책상은 철로 만들어진 것이다.
This desk is made of steel.

▶ 거리가 낙엽투성이다.
The street is covered with fallen leaves.

▶ 단조로운 생활이 지긋지긋하다.
I am tired of my monotonous life.

동사구 수동태

▶ 나는 모두에게 비웃음을 당했다.(laugh at)
I was laughed at by Everybody.

▶ 내 아기는 Mary에 의해서 돌보아진다.
My baby is taken care of by Mary.

11-4 4•5형식 수동태

4형식 문장(목적어가 두개인 문장) 수동태

▶ 나는 Kevin에게 선물을 받았다.(be given)
I was given a present by Kevin.

▶ 이 스웨터는 나를 위해 만들어졌다.
This sweater was made for me.

▶ 상이 우승자에게 주어졌다.(A prize, be given)
A prize was given to the winner.

▶ 프랑스어가 Mrs. Lee 에 의해 우리에게 가르쳐진다.
French is taught to us by Mrs. Lee.

5형식 문장(목적어와 목적보어가 있는 문장) 수동태

▶ 그는 바보로 불려진다.(a fool)
He is called a fool.

▶ 그는 훌륭한 가수로 간주되었다.(be thought)
He was thought a great singer.

▶ 나는 나의 상사에 의해 초과근무를 하도록 만들어 졌다.(work overtime)
I was made to work overtime by my boss.

▶ 나는 매우 행복하게 만들어졌다.(I have been~)
I have been made very happy.

11-5 목적어가 명사절일 때 및 기타

목적어가 명사절일 때 수동태

▶ 그는 정직하다고 말 되어진다.
(It's said that~) It is said that he is honest.
(He is said~) He is said to be honest.

▶ 그 파업이 곧 끝날 거라고 예상된다.
(It is expected that~) It is expected that the strike will end soon.
(The strike is expected~) The strike is expected to end soon.

▶ 그들은 실수했음을 인정했다.
It was admitted that they had made mistakes.
(← They admitted that they had made mistakes.(능))

▶ 일반적으로 돈이 행복을 가져온다고 생각된다.
It is generally said that money brings us happiness.
Money is generally said to bring us happiness.
(← They generally say that money brings us happiness.(능))

▶ 13일의 금요일은 불운의 날이다.
It is believed that Friday the thirteenth is a day of bad luck.
Friday the thirteenth is believed to be a day of bad luck.
(← They believe that Friday the thirteenth is a day of bad luck.(능))

능동수동태

▶ 햇볕에 탄 살갗은 벗어진다.
Sunburnt skin will peel.

▶ 그의 책은 백만 부 팔렸다.
This book sold a million copies.

▶ 이 볼펜은 글씨가 매끄럽게 잘 써진다.
This ball-point pen writes smooth.

▶ 이 오븐에서는 빵이 잘 구워지지 않는다.
Bread doesn't bake well in this oven.

▶ 이 희곡은 상연된 것보다 책으로 읽는 편이 낫다.
This play reads better than it acts.

Unit 12 가정법

12-1 가정법의 정의와 가정법 미래

「If + 주어 + 현재형동사, 주어 + will/can + 동사원형」 '~하면 …할 거야'

▶ 네가 8시 전에 여기에 도착하면, 우리는 기차를 탈 수 있을 텐데.
If you get here before eight, we can catch the train.

▶ 내가 버스를 놓치면 난 지각할거야.
If I miss the bus, I will be late.

「If + 주어 + should + 동사원형, 주어 + will/can + 동사원형」 '혹시~하면 …할 거야'

▶ 혹시 네가 Terry를 우연히 만나면, 나에게 전화하라고 말해.(run into. tell~to)
If you should run into Terry, tell him to call me.

「If + 주어 + were/was to + 동사원형, 주어 + would/could + 동사원형」 '혹시~하면 …할 거야'

▶ 내가 만약 다시 학생이 된다면, 음악을 공부할 텐데.
If I were to be a student again, I would study music.

▶ 내가 아프지 않다면 너하고 놀텐데.

If I were not sick, I could play with you.

▶ 수잔이 여기 있다면 우리는 기쁠거야.
If Susan were here, we would be happy.

▶ 내가 의사선생님이라면, 너를 도와줄 수 있을 텐데.
If I were a doctor, I could help you.

▶ 내가 부자라면 그 차를 살 수 있을 텐데.
If I were rich, I could buy that car.

12-2 가정법 과거와 과거완료

> 가정법 과거: 「If + 주어 + 과거형동사, 주어 + would/could + 동사원형」'(현재에)~라면 … 할 텐데'

▶ 내가 부자라면, 저 차를 살 수 있을 텐데.
If I were rich, I could buy that car.

▶ 내가 너라면 거기에 안갈 텐데.
If I were you, I wouldn't go there.

▶ 그가 여기에 있다면 나는 행복할 겨야.
If he were here, I would be happy.

▶ 그가 담배를 끊는다면 건강할 텐데.(quit smoking, would, healthy)
If he quit smoking, he would be healthy.

> 가정법 과거완료 : 「If + 주어 + 과거완료, 주어 + would/could + have + 과거분사」'(과거에)~했다면 …했을 텐데'

▶ 내가 너의 전화번호를 알았더라면 네게 전화할 수 있었을 텐데.
If I had known your phone number, I could have called you.

▶ 내가 숙제를 끝마쳤더라면, 거기에 갈 수 있었을 텐데.(finish, could)
If I had finished my homework, I could have gone there.

▶ 그가 서둘렀으면 제시간에 여기에 도착 할 수 있었을 텐데.(hurry, arrive, on time)
If he had hurried, he could have arrived here on time.

> 혼합가정법 : 「If+주어+과거완료, 주어+would/could+동사원형」'(과거에)~했다면 …(현재) 할 텐데'

▶ 내가 어제 보고서를 끝냈더라면 지금 친구와 놀 수 있을 텐데.(hang out with)
If I had finished my report yesterday, I could hang out with my friends now.

12-3 I wish~ 가정법

> 「I wish+주어+동사의 과거형」'~라면 좋을 텐데'

▶ 내가 너라면 좋을 텐데.
I wish I were you.

▶ 내가 키가 크다면 좋을 텐데.
I wish I were tall.

▶ 내가 애완동물이 있다면 좋을 텐데.(a pet)
I wish I had a pet.

> 「I wish+주어+had+p.p」'~했다면 좋았을 텐데'

▶ 내가 거기에 있었더라면 좋았을 텐데.
I wish I had been there.

▶ 내가 답을 알았다면 좋을 텐데.(know)
I wish I had known the answer.

> 「as if+주어+동사의 과거형」'마치~인 것처럼'

▶ 마치 자기가 공주님인 것처럼 행동한다.
She acts as if she were a princess.

▶ 그는 모든 것을 알고 있는 것처럼 행동한다.
He acts as if he knew everything

> 「as if+주어+had+p.p」'마치~였던 것처럼'

▶ 그녀는 마치 숙제를 끝마친 것처럼 말한다.
He talks as if he had finished his homework.

> It's (about) time (that)+가정법과거 '~할 시간이다'

▶ 잠자리에 들 시간이다.
It's time that you went to bed.

12-4 가정법 if의 생략

if를 제외한 다른 표현

▶ 비가 안 오면. (「Unless+주어+동사~」)
Unless it rains,~

▶ 그가 늦게 오지만 않는다면.
(「Provided(Providing) (that)+주어+동사~」)
Provided(Providing) he doesn't come late,~

▶ 네가 만약 10,000달러를 줍는다
면.(「Suppose(Supposing) +주어+동사~」)
Suppose(Supposing) you picked up 10,000 dollars,~

▶ 백만달러 복권추첨에서 당첨되었다고 상상해보아라. 좋지 않을까?
Suppose (that) you won a million dollars in the lottery. Wouldn't that be great?

▶ 감독관님이 동의하시면 허락할게.
I'll let you do it provided (that) the supervisor consents.

▶ 네 입장이라면 그렇게 하지 않을 거야.
In your place, I would not do so.

▶ 그가 영어하는 거 듣는다면 미국인이라고 생각하게 될거야.
To hear him speak English, you would think he was American.

▶ 비가 오기 않는다면 내일 야외파티를 할거야.
We'll have a party outside tomorrow unless it rains.

▶ 네가 해고당한다고 해보자. 어떻게 할거야?
Suppose you got fired, what would you do?

▶ 더 질문있는 사람이 없다면 회의는 휴정될 겁니다.(be adjourned)
Provided no one has any further questions, the meeting will be adjourned.

숨은 if 절

▶ 그녀는 서둘렀다. 그렇지 않았으면 버스를 놓쳤을 것이다.
She hurried up, otherwise, she would have missed the bus.

▶ 그녀와 같이 갈 수도 있었지만. 그러고 싶지 않았어.
I could have gone with her, but I didn't want to.

▶ 아마 그녀는 30세가 넘었을 거야.
I should say she is over thirty.

13-1 전치사란

▶ 나는 Jack을 지난 크리스마스에 만났다. (last Christmas)
I met Jack last Christmas.

▶ 너는 토요일에 일하니? (work on)
Do you work on Saturdays?

▶ Lisa는 너를 금요일 밤에 봤다. (Friday night)
Lisa saw you on Friday night.

▶ 나는 그를 토요일 저녁에 못 만나. (Saturday evening)
I can't meet him on Saturday evening.

▶ Paul은 9월 22일에 떠나. (September 22nd)
Paul is leaving on September 22nd.

▶ 그 영화는 3시 반에 시작해. (at)
The movie starts at 3:30.

▶ 나는 하루 종일 너의 전화를 기다려왔다. (wait for)
I've waited for your call all day.

▶ 박스에 책이 좀 있어요.
There are some books in the box.

▶ "David은 어디 있어요? 방에 있어요."
Where is David?""He's in his room.

▶ 누가 문에 왔어요.
Somebody is at the door.

▶ Sally는 책상에서 전화통화하고 있다.
Sally's talking on the phone at her desk.

▶ Jack은 직장에서 영어가 필요하다.
Jack needs to use English at work.

▶ 나는 파티에서 좋은 시간을 보냈다.

I had a great time at the party.

▸ 친구들과 난 Jane집에서 숙제를 했다.
My friends and I did our homework at Jane's (place).

▸ 지금 시원한 맥주가 당기는데.
I feel like having a nice cold beer right now.

▸ 실례합니다만 존스씨를 찾아 왔는데요.
Excuse me, but I came here looking for Mr. Jones.

▸ 누구를 기다리고 있어?
Who are you waiting for?

▸ 나는 같이 어울릴 친구가 필요하다.
I need some friends to hang around with.

▸ 내가 말했던 책이야.
This is the book that I told you about.

13-2 시간전치사

「at, in, on + 명사」

▸ 너는 크리스마스에 주로 뭐 하니?
What do you usually do at Christmas?

「by, until(till) + 명사」

▸ 내가 주말까지 머물러도 될까?(Can I~?)
Can I stay until this weekend?

「for, during, through + 명사」

▸ 나는 여기에 일주일 정도 머무를 거야.
I'll stay here for about a week.

▸ 우리는 여름방학동안 하와이에 갔었다.
We went to Hawaii during the summer vacation.

「before, after, in, within + 명사」

▸ 내가 10분 후에 거기에 갈게.(I'll be~)
I'll be there in ten minutes.

「since, from + 명사」

▸ 나는 2016년부터 여기에 있었다.(I've been)
I've been here since 2016.

▸ 나는 9시부터 5시까지 일한다.
I work from 9 to 5.

13-3 장소전치사

「in(into), out of + 명사」

▸ 네 주머니 안에 무엇이 있니?
What do you have in your hand?

▸ 차에서 내려.
Get out of the car.

「at, on, off + 명사」

▸ 신호등에서 멈추세요.
Stop at the traffic light(s).

▸ 네 모자를 벗어라.(take off)
Take off your hat.

「by(beside), between, among + 명사」

▸ 와서 Tom과 Mary 사이에 앉아라.
Come and sit between Mary and Tom.

▸ 나무들 사이에 있는 집을 봐라.
Look at the house among the trees.

「from, to, for + 명사」

▸ 너는 미국 출신이니?
Are you from the United States?

13-4 중요전치사 in/at/on

▸ 내가 1시간 후에 거기 갈게.(be)
I'll be there in an hour.

▸ Jason이 여기에 30분 후에 도착할 거야.(get)
Jason will get here in 30 minutes.

▸ 박스에 책이 좀 있어요.
There are some books in the box.

▸ 그는 자기 방에 있어요.
He's in his room.

▸ 나는 태어나면서부터 서울에 살아왔다.(I've)
I've lived in Seoul since I was born.

▸ 사람들이 수영장에서 수영하고 있다
People are swimming in the pool.

▸ 나는 공원에서 개를 산책시켰다.(walk)

I walked my dog in the park.
▶ 이 빌딩이 이 도시에서 가장 높다.
This building is the tallest in this city.
▶ 나는 집에 있다.
I'm at home.
▶ 누가 문에 왔어요.(Somebody is~)
Somebody is at the door.
▶ Sally는 책상에서 전화 통화하고 있다.
Sally's talking on the phone at her desk.
▶ 나는 파티에서 좋은 시간을 보냈다.(have a great time)
I had a great time at the party.
▶ 친구들과 나는 Jane 집에서 숙제를 했다.(Jane's)
My friends and I did our homework at Jane's.
▶ 나는 버스정류장에서 버스를 기다리고 있다.(at the bus stop)
I'm waiting for the bus at the bus stop.
▶ 너의 핸드폰은 테이블 위에 있어.
Your cell phone is on the table.

13-5 그밖의 전치사

into '…안으로'

▶ 물속으로 들어가자.(jump)
Let's jump into the water.
▶ 뭔가 내 눈 속에 들어갔다.(get)
Something got into my eye.

out of '…으로부터'

▶ 차에서 내려.(get)
Get out of the car.
▶ 그는 방 밖으로 나갔다.(go)
He went out of the room.

up '…위쪽으로'

▶ 우리는 언덕을 올라갔다.
We went up the hill.

down '…아래쪽으로'

▶ 우리는 언덕을 내려왔다.
We came down the hill.

for '…(얼마)에'

▶ 나는 그 DVD들을 20달러에 샀다.
I bought the DVDs for $20.

by '…로,' '…를 타고'

▶ 나는 수표로 지불할게요.
I'll pay by check.
▶ Karen은 학교에 버스타고 다닌다.
Karen goes to school by bus.

with +사람: …와 함께

▶ 나는 부모님과 함께 살아요.
I live with my parents.
▶ 나는 얘기 나눌 누군가가 필요해.(someone)
I need someone to talk with.

with +사물: …를 가지고

▶ 생선을 젓가락으로 먹어라.(the chopsticks)
Eat the fish with the chopsticks.
▶ 나는 쓸 것(필기도구)이 필요해.(to write with)
I need something to write with.

between: 둘의 '…사이'

▶ 나는 John과 Mary 사이에 앉았다.
I sat between John and Mary.

among: 셋 이상의 '…사이'

▶ 나무들에 둘러싸인 오두막집이 있다.(a cottage)
There is a cottage among the trees.

13-6 전치사의 활용-1

「명사+전치사」

▶ 너는 네 부모님과 사이가 좋니?(have a good relationship)
Do you have a good relationship with your parents?

「형용사+전치사」

▶ 모두에게 친절해라.

Be kind to everybody.

▶ 너는 나에게 화났니?(mad)
Are you mad at me?

▶ 그녀는 백만장자와 결혼했다.(a millionaire)
She's married to a millionaire.

「동사+전치사」

▶ 나는 그 일에 지원할 거야.
I'm going to apply for the job.

▶ 커피 한 잔 드실래요?(Would you like〜)
Would you like a cup of coffee?

13-7 전치사의 활용-2 동사구의 경우

「동사 + in, out, up, down, away, around, about, over, by, out, off, back, through, along 등」

▶ 네 안경을 써.(put on)
Put on your glasses.

▶ 네 양말을 벗어.(take off)
Take off your socks.

▶ 그가 방에 들어왔다.(come in)
He came in the room.

▶ 저 영화에는 Brad Pitt이 나왔다.(come out)
Brad Pitt came out in that movie.

▶ 우리는 저녁식사 하러 나갔다.(go out)
We went out for dinner.

▶ 택시에 타라.(get in)
Get in the taxi.

▶ 그녀는 차에서 내렸다.(get out)
She got out of the car.

▶ 나는 버스를 탔다.(get on)
I got on the bus.

▶ 우리는 기차에서 내렸다.(get off)
We got off the train.

▶ 네 여동생을 깨워라.(wake up)
Wake up your sister.

▶ 조심해! There is a car coming.(look out/
watch out)
Look out! There is a car coming.

▶ 나는 친구를 배웅할 예정이다.(see off)
I'm going to see off my friend.

▶ 그는 회의에 나타나지 않았다.(show up)

He didn't show up at the meeting.

▶ 담배를 꺼주세요.(put out)
Please put out your cigarette.

▶ 나는 그를 데리러 갈거야.(I'll〜. pick up)
I'll pick him up.

▶ 나를 저쪽에서 내려줘요.(drop off)
Drop me off over there.

Unit 14 접속사

14-1 등위접속사 and, but, or and so와 상관접속사

「A and B」「명령문+and」, and=to(〜하러) 「both A and B」

▶ 나는 야채와 우유를 샀다.
I bought vegetables and milk.

▶ Tom과 Jane은 둘 다 미국 출신이다.(Both〜)
Both Tom and Jane are from the
United States.

▶ Mandy는 예쁘고 똑똑하다.(both. clever)
Mandy is both pretty and clever.

「A but B」, 「not A but B」, 「not only A but (also) B」

▶ 그는 잘생겼지만 지루하다.
He's handsome but boring.

▶ Cindy가 아니라 네가 와야 한다.(should)
Not Cindy but you should come.

▶ Cindy 뿐만 아니라 너도 와야 한다.
Not only Cindy but (also) you should
come.

「A or B」, 「명령문, or」, 「either A or B」, 「neither A nor B」

▶ 커피 마실래. 차 마실래?(Would you like〜)
Would you like coffee or tea?

▶ 지금 일어나. 그렇지 않으면 버스 놓칠 거야.
Get up now, or you'll miss the bus.

▶ Sam과 Amy 모두 거기에 없었다.(Neither〜)
Neither Sam nor Amy was there.

▶ 그는 늦어서 서둘렀다.
He was late, so he hurried up.

▶ 나는 시계가 없어서 시간을 몰랐다.
I didn't have a watch, so I didn't know the time.

14-2 문장의 병렬구조

단어 + 접속사 + 단어

▶ 나는 셔츠와 바지를 샀다.
I bought a shirt and pants.

▶ 나는 독서와 잠자는 것을 좋아한다.
I like both reading and sleeping.

▶ 그는 천천히 하지만 분명하게 말했다.(talk)
He talked slowly but clearly.

▶ 커피를 드실래요, 차를 드실래요?(Would you like~)
Would you like coffee or tea?

▶ Mary 또는 내가 거기에 갈 거야.(Either~, or)
Either Mary or I will go there

▶ 나는 그를 좋아하지도 않고 싫어하지도 않는다.(neither~ nor, dislike)
I neither like nor dislike him.

구 + 접속사 + 구

▶ 나는 스키와 스케이드 타는 것을 좋아한다.(to ski, to skate)
I like to ski and to skate.

▶ 사람들은 여름뿐만 아니라 겨울에도 수영한다.(in summer)
People swim not only in summer but also in winter.

절 + 접속사 + 절

▶ 우리는 음식을 가져왔고 그들은 음료수를 제공했다.(supply the drink)
We brought the food and they supplied the drink.

▶ 두 소년은 외모에서 닮았지만 성격에서 다르다.(alike in looks, in personality)
The two boys are alike in looks but they different in personality.

반복을 피하기 위한 생략

▶ 나는 서울에서, 부산(에서) 그리고 대구(에서) 영어를 가르쳐왔다.
I have taught English in Seoul, (in) Busan and (in) Daegu.

▶ Charlie는 새 차를 샀을 뿐만 아니라 새 오토바이도 (샀다).(not only~, but also)
Charlie not only bought a new car, but also (bought) a new motorbike.

▶ Erin은 피아노를 칠 뿐만 아니라 바이올린도 (켠다).
Erin not only plays the piano, but also the violin.

14-3 명사절을 이끄는 접속사

「that+주어+동사」 '~하는 것'

▶ 그가 시험에 합격한 것은 사실이다.(주어역할, It is true that~)
It is true that he passed the test.

▶ 나는 그가 거짓말쟁이라고 생각한다.(목적어역할, a liar)
I think that he is a liar.

▶ 문제는 내가 돈이 없다라는 것이다.(보어역할)
The problem is that I have no money.

「if/whether+주어+동사」 '~인지 아닌지'

▶ 네가 나를 좋아하는지 그렇지 않은지는 중요하지 않다.(주어역할)
Whether you like me or not isn't important.

▶ 너는 Mary가 게임에 이겼는지 아닌지 아니?(목적어역할)
Do you know whether(or if) Mary won the game or not?

▶ 문제는 Tom이 해고당했는지 아닌지이다.(보어역할, The question is~)
The question is whether(or if) Tom got fired or not.

「의문사(what, where, when, how, why, who)+주어+동사」 '무엇이(무엇을)/어디에서/언제/어떻게/왜/누가(누구를) ~하는 것'

- 네가 어떻게 영어를 공부하느냐가 중요하다.(주어역할)
  How you study English is important.
- 그가 어디에서 사느냐는 그가 매우 부자라는 것을 보여준다.
  Where he lives shows that he is very rich.
- 너는 그것이 무엇을 의미하는지 아니?(목적어역할)
  Do you know what it means?
- 나는 그가 어젯밤 언제 돌아왔는지 모른다.
  I don't know when he came back last night.
- 문제는 그가 왜 그것을 훔쳤냐이다.(보어역할)
  The question is why he stole it.
- 중요한 것은 그녀가 누구를 사랑하느냐이다.(보어역할)
  The important thing is who she loves.

14-4 부사절을 이끄는 접속사

「시간 접속사: when, while, before, after, until+주어+동사」 '~할 때/~하는 동안/~하기 전에/~한 후에/~할 때까지'

- 내가 밖에 나갔을 때 추웠다.(When~)
  When I went out, it was cold.
- 당신이 돌아올 때 나는 집에 일을 거예요.(When~)
  When you come back, I'll be at home.
- 너 잠들어 있는 동안 Kate가 전화했다.(While you were~)
  While you were sleeping, Kate called.
- 내가 샤워하는 동안 남동생이 집에 왔다.(While I was~)
  While I was taking a shower, my brother came home.
- 너 자러가기 전에 이 닦아라.(Before~)
  Before you go to bed, brush your teeth.
- 너 나가기 전에 불 꺼라.(Before~. turn off the lights.)
  Before you go out, turn off the lights.
- 나는 집에 도착한 후 저녁을 먹었다.(After~)
  After I got home, I ate dinner.
- 나는 저녁을 먹고 TV를 봤다.(After~)
  After I ate dinner, I watched TV.
- 네가 돌아올 때까지 나는 여기 있을게.(I'll~)
  I'll be here until you come back.

「원인, 이유 접속사: because, since, as+주어+동사」 '~ 때문에/이라서'

- 매우 더워서 우리는 창문을 열었다.(Because~)
  Because it was very hot, we opened a window.
- Susie가 아팠기 때문에 그녀는 노래를 잘 부를 수 없었다.(Because~)
  Because it was very hot, we opened a window.
- Ted는 미성년자이므로 그는 술집에서 술을 마실 수 없다.(As~)
  As Ted is underage, he can't drink at a bar.
- 나는 점심을 거하게 먹어서 배고프지 않다.(Since~)
  Since I had a big lunch, I don't feel hungry.

「조건, 양보 접속사: if, although+주어+동사」 '~에도 불구하고'

- 만약 우리가 버스를 탄다면 더 저렴할 거야.(If~)
  If we take the bus, it will be cheaper.
- 만약 비가 오면 우리는 피크닉 안 가요.(If~)
  If it rains, we won't go on a picnic.
- 만약 비가 오면 우리 어떻게 해야 하지?(If~)
  If it rains, what will we do?
- 만약 네가 여기에 오면, 나는 행복할 거야.(If~)
  If you come here, I will be happy.
- 내 동생은 젊지만 현명하다.(Although~)
  Although my brother is young, he is wise.
- 그는 겨우 15살이지만 5개 국어를 말 할 수 있다.(Although~)
  Although he is only 15 years old, he can speak 5 languages.

Unit 15 명사

15-1 명사의 역할과 소유격 만들기

「명사(주어) + 동사」/「주어 + 동사 + 명사(목적어)」,「주어 + 동사 + 명사(주격보어)」

▶ Jenny는 Hilton 호텔에서 머물렀어.
  Jenny stayed at the Hilton Hotel.

▶ 내 좋아하는 스포츠는 축구야.(favorite)
  My favorite sport is soccer.

「주어 + 동사 + 목적어 + 명사(목적격보어)」,「~ 전치사 + 명사(전치사의 목적어)」

▶ 나를 David 이라고 불러줘.
  Call me David.

▶ 나는 음악에 관심이 있어.(interested)
  I'm interested in music.

「명사(사람)'s + 명사」'A의 B'

▶ 저것은 Tom의 자동차니?
  Is that Tom's car?

▶ 이것은 Tim의 핸드폰이야.
  This is Tim's cell phone.

「명사 + of + 명사(무생물)」'A의 B'

▶ 이 노래 제목이 뭐지?
  What's the title of this song?

▶ 이 책의 작가를 나에게 얘기해줘.
  Tell me the author of this book.

「명사's」'A의 것'

▶ 이 컴퓨터는 Mike의 것이다.
  This computer is Mike's (computer).

▶ 너는 Mary의 것을 써도 좋아.(can)
  You can use Mary's.

15-2 셀 수 있는 명사 −1

셀 수 있는 명사와 셀 수 없는 명사의 경우

▶ 난 돈이 좀 필요해.
  I need some money.

▶ 일자리를 찾고 계세요?
  Are you looking for a job?

셀 수 있는 명사와 셀 수 없는 명사 모두 가능한 명사 a+명사/ 명사

▶ 나는 커피를 많이 마신다.(a lot)
  I drink coffee a lot.

▶ 저는 커피 한잔을 마실 거예요.(have)
  I'll have a coffee.

15-3 셀 수 있는 명사 − 2 복수형

복수형이지만 단수취급 명사: 명사(e)s + is~

▶ 수학은 내가 좋아하는 과목이다.
  Mathematics is my favorite subject.

▶ 10마일은 걷기에 먼 길이야.(to walk)
  Ten miles is a long way to walk.

▶ 그 뉴스는 충격적이었다.(shocking)
  The news was so shocking.

▶ 미국은 캐나다보다 더 작다.(smaller)
  The United States is smaller than Canada.

▶ 내 친구들 중 하나가 IBM에서 일한다.(work for)
  One of my friends works for IBM.

항상 복수형이고 복수취급 명사: 명사(e)s + are~

▶ 내 청바지가 너무 껴.
  My jeans are too tight.

▶ 내 안경 어디 있지?
  Where are my glasses?

단수형이지만 복수취급 명사: 명사 + are~

▶ 경찰이 한 남자를 심문하고 있다.(question)
  The police are questioning a man.

▶ 대부분의 사람들은 영화에 관심이 있다.(movies)
  Most people are interested in movies.

의미에 따라 단수/ 복수취급 명사: 명사 + is~/ 명사 + are~

▶ 네 가족은 어때?(가족구성원 모두의 안부를 물

을 때)

How are your family?

▶ 평균 가족은 3.5명이다.(The average~)

The average family has 3.5 members.

단복수 동사 알아맞추기

▶ 네 청바지는 드라이어기에 있어.

Your jeans are in the dryer.

▶ 토마토는 맛이 좋다.

Tomatoes taste good.

▶ 일주일에는 7일이 있다.

There are seven days in a week.

▶ 너희 손은 아름답구나.

Your hands are beautiful.

▶ 내 이들이 정말 아파.

My teeth really hurt.

▶ 이 바지들은 너무 타이트해.

These pants are too tight.

▶ 네 안경은 너하고 잘 어울려.

Your glasses look good on you.

▶ 사과는 건강에 좋다.

Apples are good for health.

▶ 쥐들은 개보다 작다.

Mice are smaller than dogs.

15-4 셀 수 없는 명사 − 1

고유명사

▶ 12월 25일은 크리스마스이다.

December 25th is Christmas.

▶ Tom과 Mary는 파리에서 만났다.

Tom and Mary met in Paris.

▶ Kate은 아프리카를 향해 떠났다.

Kate left for Africa.

▶ 모짜르트는 위대한 작곡자였다.

Mozart was a great composer.

▶ 나는 연대에서 한국어를 공부하고 있어.

I'm studying Korean at Yonsei.

집단(한 덩어리) 명사

▶ 포도와 사과는 과일이다.(grapes)

Grapes and apples are fruit.

▶ 의자와 테이블은 가구다.

Chairs and tables are furniture.

▶ 편지와 엽서는 우편물이다.(postcards)

Letters and postcards are mail.

▶ 나는 과일을 좀 샀다.

I bought some fruit.

물질명사

▶ Jack은 맥주 두 병을 마셨다.

Jack drank two bottles of beer.

▶ 내게 종이 한 장 줘.(piece)

Give me a piece of paper.

▶ 빵 한 덩어리와 우유 한 잔이 내 아침식사이다.

A loaf of bread and a glass of milk is my breakfast.

▶ 케익은 설탕과 밀가루로 만들어진다.

Cake is made from sugar and flour.

▶ 물 좀 마실테야?

Do you want some water?

▶ 우유로 치즈를 어떻게 만드는지 아니?

Do you know how to make cheese from milk?

15-5 셀 수 없는 명사 −2

추상명사

▶ 경험은 가르침을 준다.(teach)

Experience teaches.

▶ 저는 당신의 친절에 감사합니다.(appreciate)

I appreciate your kindness.

▶ 그것은 나쁜 운이었다.(운이 나빴어)

It was bad luck.

▶ 그가 우리에게 조언을 좀 해줄지 몰라.

Maybe he can give us some advice.

▶ 좋은 생각이야. 걔네들 잘못 알고 있는 게 너무 많았잖아.

That's a good idea because they had a lot of misinformation.

「a + 셀 수 없는 명사」

▶ 나는 보통 점심을 거하게 먹지 않는다.(usually, big)

I don't usually have a big lunch.

▶ 좋은 시간 보내. (good)
Have a good time.

▶ (그동안) 네가 도움이 많이 되었어.(a great help)
You've been a great help.

▶ 너는 잘 자야해.(need. good)
You need a good sleep.

▶ 넌 하루에 커피 3잔 시상을 마시면 안좋다.
You should not drink more than three cups of coffee a day.

15-6 수량을 나타내는 표현 −1

「수를 나타내는 표현 + 셀 수 있는 명사(복수형)」

▶ 몇몇 학생이 수업에 오지 않았다.(Several~)
Several students didn't come to class.

▶ 많은 사람들이 반대한다.(a number of)
A number of people disagree.

「양을 나타내는 표현 + 셀 수 없는 명사」

▶ 나는 약간의 시간이 필요하다.
I need a little time.

▶ 나는 아침식사를 많이 하지 않았다.(eat much)
I didn't eat much breakfast.

「수와 양을 나타내는 표현 + 셀 수 있는/ 셀 수 없는 명사」

▶ 미안하지만, 시간이 없어.(Sorry.~no)
Sorry, I've got(=have) no time.

▶ 너는 재미있는 농담 좀 아니? (good jokes)
Do you know any good jokes?

▶ 나는 아무런 도움도 필요하지 않다.
I don't need any help.

15-7 수량을 나타내는 표현 −2

「either + 단수명사」,「either of + @ + 복수명사」둘 중 하나

▶ 당신은 두 전화 중 아무거나 사용해도 좋아요.(You can~)
You can use either of the phones.

「neither + 단수명사」,「neither of + @ + 복수명사」둘 다 ~아니다

▶ 내 남동생들 중 아무도 여기에 오지 않았다.
Neither of my brothers came here.

「another + 단수명사」(또) 다른~,「other + 복수명사」다른~

▶ 내게 다른 것으로 보여줘요.
Show me another one.

▶ 나는 다른 약속은 없어.(no. appointments)
I have no other appointments.

Unit 16 대명사

16-1 인칭대명사

인칭대명사 연습하기

▶ 너희들은 길을 잃었구나.(lost)
You're lost.

▶ 우리에게 돈 좀 줘.
Give us some money.

▶ 나는 그의 전화번호를 몰라.
I don't know his phone number.

▶ 그녀는 영어공부를 열심히 해.
She studies English hard.

▶ 너의 오빠는 학생이니?
Is your brother a student?

▶ 나는 내 여자친구에게 그것을 받았어.(get)
I got it from my girlfriend.

▶ 이 차는 우리 것이 아니야.
This car isn't ours.

▶ 그 생각은 그녀의 것이었다. (That idea~)
That idea was hers.

주격 인칭대명사, 목적격 인칭대명사

▶ 나는 그녀를 그리워한다.
I miss her.

▶ 무엇을 할 지 내게 말해줘.(what to do)
Tell me what to do.

▶ 우리를 봐.

Look at us.

▶ "Who is it?" 저요.
It's me.

「I/me를 제외한 인칭대명사 + I/me」

▶ Jack과 나는 가까운 친구다.
Jack and I are close friends.

▶ 그것은 Peter와 나의 문제야.(That's a matter for~)
That's a matter for Peter and me.

16-2 대명사 It

시간, 날씨, 요일, 날짜, 거리, 상황 등을 나타내는 it

▶ 9시 30분이다.
It's nine thirty.

▶ 밖에 몹시 춥다.
It's freezing out there.

▶ 다시 월요일이다.
It's Monday again.

▶ 1월 1일이다.
It's January 1st.

▶ 가장 가까운 은행까지 10마일이다.(the nearest)
It's ten miles to the nearest bank.

▶ 어떻게 지내니?(it)
How is it going?

▶ 지난 주 새로 온 비서는 어때?
How's it going with the new secretary that you hired last week?

가주어, 가목적어 역할을 하는 it

▶ 너랑 얘기해서 좋아.(nice. talk)
It's nice to talk to you.

▶ 우리는 그녀가 두 주 동안 결석을 한 것은 이상하다고 생각했다. (find. absent)
We found it strange that she was absent for two weeks.

▶ 크리스가 그 제안서를 검토해 보려면 시간이 걸려서 뭐라고 말하기가 어려워.
It's hard to say because it will take Chris time to read over the proposal.

「it's worth ~ing」「it's no use ~ing」

▶ 이태리는 방문할 가치가 있다.
It's worth visiting Italy.

▶ 지나간 일 후회해도 소용없다.(cry over the milk)
It's no use crying over spilt milk.

16-3 소유격과 소유대명사

인칭대명사의 소유격 「my/ your/ his/ her/ its/ our/ their + 명사」

▶ 얘가 내 여동생이야.
This is my younger sister.

▶ 전화번호를 여쭤 봐도 될까요?
May I ask your phone number?

▶ 나의 이름은 Sonia야.
My name is Sonia.

▶ 너의 오빠는 학생이니?
Is your brother a student?

▶ 나는 그녀의 미소가 좋아.
I like her smile.

이중소유격 「a/an, some, this, that, no + 명사 + of + 소유대명사」

▶ Laura는 내 친구 중 하나이다.
Laura is a friend of mine.

▶ 네 것들 중 책 몇 권을 빌릴 수 있을까?(Can I~. some)
Can I borrow some books of yours?

소유대명사 「mine/yours/his/hers/ours/theirs 또는 명사's」

▶ 그것은 내거야.
That's mine.

▶ 어느 것이 네것이니?
Which is yours?

▶ 그것들은 Karen 거야.
Those are Karen's.

▶ 그것은 내거야.
It's mine.

▶ 이 차는 우리 것이 아니야.
This car isn't ours.

▶ 그 생각은 그녀의 것이었다. (That idea~)

That idea was hers.
▶ 이 차는 그들의 것이니?
Is this car theirs?

16-4 지시대명사

지시대명사 this/these, that/those

▶ 이것은 내 모자다.(cap)
This is my cap.
▶ 이것은 선글라스다.
These are sunglasses.
▶ 이 사람은 내 처입니다.
This is my wife.
▶ 저것은 내 컴퓨터야.
That is my computer.
▶ 저것들은 뭐니?
What are those?
▶ 쟤가 내 여자친구야.
That is my girlfriend.

지시형용사 this/these, that/ those

▶ 나는 이번 주말에 바쁠 거야.
I'll be busy this weekend.
▶ 이 모델은 2016년도에 나왔다.(come out)
This model came out in 2016.
▶ 이 가위가 매우 무겁다.
These scissors are awfully heavy.
▶ 저 시끄러운 소리는 뭐야?(loud)
What is that loud noise?
▶ 그 셔츠는 나에게 맞지 않는다.(fit)
That shirt doesn't fit me.
▶ 저 스커트들을 봐.
Look at those skirts.
▶ 그 문제들은 꽤 어렵다.(quite)
Those questions are quite difficult.

부사 this, that

▶ 네가 이렇게 일찍 오리라 예상하지 못했어. (I didn't expect you to~)
I didn't expect you to come this early.
▶ 네게 이렇게 늦게 전화해서 미안해.(I'm sorry to~)

I'm sorry to call you this late.
▶ 나는 그렇게 많이 못 먹어.
I can't eat that much.
▶ 나는 그렇게 빨리 못 달려.
I can't run that fast.
▶ Sarah는 그렇게 예쁘지는 않아.(pretty)
Sarah isn't that pretty.
▶ 그의 영어는 그렇게 훌륭하지 않아.(good)
His English is not that good.

16-5 재귀대명사

재귀의 의미

▶ John은 오늘 아침 면도를 하다가 베었다.
John cut himself shaving this morning.
▶ 우리는 목욕하고 몸을 말렸다.(take a bath)
We took a bath and dried ourselves.
▶ 거울로 네 자신을 봐.(Look~)
Look at yourself in the mirror.
▶ 우리는 우리 자신을 탓해야 해.(should blame)
We should blame ourselves.

강조의 의미-생략가능

▶ 네가 직접 하면 더 저렴해.(It's cheaper~)
It's cheaper if you do it yourself.
▶ 그 셔츠 자체는 멋있어 보이는데 너무 비싸.
The shirt itself looks nice, but it's too expensive.

재귀대명사가 포함된 관용표현

▶ Cindy는 멕시코에 혼자 갔다.
Cindy went to Mexico by herself.
▶ Linda는 가끔 혼잣말을 한다.(talk)
Linda sometimes talks to herself.
▶ 우리는 파티에서 즐거웠다.(enjoy)
We enjoyed ourselves at the party.
▶ 마음껏 먹어.(yourself)
Help yourself.
▶ 편안히 있어.(yourself at home)
Make yourself at home.
▶ 너는 네 자신이 자랑스러움에 틀림없어.(must)
You must be proud of yourself.

16-6 부정대명사-1

▶ 스페인어를 한 달 만에 배울 수는 없다.(You~)
You can't learn Spanish in a month.

▶ 비상시에는 911을 누른다.(We~. in an emergency)
We dial 911 in an emergency.

▶ 그 주는 영어와 불어를 쓴다.(They~. speak)
They speak English and French in that state.

one/ones

▶ I need a pen. 너 하나 있니?
Do you have one?

▶ 제게 빨간 거로 두개 주세요.(ones)
Give me two red ones.

one~the other... (둘 중에서) 하나는~ 나머지 하나는…
one~another...the other- (셋 중에서) 하나는~ 다른 하나는… 나머지 하나는-
some~others... (여럿 중에서) 어떤 것들은~ 다른 어떤 것들은…
some~the others... (정해진 여럿 중에서) 어떤 것들은~ 나머지 것들은…

▶ 하나는 파란색이고 나머지 하나는 하얀색이다.
One is blue, and the other is white.

▶ 하나는 다섯 살이고, 다른 하나는 여덟 살이고, 나머지 하나는 11살이다.
One is five years old, another is eight, and the other is eleven.

▶ 그들 중 몇몇은 행복해보이고 다른 몇몇은 지루해 보인다.(Some of them~)
Some of them look happy, and others look bored.

▶ 그것들 중 어떤 것들은 초록색이고, 나머지 것들은 빨간색이다.(Some of them~)
Some of them are green, and the others are red.

16-7 부정대명사 -2

each other/ one another

▶ 너와 Sally는 서로 얼마나 오래 알아왔니?
How long have you and Sally known each other(=one another)?

somebody(someone)/ anybody(anyone)/ nobody(no one)

▶ 누군가 너를 보러 여기에 왔어.(be here)
Someone is here to see you.

▶ 누구라도 합격할 수 있었을 것이다.(could have p.p)
Anybody could have passed.

▶ 누구 Katie 본사람 있어?
Has anyone seen Katie?

▶ 아무도 내게 아무 것도 얘기해주지 않는다.(Nobody~)
Nobody tells me anything.

all/ none

▶ 내가 원하는 것은 단지 돈이다.(All I want~)
All I want is money.

▶ 여러분 모두 준비 됐어요?
Are you all ready?

▶ 우리 중에 아무도 질문이 없다.
None of us have a question.

17-1 부정관사

막연한 '하나'와 분명한 '하나'의 「a/an+명사」

▶ 우리는 오래된 집에 산다.
We live in an old house.

▶ 영화 보러 가자.(see)
Let's see a movie.

▶ 나는 언니가 하나 있다.
I have a sister.

종족의 대표의 「a/an+명사」

▶ 여우는 매우 교활한 동물이다.
A fox is a very cunning animal.

▶ 악어는 수영을 잘 할 수 있다.(Crocodiles~)
Crocodiles can swim very well.

▶ 개는 충직한 동물이다.(faithful)
A dog is a faithful animal.

'~마다'의 「a/an+명사」

▶ 나는 일 년에 한번 씩 여행을 한다.(travel)
I travel once a year.

▶ 나는 한 달에 두세 번 영화를 본다.(a couple of times)
I see a movie a couple of times a month.

▶ Heather는 하루에 여덟 시간, 일주일에 5일 일한다.
Heather works eight hours a day, five days a week.

직업이나 종류의 「a/an+명사」

▶ Mark는 기계 수리공이다.
Mark is a mechanic.

▶ 글라이더는 엔진이 없는 비행기이다.
A glider is a plane with no engine.

▶ 테니스는 스포츠의 한 종류이다.
Tennis is a sport.

▶ 그녀는 영어선생님이다.
She's an English teacher.

특정한 상황의 명사 앞에 「a/an+명사」

▶ 나는 점심을 많이(잘) 먹었다.(have, big)
I had a big lunch.

▶ 우리는 멋진 시간을 보냈다.(wonderful)
We had a wonderful time.

▶ 정말 더운 날이다.(It's~, extremely)
It's an extremely hot day.

17-2 정관사

어느 명사를 가리키는 지 알 수 있을 경우의 「the+명사」

▶ (그) 창문 열어줄래요?(Could~?)
Could you open the window?

▶ (그) 파티는 즐거웠니?(enjoy)
Did you enjoy the party?

앞에서 언급한 명사 혹은 수식어구의 한정을 받는 「the+명사」

▶ She's got a son. 그 소년은 9살이다.
The boy is nine years old.

▶ 검정 옷을 입은 남자가 내 상사다.(in black)
The man in black is my boss.

세상에 유일한 것을 말할 경우의 「the+명사」

▶ 나는 며칠 동안 해를 못 봤다.(for days)
I haven't seen the sun for days.

최상급, next, same, only 앞의 「the+명사」

▶ 할머니가 우리 가족 중에 가장 나이 드셨다.
My grandma is the oldest in my family.

신체의 일부분을 말할 경우의 「the+단수명사」

▶ 그녀는 그의 무릎을 찼다.
She kicked him on the knee.

17-3 관사의 생략

몇몇 장소명사 중 그 본래의 목적을 가질 때 관사 생략

▶ 학교는 9시에 시작한다.
School starts at 9:00.

▶ 그녀는 수감되어 있다.

She's in prison.

▶ 나는 금방 점심을 먹었어.(I've~. have)
I've just had lunch.

▶ 월요일에 만나자.
Let's meet on Monday.

▶ 나는 보통 버스를 타고 학교에 다닌다.
I usually go to school by bus.

▶ 우리는 부산에 기차를 타고 갔다.
We went to Busan by train.

Unit 18 형용사

18-1 형용사의 쓰임과 어순

형용사+명사

▶ 당신은 멋진 사람이다.(nice)
You are a nice person.

▶ 그녀는 아름다운 미소를 가졌다.
She has a beautiful smile.

▶ Jason은 지루한 사람이다.
Jason is a boring person.

be[혹은 감각동사]+형용사

▶ 내 남동생은 똑똑하다.
My brother is smart.

▶ 이 꽃들은 정말 아름답다.(so)
These flowers are so beautiful.

▶ 뭔가 좋은 냄새가 난다.(good)
Something smells good.

「주관적형용사(opinion)+객관적형용사 (description)」
「지시+수량+크기(size, length)+신구+모양 (shape, width)+색깔+출신+재료」

▶ 아름다운 새 집
a beautiful new house

▶ 오래된 프랑스 노래
an old French song

▶ 새로운 하얀 면 셔츠
a new white cotton shirt

▶ 큰 검정색 비닐 봉투
a big black plastic bag

18-2 ~ing와 ~ed

-ing나 -ed로 끝나는 형용사

▶ 그 남자는 따분하다.
The man is boring.

▶ 그 소식은 충격적이었다.
The news was shocking.

▶ 피곤한 날이었다.(It has been~)
It has been a tiring day.

▶ 너는 낚시에 관심 있니?
Are you interested in fishing?

▶ 나는 그 영화에 실망했었다.(the movie)
I was disappointed in the movie.

▶ 나는 짜증났었다.
I was annoyed.

▶ 나는 쉽게 당황한다.(get)
I get embarrassed easily.

▶ 그 집을 사게 돼서 너무 좋습니다.
I am so excited about buying the house.

▶ 저녁식사 끝내주는데! 우리 더 자주 여기 오자.
What an amazing dinner! We should come here more often.

▶ 숙제하느라 너 완전히 지친 것 같아.
It seems that you are really tired from this homework.

▶ 난 직장경력에 매우 우울해.
I'm so depressed about my career.

▶ 초과근무 좀 할 생각있어?
Are you interested in working some overtime?

▶ 일이 잘 돼서 만족할 만한 새로운 직장을 찾기를 바래.
I wish you the best of luck finding a satisfying new job.

▶ 이 경기 정말 흥미진진해. 자리뜬 사이 재미있는

장면이 많았어.

This game is so exciting. You missed a lot while you were gone.

18-3 그밖의 형용사

「명사, 대명사+형용사」

▶ 나는 뭔가 재미있는 것이 필요하다.(fun)
I need something fun.

▶ 나는 뭔가 새로운 것이 필요하다.
I need something new.

▶ 우리는 나쁜 어떤 짓도 하지 않았다.
We didn't do anything bad.

「the+형용사」, 「the+국민명」

▶ 실직자들이 희망을 잃어가고 있다.
The unemployed are losing hope.

▶ 영국사람들은 매우 오래된 전통을 가지고 있다.
(very)
The English have a very old tradition.

Unit 19 부사

19-1 부사의 쓰임과 형태

형용사+ly → 부사

▶ 조용히 말해주세요.(Please speak~)
Please speak quietly.

▶ 음식이 정말 좋았다.(The food~. extremely)
The food was extremely good.

형용사의 형태 = 부사의 형태

▶ 가능한 일찍 일어나라.
Get up as early as you can.

▶ 세 블럭을 곧장 가세요.
Go straight for three blocks.

형용사+ly → 다른 뜻의 부사

▶ 그것은 정말 힘든 일이었다.(incredibly)
It was incredibly hard work.

▶ 나는 그를 거의 알지 못한다.
I hardly know him.

19-2 부사의 종류 −1

「부사 + 주어 + 동사」

▶ I studied until midnight. 그리고 나서 잠자리에 들었다.
Then I went to bed.

▶ 어리석게도 내 열쇠를 안 가져왔다.(Stupidly. my keys)
Stupidly I forgot my keys.

▶ 아마 당신이 옳을 거예요.(Maybe~)
Maybe you're right.

「주어 + be동사/조동사 + 부사 ~」「주어 + 부사 + 일반동사 ~」

▶ 그는 아마 진실을 알지 못할 거다.(probably)
He probably does not know the truth.

▶ 너는 내 생일을 항상 잊었었지.
You always forgot my birthday.

▶ 나는 보통 아침에 샤워를 한다.
I usually take a shower in the morning.

▶ 나는 그것을 거의 믿을 수 없다.
I can hardly believe it.

▶ 나는 그것을 어느 정도 예상했다.(kind of)
I kind of expected it.

19-3 부사의 종류 −2

「too + 형용사/부사」

▶ 그것은 너무 비싸다.
It's too expensive.

▶ 그는 알아듣기에 너무 빠르게 말했다.(speak. to understand)
He spoke too quickly to understand.

「형용사/부사 + enough」

▶ 너는 충분히 말랐어.(skinny)
You're skinny enough.

▶ 나는 결혼하기에 충분히 나이 먹었다.(to get married)
I'm old enough to get married.

「so + 형용사/부사」

▶ 그녀는 정말 열심히 일했다.
She worked so hard.

▶ 그 콘서트는 정말 지루했다.
The concert was so boring.

「such + a(n) + 형용사 + 명사」

▶ 그들은 정말 좋은 사람들이다.(nice)
They are such nice people.

▶ 우리는 정말 좋은 시간을 가졌다.(good)
We had such a good time.

Unit 20 비교

20-1 원급비교

「as+형용사/부사+as」~만큼 …하다

▶ 그것은 얼음만큼 차다.
It's as cold as ice.

▶ 나는 그녀만큼 피아노를 잘 칠 수 있다.
I can play the piano as well as her.

▶ 그것은 네가 기대했던 만큼 좋니?(expected)
Is it as good as you expected?

▶ 원하는 만큼 가져가.(Take~. want)
Take as much as you want.

「not+as(so)+형용사/부사+as」~만큼 …하지 않다

▶ 그것은 예전만 못하다.(good. used to be)
It's not as good as it used to be.

▶ 그것은 보이는 것만큼 어렵지는 않다.(it looks)
It's not as difficult as it looks.

▶ 그는 그의 아버지만큼 크지 않다.
He's not as(so) tall as his father.

「the same+(명사+)as」~와 같은 …다

▶ Tom은 Mary와 같은 나이다.(the same age)
Tom is the same age as Mary.

▶ David의 봉급은 내 것과 같다.(salary)
David's salary is the same as mine.

「as+형용사/부사+as possible」=「as+원급+as+주어+can」 가능한 ~하게

▶ 가능하면 빨리 내게 전하하세요.(soon)
Call me as soon as possible.
=Call me as soon as you can.

▶ 가능한 많이 가져가.(take)
Take as much as possible.
=Take as much as you can.

▶ 나는 가능한 일찍 일어났다.
I got up as early as possible.
=I got up as early as I could.

「배수+as+형용사/부사+as」 배수만큼 ~하다

▶ 휘발유가 2~3년 전보다 두 배로 비싸다.(Gas~.it was a couple of years ago)
Gas is twice as expensive as it was a couple of years ago.

▶ 그의 차는 내 것에 비해 세배로 오래되었다.(old)
His car is three times as old as mine.

20-2 비교급

「비교급+than ~」~보다 더 …하다

▶ Mary는 그녀의 세 언니들 보다 더 키 크다.
Mary is taller than her three sisters.

▶ 네 영어는 나보다 서툴다.(worse)
Your English is worse than mine.

「very much/much/a lot/even/far/a little+비교급」 훨씬 더/약간 더 ~하다

▶ 러시아어는 영어보다 훨씬 더 어렵다.(much)
Russian is a lot more difficult than English.

「비교급+and+비교급」 점점 ~한

▶ 나는 점점 더 살이 찌고 있다.(fat)

I'm getting fatter and fatter.

▶ 점점 추워지고 있다.
It's getting colder and colder.

▶ 그는 점점 더 천천히 차를 몰고 있다.
He's driving more and more slowly.

「the+비교급~, the+비교급…」 ~할수록 …한

▶ 나는 많이 공부할수록 많이 배운다.
The more I study, the more I learn.

▶ 진할수록 더 좋다.(strong)
The stronger the better.

20-3 최상급

「the+형용사[부사]의 최상급」 가장 ~한

▶ 나는 세상에서 가장 행복한 사람이다.(man)
I'm the happiest man in the world.
▶ 그녀가 그들 모두 중 가장 빨리 뛴다.
She runs (the) fastest of them all.

「최상급+in+단수명사」「최상급+of+복수명사」
「최상급+of+기간명사」

▶ 어제는 일 년 중 가장 추운 날이었다.
Yesterday was the coldest day of the year.

▶ 내 인생에서 가장 행복한 순간이었다.(It~)
It was the happiest moment of my life.

「최상급+주어+have/has+ever+과거분사」

▶ 읽어본 것 중에 뭐가 최고의 책이니?
What's the best book you've ever read?

Unit 21 관계사

21-1 관계대명사 who

「선행사 + who + 동사 ~」

▶ 나는 노래를 잘 할 수 있는 소년을 안다.(can sing)
I know a boy who can sing well.

▶ 나는 춤을 잘 출 수 있는 사람을 좋아한다.(people. can dance)
I like people who can dance well.

▶ 나는 당신을 도와줄 수 있는 사람들을 알고 있다.(~some people. could help)
I know some people who could help you.

▶ 나는 친절한 이웃이 좋다.(neighbors)
I like neighbors who are kind.

▶ 중국에 사는 사람들은 중국말을 한다.(The people~. Chinese)
The people who live in China speak Chinese.

「선행사 + whose +명사 ~」

▶ 머리가 갈색인 그 여자아이는 내 친구이다.(The girl~)
The girl whose hair is brown is my friend.

▶ Janet은 그녀의 아버지가 미술을 가르치는 내 친구다.(Janet is my friend~)
Janet is my friend whose father teaches art.

「선행사 + who(m) +주어 ~」

▶ Janet은 내가 좋아하는 소녀이다.
Janet is a girl who(m) I like.

▶ 내가 좋아하는 소녀는 Mary이다.(The girl~)
The girl who(m) I like is Mary.

21-2 관계대명사 which, that

「선행사 + which + 주어 ~」

▶ 이것은 어제 내가 산 시계이다. (This is~. watch)
This is the watch which I bought yesterday.

▶ 이것은 큰 귀를 가진 개이다.(This is~. whose)
This is the dog whose ears are big.

「선행사 + that + 주어 ~」

▶ 이것이 내가 가진 것 전부다. (This is all ~)
  This is all that I have.
▶ 이것은 내가 본 영화다.(This is ~)
  This is the movie that I saw.

21-3 관계대명사 what

「선행사 + what (+ 주어) + 동사」

▶ 그녀가 말한 것은 나를 화나게 만들었다.
  What she said made me angry.
▶ 그는 내게 내가 필요한 것을 줄 수 있다.
  He can give me what I need.
▶ 이것은 내가 원했던 것이다.
  This is what I wanted.

21-4 관계대명사의 생략

목적격 관계대명사 생략

▶ 이것은 내가 어제 산 가방이다.
  This is the bag I bought yesterday.
▶ 너는 우리가 뉴욕에서 만난 남자를 기억하니?
  Do you remember the man we met in New York?
▶ 내가 산 선풍기가 부서졌다.(fan. buy. break)
  The fan I bought broke.
▶ 나는 같이 놀 친구들이 많다.(a lot of)
  I have a lot of friends I play with.
▶ 이것은 내가 쓴 책이다.
  This is the book I wrote.

「관계대명사 + be동사」생략

▶ 이것은 일본에서 만들어진 차이다.
  This is a car made in Japan.
▶ 선글라스를 끼고 있는 저 여자 분은 내 엄마다.(The woman. wear. sunglasses)
  The woman wearing sunglasses is my mother.

21-5 제한적 용법과 계속적 용법

「선행사 + 관계대명사」 제한적 용법

▶ 나는 요리사가 된 두 친구가 있다.
  I had two friends who became cooks.
▶ 그에게는 가수가 된 딸이 있다.(He had~)
  He had a daughter who became a singer.
▶ 나는 이태리에 살고 있는 친구가 있다.
  I have a friend who lives in Italy.

「선행사 + , + 관계대명사」 계속적용법

▶ Cindy는, Benny 옆집에 사는데, 꽤 예쁘다.(quire)
  Cindy, who lives next door to Benny, is quite pretty.
▶ Kate는, 내 상사인데, 정말 지루하다.
  Kate, who is my boss, is really boring.
▶ 그에게는 딸이 하나 있는데, 걔가 가수가 되었대.
  He had a daughter, who became a singer.
▶ Sarah는 아팠다고 말했는데, 그것은 거짓말이었다.
  Sarah said she was sick, which was a lie.
▶ 할아버지가 피자를 주문하셨는데, 그것은 나에게 놀라운 일이었다.(a surprise)
  Grandpa ordered a pizza, which was a surprise to me.
▶ 그는 매일 조깅을 하는데, 이것이 그를 건강하게 유지시켜준다.(keep)
  He goes jogging every day, which keeps him healthy.

21-6 관계부사

「선행사 + where + 주어 + 동사」

▶ 여기가 내가 그를 처음 만난 장소야.(This is the place~)
  This is the place where I first met him.

「선행사 + when + 주어 + 동사」

▶ 너는 우리가 처음 만난 날을 기억하니?

Do you remember the day when we first met?

▶ 2018년이 우리가 결혼한 해였다.
2018 was the year when we got married.

「선행사 + why + 주어 + 동사」

▶ 나는 그녀가 왜 너를 떠났는지 안다.
I know the reason why she left you.

▶ 너는 왜 그가 그 돈을 훔쳤는지 아니?
Do you know the reason why he stole the money?

21-7 복합관계대명사/복합관계부사-1

「복합관계대명사절 + 동사」 – 명사절(주어)역할

▶ 시험에 합격하고 싶은 사람은 누구나 열심히 공부해야 한다.(pass)
Whoever wants to pass the exam must study hard.

「주어 + 동사 + 복합관계대명사절」 – 명사절(목적어)역할

▶ 네가 좋아하는 아무에게 그것을 줘라.
Give it to whomever you like.

▶ 네가 원하는 어느 것이나 골라라.
Choose whichever you want.

▶ 네가 필요한 무엇이든지 줄게.
I will give you whatever you need.

▶ 네가 좋아하는 어느 것이든 가져가도 돼.
You can take whatever you like.

「주어 + 2형식동사 + 복합관계대명사절」 – 명사절(보어)역할

▶ 마법사는 원하는 무엇으로나 변할 수 있다.
The wizard can become whatever he wants.

21-8 복합관계대명사/복합관계부사-2

「복합관계대명사절 + 문장」 – 부사절역할

▶ 무슨 일이 생기든, 나는 네 편이야.
Whatever happens, I'm on your side.

▶ 택시든 버스든 먼저 오는 것을 타자.
We'll take a taxi or the bus whichever comes first.

▶ 무슨 일이 있어도 내 가족은 내 편이다.
Whatever happens, my family are completely behind me.

▶ 누구에게 물어보든지 그는 그렇게 말할 것이다.
Whomever you may ask, he will say so.

「복합관계부사절 + 문장」 – 부사절역할

▶ 네가 아무리 피곤해도, 그것을 해야만 된다.(may)
However tired you may be, you must do it.

▶ 네가 언제 오더라도 나는 기쁠 것이다.(pleased)
Whenever you come, I'll be pleased.

▶ 내가 부모님을 실망시켜드릴 때마다 내게 용기를 주신다.
Whenever I make my parents disappointed, they always encourage me.

▶ 이 도시의 어디를 가든지 공기오염이 있을 것이다.
Wherever you go in this city, you can find air pollution.

▶ 아무리 그가 어리석을지라도 그의 여자친구에게 그것을 애기하지는 않을 거야.
However foolish he may be, he wouldn't say that to his girlfriend.

▶ 아무리 피곤하다고 해도 여기서 멈춰서는 안돼.
However tired you may feel, you can't just stop here.

▶ 네가 아무리 열심히 노력해도 나를 이길 수는 없어.
However hard you may try, you will not be able to beat me.

22-1 시제의 일치

동사와 (시간)부사의 시제일치

▶ Sally는 현재 뉴욕에서 산다.(Sally now~)
Sally now lives in New York.

▶ David과 나는 어젯밤 춤추러 갔다.
David and I went dancing last night.

주절이 현재, 현재완료, 또는 미래시제일 때 종속절은 '모든' 시제가능

▶ David은 그가 영어를 가르친다고 말했다.
David told me that he taught English.

▶ David은 그가 영어를 가르쳐 왔다고 말했다.
David told me that he had taught English.

▶ David은 그가 영어를 가르칠 것이라고 말했다.
David told me that he would teach English.

과학적 사실, 속담, 반복적 행위, 직업일 경우 항상 현재시제

▶ 소년은 빛이 소리보다 빠르다는 것을 배웠다.
The boy learned that light travels faster than sound.

▶ Brian은 항상 아침에 운동한다고 말했다.
Brian said that he always exercises in the morning.

22-2 강조

「do/does/did + 동사원형」 – 동사강조

▶ 나는 정말 너를 사랑해.
I do love you.

▶ John은 정말 스포츠를 싫어해.
John does hate sports.

▶ 그는 정말 회의에 참석했어.
He did attend the meeting.

「의문사 + on earth/ in the world + 동사원형」 – 의문문 강조

▶ 너는 도대체 어디에 가고 있니?
Where on earth are you going?

▶ 누가 도대체 그 돈을 훔쳤을까?
Who in the world stole the money?

「It+is/was+강조할 단어/구+ that」을 이용한 강조

▶ 내가 그를 본 것은 어제였다.
It was yesterday that I saw him.

▶ 내가 원하는 것은 커피다.
It's coffee that I want.

▶ 내가 사랑하는 사람은 네가 아니다.
It's not you that I love.

▶ 내가 본 것은 Judy가 아니었다.
It wasn't Judy that I saw.

▶ 내가 그녀를 만난 곳은 독일에서가 아니었다.
It wasn't in Germany that I met her.

22-3 도치

「Here/There+동사+명사주어」 또는 「Here/There+대명사주어+동사」 – 장소 부사어 강조를 위한 도치

▶ 여기 네 여동생 오네.
Here comes your sister.

▶ 저기 버스 가네.
There goes the bus.

▶ 여기 그녀가 오네.
Here she comes.

▶ 저기 그것이 가네.
There it goes.

「부정부사어구+be동사/조동사+주어」 – 부정어 강조를 위한 도치

▶ 지금까지 이렇게 긴장해 본 적이 없다.(Never have~. nervous)
Never have I been this nervous.

「So/Neither+do/does/did+주어」, 「So/Neither+be동사+주어」, 「So/Neither+조동사+주어」

▶ A: I'm hungry. B: 나도 그래.
So am I.

▶ A: I was late to school. B: 나도 그래.
So was I.

▶ A: I haven't tried Thai food. B: 나도 그래.
Neither have I.

22-4 생략

반복어구 생략

▶ 나는 George를 만나서 (나는) 그와 저녁을 먹었다.
I met George and had dinner with him.

▶ A: Was he at the meeting? B: 응, 그는 그랬어(회의에 왔었어).
Yes, he was.

▶ Did you feed the dog? 아니, 하지만 하려고 (먹이주려고).(be going to)
No, but I'm going to.

▶ 그냥 내가 (하라고) 말한 대로 해.(as, tell)
Just do as I told you to.

부사절에서 「주어 + 동사」 생략

▶ 필요하면 내가 오늘 너에게 그 돈을 줄게.(~ if necessary)
I'll give you the money today if necessary.

▶ 가능하면 이 책을 빌리고 싶어.(I'd like)
I'd like to borrow this book if possible.

▶ 부자지만 그는 전혀 행복하지 않다.(Though~)
Though rich, he's not happy at all.

관용어구

▶ 수영금지(No swimming is allowed.)
No swimming!

▶ 주차금지(No parking is allowed.)
No parking!

▶ 손대지 마시오.(Keep your hands off this.)
Hands off!

▶ 선착순입니다.(If you come first. you will be served first.)
First come, first served.

22-5 부정표현

「few, little + 셀 수 있는, 셀 수 없는 명사」 부정의미 형용사

▶ 버스에는 승객이 거의 없었다.(~in the bus.)
There were few passengers in the bus.

▶ 작년에는 눈이 거의 안 왔다.(We~. very little)
We had very little snow last year.

「hardly, scarcely, barely ~」 '거의 ~하지 않는' 부정의미 부사
「rarely, seldom ~」 '거의 ~한 적이 없는'

▶ 그는 좀처럼 웃지 않는다.(hardly)
He hardly smiles.

▶ 나는 네 소리가 거의 안 들려.(barely. you)
I can barely hear you.

▶ 어머니는 다른 사람들 험담을 거의 안하신다.
(rarely. ~speaks ill of others)

My mother rarely speaks ill of others.

「not + all, every, always, both, necessarily, fully, completely 등」 부분부정

▶ 부자들이라고 항상 행복한 것은 아니다.
The rich are not always happy.

▶ Heather가 항상 우리에게 친절한 것은 아니다.
Heather isn't always kind to us.

▶ 당신 둘 다 기회를 얻을 수 있는 것은 아니다.(Not~ .get)
Not both of you can get the chance.

▶ 나는 그가 말하는 것을 완전히 이해하지는 못했다.(completely. what he was saying)
I didn't completely understand what he was saying.

「nothing but, not ~ until..., no longer」
자주 쓰이는 부정 구문

▶ 나이는 단지 숫자이다.
Age is nothing but a number.

▶ 그는 어두워질 때까지 걸음을 멈추지 않았다.(get)
He didn't stop walking until it got dark.

▶ 이 반지는 더 이상 나에게 아무 의미도 아니다.(no longer. any meaning)
This ring is no longer any meaning to me.